카밧진 박사의
부모 마음공부

Everyday Blessings: the inner work of mindful parenting
by Myla and Jon Kabat-Zinn

Copyright © 1997, 2014 by Myla Kabat-Zinn and Jon Kabat-Zinn
Introduction copyright © 2014 by Myla Kabat-Zinn and Jon Kabat-Zinn

Korean Translation Copyright © 2021 by Mind's Friend Publishing Co.
Korean edition is published by arrangement with Hachette Book, through Duran Kim Agency, Seoul.

이 책의 한국어판 저작권은 듀란킴 에이전시를 통한 Hachette Book과의 독점계약으로 마음친구에 있습니다. 저작권법에 의하여 한국 내에서 보호를 받는 저작물이므로 무단전재와 무단복제를 금합니다.

카밧진 박사의 부모 마음공부

지혜로운 자녀로 키우는 현명한 부모의 내면 수업

존 카밧진, 마일라 카밧진 지음
조온숙, 이재석 외 옮김

The Inner Work of Mindful Parenting

마음친구

우리 집 아들딸과 손자손녀들에게
그리고
세상의 모든 부모와 자녀들에게

차례

한국어판 서문	013
프롤로그 – 존 카밧진	015
프롤로그 – 마일라 카밧진	019

1부 | 자녀 양육의 도전과 희망
자녀 양육의 도전	025
마음챙김 양육이란	035
"내가 마음챙김 양육을 할 수 있을까"	047

2부 | 거웨인 경과 못생긴 부인: 양육의 열쇠
〈거웨인 경과 못생긴 부인〉 이야기	057

3부 | 마음챙김 양육의 토대
자주권	069
공감	080
받아들임	091

4부 | 마음챙김, 새롭게 보는 눈
부모 노릇은 재앙?	109
부모와 동거하는 선사	111
18년의 명상 수련회	116
수련, 수련, 수련	126
호흡	130

가뭄과 돌봄	133
생각에서 벗어나기	136
판단보다 분별력	140
정식 수련	146
선에 관심 있는 소녀에게 보내는 편지	152

5부 | 존재의 방식

임신	165
분만	171
부모의 안녕 vs 아기의 안녕	176
영양	180
스울 푸드	185
같이 잘까, 따로 잘까	189

6부 | 공명, 조율, 현존

공명	199
조율	203
접촉	207
걸음마를 시작할 때	211
시간	215
현존	218
〈잭과 콩나무〉 이야기	221
잠자리에 드는 시간	223
게송과 축복	225

7부 | 선택

치유의 순간	231
누가 부모이고 누가 자녀인가	238
가족이 중시하는 가치	244
무한 소비문화	250
디지털 광풍	255
양육의 균형 잡기	265

8부 | 현실

남자아이들	281
겨울 연못의 아이스하키	293
야외 캠핑	296
여자아이들	300
"이대로 살 테야" 〈누더기 모자〉 이야기	309
옹호, 자기주장, 책임	318
학교에서의 마음챙김	322

9부 | 제한과 열림

자녀에 대한 기대	331
내맡김	340
제한과 열림	342
부모의 일을 보라	354
언제나 부모 차례	357
분기점, 언제나 지금이다	362

10부 | 어둠과 빛

무상	369
묻어둔 슬픔의 강물	372
실오라기 하나로 버티기	378
화를 내고 말았습니다	387
확실한 것은 없어도	391
길을 잃었을 때	396
늦은 때란 없다	399

에필로그

· 마음챙김 양육에 관하여	409
· 일상에서 하는 4가지 마음챙김 수련법	418
· 마음챙김 양육에 필요한 7가지 의도	424
· 마음챙김 양육을 실천하는 12가지 연습	426

마음챙김 양육을 위한 권장도서	430
존 카밧진과 함께하는 마음챙김 명상	431
추천사	432
옮긴이 소개	433

아무리 가까운 두 사람 사이에도
무한의 거리가 존재함을 받아들이라.

그 거리가 있어 하늘을 배경으로
서로의 모습을 온전히 볼 수 있는 것.

-라이너 마리아 릴케, 〈편지〉

일러두기

- 책에 나오는 아이들의 연령은 미국 나이로, 한국 나이와 한두 살 차이가 있다.
- 두 저자 중 한 사람을 특정해야 하는 경우에는 **나(존)**, **나(마일라)** 식으로 밝혀 적었다.
본문의 '우리'가 두 저자를 가리킬 때는 **우리(저자)** 식으로 밝혀 적었다.
- 책의 핵심어인 mindful parenting은 **마음챙김 양육**으로 번역하였다. 부모가 마음챙김, 즉 깨어있는 마음으로 자녀를 양육하는 방식이나 태도를 가리킨다.
- 본문의 굵은 글씨체는 옮긴이가 강조한 것이다.

한국어판 서문

●

한국의 독자들을 만나게 되어 커다란 기쁨과 영광입니다. 이 책의 한국어판을 출간한 출판사와 역자에 감사를 드립니다. 자각과 명료함, 열린 마음으로 자녀를 양육하는 일은 역사상 한 번도 쉬웠던 적이 없습니다만 세계를 휩쓸고 있는 코로나19의 스트레스와 피해를 감안하면 오늘날 양육은 부모들에게 더욱 힘겨운 도전으로 다가옵니다.

그렇더라도 부모인 여러분이 이 책으로 자녀 양육에 영감을 받았으면 합니다. 부모에게 양육은 심오한 명상 수련과 다르지 않습니다. 부모가 개인과 사회, 세계 차원에서 현재와 미래에 어떤 도전에 직면하든, 자녀를 양육하는 일은 부모의 평생에 걸친 수련입니다.

마음챙김 양육의 핵심은 부모가 최선을 다해 자녀를 양육하는 동시에, 부모 자신도 한 사람의 인간으로서 성장하는 것입니다. 마음챙김 양육에서 부모는 자기 내면의 가장 깊고 최선인 무엇을 가꾸고 돌보는 일을 잊지 않아야 합니다. 그리고 그것은 부모 자신이 열린 마음으로 현존할 때 가능합니다. 이 책에 소개한 정식/비정식의 마음챙김 수련은 부모가 현존과 친절, 평정심으로 양육이라는 경이로운 모험을 지나는 동안 든든한 안내자가 되어줄 것입니다.

책에 적었지만 자녀들은 부모와 동거하는(그리고 부모의 가슴속에 영원토록 머무는) 어린 선사(禪師)들입니다. 복잡하고 변화무쌍한 오늘의 세상에서 부모가 양육을 필생의 과업으로 여길수록, 그리고 마음챙김 양육에서 배움을 얻을수록 부모와 자녀의 삶은 더 큰 이로움을 누립니다. 여기서 이로움이란 체현(體現)된 사랑, 열린 마음의 깨어있음(잠 못 들어 깨어있는 밤도 많지만요), 친절, 공감, 받아들임, 기쁨, 그리고 궁극적으로 지혜를 말합니다. 이것은 부모가 처한 특정한 여건에 상관없이 양육의 변치 않는 지향점입니다.

과학 영역에서도 마음챙김 양육은 그 자체로 하나의 연구 분야가 되었습니다. 수련과 존재 방식으로서의 마음챙김이 성인과 아동의 생체, 신경망, 뇌가소성, 텔로미어, 사회적 연결감 등 다양한 차원에서 건강과 성장을 촉진한다는 증거가 속속 나타나고 있습니다. 코로나19로 부모와 자녀의 스트레스가 어느 때보다 커진 지금, 마음챙김 양육이라는 수련은 자녀와 부모의 안녕에 더욱 중요합니다. 여러분 앞에 놓인 필생의 모험을 응원합니다.

존 카밧진, 마일라 카밧진
2021년 5월

프롤로그 - 존 카밧진

●

대학 1학년인 첫 아이가 추수감사절을 보내러 집에 돌아왔습니다. 시간은 새벽 1시 30분입니다. 친구가 차로 데려다 주었나 봅니다. 아들은 전날 저녁식사에 맞춰 집에 도착하기가 어렵다고 전화를 주었습니다. 우리 부부는 섭섭했지만 할 수 없었습니다. 우리는 문을 열어놓고, 집에 도착하면 엄마아빠를 깨우라고 했습니다. 그러나 그럴 필요가 없었습니다. 우리는 아들이 들어오는 걸 느꼈습니다. 젊고 활기찬 녀석의 에너지는 아무리 조심해도 감출 수 없었습니다. 자고 있는 여동생들이 깨지 않도록 우리 부부는 아들을 조용히 우리 방으로 불렀습니다. 아들은 자신의 양팔로(아니, 그의 온 존재로) 침대에 누운 엄마와 아빠를 안아 주었습니다. 그러자 조금 전에 느꼈던 섭섭함은 온데간데없이 사라졌습니다. 오랜 친구가 재회한 듯 가족이 함께하는 축복의 순간입니다. 아들이 집에 와 불 꺼진 부모의 침실에 함께 있는 지금, 우리 셋을 연결한 끈이 손에 잡힐 듯 느껴집니다. 나의 가슴에는 기쁨이 넘칩니다. 이 순간의 충만함 속에 아들과 함께한 지난 장면들이 뇌리를 스칩니다. 꼼지락거리며 세상에 나가기까지 내 품에 안겼던 녀석이 이제 거뭇거뭇한 턱수염과 우람한 근육질의 열아홉 살 성인이 되어 내 곁에 누웠습니다. 이 축복의 순간에 내가 아빠이고, 마일라가 엄마라는 사실을 우리 세 사람은 말하지 않아도 너무 잘 압니다.

잠시 후 아들은 영화를 보겠다며 침대에서 일어납니다. 지금 잠들기에 녀석은 젊은 혈기가 넘쳐납니다. 우리 부부도 몇 시간을 잠 못 이루며 뒤척입니다. 나는 아들 방에 가서 잠시 시간을 보낼까 하다가 그만둡니다. 급할 것은 없습니다. 녀석이 잠에서 깨기 한참 전에 나는 집을 나서 출근합니다. 그날 하루는 집에 돌아와 아들을 본다는 기대감으로 가득합니다.

그런데 대학 입학 뒤 아들의 첫 귀가만이 축복의 순간일까요? 아이가 세상에 태어난 날만이 특별한 순간일까요? 아이가 내뱉는 첫 마디, 아이가 내딛는 첫 걸음만이 특별한 순간일까요? 사실 특별한 축복의 순간은 우리가 아는 것보다 훨씬 자주 일어납니다. 아무리 힘든 순간에도 아이와 함께하는 '이 순간'에 부모가 마음을 연다면 그 순간이 곧 축복입니다.

내 경험으로 볼 때 이런 축복의 순간들은 도처에 있습니다. 알아보려고 노력하지 않기 때문에 깨닫지 못한 채 지나치고 맙니다. 마음은 다른 일에 자주 방해를 받습니다. 그래서 현재 순간의 충만함에서 쉽게 멀어집니다. 그러니 끊임없이 현재에 머물도록 노력해야 합니다.

자녀의 연령에 상관없이, 부모라면 누구나 자녀 양육이라는 고된 여정에 오릅니다. 이 여정은 온갖 희로애락이 펼쳐지는 우리의 삶과 다르지 않습니다. 부도가 걷고 있는 양육이라는 여정의 질과 의미는 살면서 겪는 일을 어떻게 보고, 어떻게 마음에 담느냐에 따라 달라집니다. 그것은 다시 이 여정에서 부코가 어디에 이르고, 무슨 일이 일어나며, 그로부터 무엇을 배우고 느끼는가에 영향을 미칩니다.

삶이라는 생생한 모험에는 특별한 헌신과 현존이 요구됩니다. 끈기 있고 부드러우며 수용적인 주의력이 그것입니다. 종종 삶이라는 여정 자체가 주의를 기울이도록 가르칩니다. 삶은 우리를 일깨웁니다. 고통스러운 방식으로 가르침을 주기도 합니다. 부모가 된다는 것은, 주어진 순간을 충만하게 살면서 자신의 길을 찾아가는 과정입니다. 무엇보다 자녀를 양육하는 과정에서 부모 자신도 성장해야 합니다. 자녀를 키우는 삶의 여정은 그 자체로 부모에게 성장의 기회를 제공합니다.

자녀를 양육하는 일은 평생에 걸친 과업입니다. 모든 부모가 뼛속 깊이 알듯 '완벽한' 양육이란 환상에 지나지 않습니다. 중요한 것은 부모가 자기 삶에서 참된 태도를 유지하면서 최선을 다해 자녀와 부모 자신을 존중하는 것입니다. 적어도 자녀와 자신에게 해를 주지 않겠다는 의도를 내는 것입니다.

나에게 이것은 매순간에 가져가는 '주의의 질'을 연마하는 작업입니다. 삶과 양육에 의식적으로 임하겠다는 전념입니다. 부모가 자기중심적인 의견에 완고하게 붙들리거나 열린 현존과 주의력이 부족하면 어김없이 자녀도 고통을 겪습니다. 이런 불행한 존재 습관과 관계 습관은 부모 내면에 자리 잡은 고통이 겉으로 드러난 증상일 수 있습니다. 크고 넓은 어떤 것에 깨어나는 경험이 없으면, 불행한 존재와 관계 습관을 내면의 고통이 드러난 증상으로 알아보지 못합니다.

그러나 모든 부모는 각자의 방식대로 릴케가 말한 '자녀와의 사이에 존재하는 무한의 거리'를 축복할 수 있습니다. 이 관점을 진정으로 이해하고 받아들일 때 '자녀와 함께하는 멋진 삶'이 시작됩니다. 이 거리가 있기에 부모와 자녀는 하늘을 배경으로 서로를 온전히 품어 안고 사랑할 수 있습니다.

프롤로그 - 마일라 카밧진

•

나는 엄마로서 아이들을 사랑했지만 걱정과 염려가 많은 편이었습니다. 그래서인지 마음챙김 양육이라는 내면 작업에 더 끌렸습니다. 이 내면 작업을 통해 나는 일상의 풍요로움에 더 현존했으며 아이들을 더 분명히 보게 되었습니다. 부모로서 느끼는 두려움과 기대, 욕구를 넘어 매순간 무엇이 필요한지 더 분명히 보았습니다. 마음챙김을 자녀 양육에 적용하자, 나 자신도 더 분명히 보였습니다. 마음챙김은 아이들에게 해로운 영향을 주는 나의 자동 반응에 대처하는 방법이었습니다.

나는 정식 수련을 한 적은 없지만 고요와 침묵 속에 머무는 시간과 공간이 항상 필요했습니다. 아이들이 어렸을 때는 이런 시간과 공간을 마련하기가 어려웠습니다. 아침에 침대에 누워 혼자 내면을 들여다보는 순간이 나에게는 명상이었습니다. 잠은 깼지만 몸은 그대로인 채 꿈에 나타난 이미지와 불현듯 찾아드는 생각을 떠올리는 것이 나에겐 명상이었습니다.

이것이 내면에서 나를 키워준 명상이었습니다. 그것은 외형의 명상과 균형을 맞추면서, 아이들이 엄마에게 바랐던 매순간의 알아차림, 조율과 반응, 안아줌과 내려놓음을 가져왔습니다.

명상의 순간은 다양한 형태로 찾아옵니다. 한밤중에 깨어 평화와 고요 속에 젖을 먹일 때 엄마인 나는 사랑스런 아이의 존재에서 양분을 얻습니다. 아무리 피곤해도 우는 아기를 업고 자장가를 불러줍니다. 십대 아이의 화난 얼굴을 들여다보며 무엇이 아이를 화나게 했는지, 지금 무엇이 필요한지 알려고 노력합니다. 이 모든 것이 나에게 명상의 순간입니다.

마음챙김은 주의를 기울이는 것입니다. 주의를 기울이는 데는 에너지와 집중력이 요구됩니다. 모든 순간이 다르며, 따라서 매순간이 다른 것을 요구합니다. 어떤 때는 어떻게 해야 할지 몰라 당황합니다. 그럼에도 지금 일어난 일에 직관적이고 창의적으로 응대하려고 노력합니다. 아이가 문제없이 자랄 때는 커다란 만족감을 안기는 축복의 시간이지만 부모가 어떻게 해볼 도리가 없는 힘든 순간도 있습니다. 아이가 자라면 그들을 분명히 보기가 더 어려워집니다. 자녀가 커가면서 생기는 문제들은 아이가 어렸을 때보다 훨씬 복잡하며, 해답도 간단치 않습니다.

부모로서 길을 잃었다고 느낄 때마다 나는 잠시 멈추어 숨을 쉽니다. 그러면서 나의 내면으로 향해 그곳에 무엇이 있는지 들여다봅니다. 아무리 힘든 순간에도 부모는 자신의 눈과 가슴을 열 수 있습니다. 아이에 관하여 어떤 것을 알게 될 때마다 (역시 한때 아이였던) 나 자신에 대해 무언가를 배웁니다. 그 배움은 부모가 된 지금의 나를 안내하는 지침이 됩니다. 아이의 괴로움에 공감하고 연민하며 아이의 터무니없는 행동을 조금 더 받아들이는 무조건적 사랑은 부모에게도 양분을 주어 치유합니다. 아이들이 성장하면서 부모인 나도 함께 성장합니다.

예민한 성격은 나의 단점이 아니라 우군이 되었습니다. 나는 아이를 키우면서 일어나는 일을 나의 예민한 감각과 감정의 안테나로 들여다보았습니다. 그러면서 아이의 관점에서 보려고 노력했습니다. 이 내면 작업은 커다란 효과를 냈습니다. 부모로서 매서움보다 친절을, 판단보다 이해를, 거부보다 수용을 선택하자 아이들은 더 건강해졌습니다.

자녀 양육은 믿음을 만들어가는 과정입니다. 나는 오랜 기간 아이들과의 감정적, 신체적 교감으로 만들어온 깊음과 연결감을 유지하기 위해 지금도 노력합니다. 부모가 오래되고 해로운 양육 패턴을 무의식적으로 드러내는 순간, 아이들이 부모에게 가진 믿음은 흔들립니다. 그런 일이 일어날 때마다 나는 아이와의 관계를 회복하는 노력을 의식적으로 기울였습니다.

아이를 키우는 지난 시간 동안, 나는 부모로서 매순간 경험에 알아차림을 가져가려고 노력했습니다. 내가 중요하게 여기는 것, 아이에게 중요하다고 여기는 것을 관찰하고, 그것에 대해 질문하고 들여다보았습니다. 자녀 양육과 관련해 이 책에서 다루지 못한 부분도 많습니다. 하지만 마음챙김 양육이라는 부모 내면의 수업을 통해 여러분 내면의 성장과 변화 잠재력에 깨어난다면 그것이 우리(저자)의 바람입니다.

1

자녀 양육의 도전과 희망
The Danger and the Promise

자녀 양육의 도전

자녀를 키우는 일은 부모에게 커다란 스트레스를 안기는 일입니다. 그럼에도 세상에서 가장 중요한 일이기도 합니다. 왜냐하면 부모가 아이를 어떻게 키우느냐에 따라 다음 세대의 마음과 영혼, 의식이 크게 바뀌기 때문입니다. 부모의 양육 방식에 따라 다음 세대가 의미와 연결성을 체험하고 삶의 기술을 익히는 방식이 달라집니다. 빠르게 변하는 세상에서 아이가 느끼는 존재 감각은 부모가 자녀를 어떻게 키우느냐에 달려 있습니다. 그럼에도 부모들은 별다른 준비와 훈련 없이 자녀를 키웁니다. 양육에 대한 지침과 지원도 같지 않습니다. 우리는 진정한 양육보다 생산성을 중시하는 세상에 삽니다. 단순히 존재하기보다 행동에 의미를 부여하는 세상에서 아이들을 키웁니다.

물론 부모 역할의 매뉴얼이 되는 훌륭한 책들이 있습니다. 그 책들은 때로 유용한 참고자료가 됩니다. 부모가 처한 상황을 이해하는 법을 알려주고, 특히 양육 초기에 일어나는 문제에 대처하는 법을 가르쳐줍니다.

그런데 그 책들이 종종 다루지 못하는 부분이 있습니다. 그것은 양육에서 부딪히는 부모의 **내면 경험**입니다. 예컨대 양육에서 부모는 자신의 마음을 어떻게 다루어야 하나요? 자녀를 키울 때 일어나는 불안과 의심에 어떻게 대처해야 하나요? 부모 자신의 삶에서 만나는 실제적인 문제는 어떻게 해야 하나요? 부모 자신이나 자녀와 벌어진 갈등은요? 그 책들은 이런 문제를 다루지 않습니다. 부모가 아이의 내면 경험을 민감하게 알아보는 법도 알려주지 않습니다.

의식 있는 부모 역할을 위해서는 외면적 양육뿐 아니라 부모의 내면 작업도 필요합니다. 외면적 문제 해결의 조언은 부모 내면의 진실성과 균형을 이뤄야 합니다. 그리고 부모 내면의 진실성은 통제 불가능한 사건에 맞닥뜨려 의식적 선택으로 자기 삶을 만들어갈 때 계발됩니다. 이 과정에서 부모는 자기 안의 심오하고 최선이며 창의적인 무엇을 발견합니다. 그것을 토대로 각 부모의 고유한 존재 방식을 찾아갑니다. 이 과정을 통해 부모는 삶의 방식과 선택의 결과에 스스로 책임지는 것이 부모와 자녀 모두에게 중요함을 깨닫습니다.

이 내면 작업을 통해 부모의 참된 진실성이 계발됩니다. 자신의 내면 경험을 의도적으로 자각할 때 부모의 지혜가 성장합니다. 이렇게 시간이 지나면 아이들이 '누구'이고 무엇을 필요로 하는지 깊이 들여다볼 수 있습니다. 이로써 부모는 자녀의 양육과 성장, 발달을 촉진하는 데 주도적인 역할을 합니다. 이때 부모는 아이들이 보내는, 때로 헛갈리는 신호를 적절히 해석할 수 있습니다. 지금 맞닥뜨린 도전이 무엇인지 알아보고 아이들이 건강하게 자라게 하려면 지속적인 주의력과 사려 깊음이 필요합니다.

무엇보다 부모 노릇은 부모 한 사람, 한 사람이 모두 다른, 개인적인 경험입니다. 그렇기에 부모의 내면에서 우러나야 합니다. 다른 부모의 행동을 따라하는 것은 적절한 부모 노릇이 아닙니다. 부모 한 사람, 한 사람이 가진 고유한 자원과 능력으로 자기만의 부모 역할을 찾아야 합니다. 부모 자신의 본능을 신뢰하고 보듬고 키워야 합니다.

그런데 부모 노릇에서 어제까지 통하던 방법이 오늘은 도움이 안 되기도 합니다. 지금 필요한 것을 알려면 이 순간에 존재해야 합니다. 부모 내면의 자원이 바닥났다면 그것을 회복하는 효과적이고 건강한 방법을 찾아야 합니다.

우리는 계획적으로(또는 우연치 않게) 부모가 됩니다. 어쨌든 '부모가 된다'는 것은 특별한 소명을 떠안는 일입니다. 그것은 부모 자신의 세계를 매일 새롭게 갱신할 것을 요구합니다. 부모가 된다는 것은 매순간과 새롭게 만날 것을 요청합니다. '부모 되기'라는 소명은 그 자체로 엄정한 영적 훈련과 다르지 않습니다. 인간으로 가진 내면의 진실되고 심오한 본성을 깨닫는 훈련입니다. 부모가 되었다는 사실단으로 우리 내면의 가장 양육적인 무엇을 찾아야 합니다. 부모는 자기 안의 가장 사랑스럽고 지혜로우며 배려적인 부분을 발견하고 구현해야 하는 상황에 지속적으로 놓입니다. 부모는 할 수 있는 한 '최선의 자기'가 되어야 합니다.

　모든 영적 훈련과 마찬가지로, **마음챙김 양육**(mindful parenting) 역시 희망과 가능성인 동시에 도전적인 과업입니다. 자녀를 키우는 일을 제대로 수행하려면 부모의 내면 작업이 필요하다는 점에서 그렇습니다. 양육은 수십 년에 걸쳐 세대에서 세대로 이어지는 놀라운 배움의 여정입니다. 지극히 인간적인 이 과업에 온전히 참여하려면 부모가 내면에서 일정한 의도성을 지속적으로 지녀야 합니다.

　부모가 되는 사람은 세상에서 가장 어려운 일을 아무 보상도 없이 떠맡습니다. 성인이 되기 전 예상치 못하게 양육을 떠맡기도 하고, 경제적 압박과 불안정한 상황에서 아이를 키워야 하는 경우도 있습니다. 거기다 양육의 '여정'은 대개 분명한 지침이나 조감도를 갖지 못한 채 출발합니다. 삶의 많은 영역이 그렇듯 자녀 양육도 '해나가는 과정에서' 배웁니다. 사실, 그것 외에 다른 방법은 없습니다.

　부모 노릇은 부모의 삶에서 지금까지와 완전히 다른 요구와 변화를 예고합니다. 양육은 부모에게 지금껏 익숙했던 것을 떨쳐내고, 익숙하지 않은 것을 떠맡기를 요구합니다. 어쩌면 당연한 일입니다. 모든 아이가 다르고, 모든 상황이 고유하기 때문입니다. 아이를 낳고 키우는 미지의 영역에 응대하려면 부모 가슴 속의 깊은 인간적 본능에 의지하는 수밖에 없습니다. 부모가 어릴 적부터 가진 긍정적이고 부정적인 것에 기대는 수밖에 없습니다.

　부모들은 가족, 사회, 문화의 암묵적 규범에 순응하라는 압력도 받습니다. 게다가 자녀 돌봄의 스트레스도 적지 않습니다. 이런 상황에서 부모는 자녀에 대한 사랑에도 불구하고 자동 반사적인 반응에 빠지기 쉽습니다.

부모가 만성적인 자동 반응에 빠져 허둥대면 소로가 말한 '활짝 꽃핀 현재 순간'과 만날 수 없습니다. 그때 부모에게 지금 순간은 너무도 평범하고 일시적이어서 관심의 대상이 되지 못합니다. 부모가 자동 반응이라는 마음 습관에 빠지면 양육과 관련한 모든 일이 영향을 받습니다. 부모는 아이를 사랑하고 아이의 안녕을 바라는 한, 자신의 행동이 문제되지 않는다고 여깁니다. 회복력이 있는 아이에게 일어나는 일들을 대수롭지 않게 여깁니다. 부모 스스로 합리화하며 이렇게 말합니다. "견뎌낼 수 있어." 물론 거기에는 진실인 면도 있습니다.

그런데 내(존)가 스트레스 완화 클리닉과 마음챙김 수련회 참가자들의 이야기에서 거듭 알게 된 사실이 있습니다. 그것은 많은 사람이 어린 시절 부모로부터 알게 모르게 마음의 상처를 입었다는 사실입니다. 자신을 통제하지 못한 부모가 자녀에게 예상치 못한 협박과 폭력, 경멸을 가하기도 합니다. 그중 많은 부분이 부모 자신이 어릴 적에 경험한 트라우마와 방치에 따른 깊은 불행감에서 나옵니다. 역설적인 것은, 자녀에게 준 마음의 상처에 대해 부모들이 종종 '자식을 사랑하기 때문'이라는 구실을 댄다는 사실입니다. 아이들은 이 상황을 어떻게 해석해야 할지 모릅니다. 사회 전반의 스트레스가 커지고 시간 감각이 빨라지면서 가정도 더 압박을 받습니다. 게다가 이런 사정은 세대가 갈수록 악화하고 있습니다. 5일간의 마음챙김 수련회에 참가한 어느 여성이 들려준 이야기입니다.

이번 주 명상을 하던 중에 내 안의 뭔가를 잃어버린 느낌이 들었어요. 뭔지 모르지만 불안했어요. 스위스치즈처럼 몸과 영혼에 구멍이 숭숭 뚫린 느낌이었죠. 어릴 적부터 내 안의 어떤 걸 잃은 느낌이었는데 아마 언니의 죽음 때문인 것 같아요. 어렸을 때 죽은 언니 때문에 부모님은 돌아가실 때까지 우울증에 빠졌어요. 언니의 죽음을 보상하려고 부모님이 내게서 뭔가를 가져갔다는 느낌이었어요. 저는 원래 활달한 아이였지만, 부모님에게 내 일부를 빼앗겼고 지금까지도 되찾지 못한 느낌이에요. 오늘 명상하던 중에 내가 그걸 찾고 있다는 걸 알았어요. 잃어버린 내 일부를 찾지 못하면 온전한 존재가 되지 못할 것 같아요. 가족들은 내 일부를 가지고 모두 세상을 떠났어요. 나는 스위스치즈처럼 구멍이 숭숭 뚫린 채 혼자 남아 있고요.

여성의 부모는 큰딸을 잃은 공허감을 메우려고 작은딸의 일부를 가져갔습니다. 이런 일은 종종 일어납니다. 그리고 그 영향은 평생토록 자녀에게 남습니다. 게다가 자녀에게 직접적으로 깊은 상처를 입히는 부모도 있습니다. '제대로 가르쳐야' 한다는 명목으로 아이를 때리며 말합니다. "다 너를 위해 이러는 거야." "네가 아픈 만큼 엄마아빠도 마음이 아파." "너를 사랑하기 때문이야." 스위스의 정신과의사 앨리스 밀러에 의하면 이런 말은 많은 경우 부모가 어렸을 적에 그들 부모에게 매를 맞으며 들었던 말이라고 합니다. 부모가 '사랑'의 미명 아래 자기 행동의 의미를 이해하지 못한 채 걷잡을 수 없는 분노와 멸시, 증오를 자녀에게 퍼붓고 방치와 학대를 일삼는 일이 있습니다. 이런 일은 계층과 무관하게 우리 사회 곳곳에서 일어납니다.

그런데 흔히 보는 자동 반사적이고 제대로 살피지 않은 이런 양육 방식은(명시적인 폭력이든 아니든) 아이의 발달에 장기적으로 심각한 해를 입힙니다. 이런 무의식적 양육 방식은 인간으로서 부모 자신의 성장도 방해합니다. 부모의 슬픔과 상처, 후회와 비난은 어릴 적 경험한 무의식적 양육 방식에 기인하는 경우가 많습니다. 부모 자신과 세상에 대한 좁은 시야, 분리감과 소외감 역시 많은 경우 어린 시절 경험한 무의식적 양육 방식에서 비롯합니다.

그런데 '부모 되기'의 도전과 소명에 깨어있다면 반드시 그렇게 되지는 않습니다. **오히려 자녀와 함께하는 시간을 부모 내면의 장애물을 허무는 데 사용할 수 있습니다. 부모 자신을 더 분명히 보고, 자녀의 곁에 더 많이 존재하는 데 사용할 수 있습니다. 부모가 자녀 양육에서 마음챙김을 계발할 때 이런 기회를 만날 수 있습니다.**

❀

우리는 자녀 양육을 가장 중요한 일로 여기지 않는 문화에 살고 있습니다(이 책의 초판 발행 시점이 1994년 미국이라는 점을 감안-옮긴이). 사람들은 일과 경력, 인간관계에 자신의 백 퍼센트를 쏟으면서 자녀에게는 그렇게 하지 않습니다.

한 사회의 제도와 가치는 구성원 각자의 마음과 가치를 형성하는 동시에 그것을 되비춥니다. 그런데 우리 사회의 제도와 가치는 자녀 양육을 중요하게 여기지 않는 측면이 있습니다. 오늘날 가장 높은 급여를 받는 노동자는 누구입니까? 부모의 양육 부담을 덜어주는 돌봄 노동자나 교사가 아님은 분명합니다. 갓 태어난 아기를 몇 주 이상 집에서 돌보려는 부모를 위한 지원 네트워크나 유급 휴가가 있나요? 젊은 부모를 위한 일자리 나누기나 파트타임 일자리가 충분한가요? 부모 대상의 양육 수업에 대한 지원은요? 이런 것이 많다면 우리 사회가 건강한 양육을 중시한다는 의미일 것입니다. 그러나 실제로는 매우 부족한 현실입니다.

물론 희망이 없는 것은 아닙니다. 커다란 어려움에도 불구하고 많은 부모가 자녀 양육을 신성한 의무로 여깁니다. 그들은 자녀를 인도하고 양육하는 진정성 있고 창의적인 방법을 모색합니다. 미국 전역에는 육아의 기술, 자녀와의 소통법, 폭력 예방, 스트레스 완화, 부모를 위한 가정상담에 종사하는 사람들이 많습니다. 아동보호기금 등 어린이들의 권익을 보호하는 비영리 단체를 조직하는가 하면, 아동을 위한 정치 로비를 벌이기도 합니다. 국제수유연맹 라레체리그('라레체'는 스페인어로 젖을 의미한다)와 국제애착육아협회(API) 등의 단체도 있습니다. 이 단체들은 모유 수유나 부모 자녀의 안정적 애착 관계를 토대로 자녀의 욕구를 충족하려는 부모들을 오랜 시간 지원해 왔습니다. 윌리엄 시어스와 마사 시어스가 쓴『베이비북The Baby Book』은 수십 년 동안 육아에 관한 실제적인 정보와 아기의 욕구를 존중하는 관점을 제시했습니다. 그 밖에 마음챙김과 알아차림을 자녀 양육에 적용한 책들도 있습니다. 로라 카스트너의『현명한 마음의 부모』와 수잔 스티펠만의『힘겨루기 없는 양육』은 부모들에게 도움이 되는 소중한 자료입니다. 댄 휴즈의『애착 중심 양육』, 댄 시걸과 메리 하첼이 쓴『내면으로부터의 양육』은 알아차림을 대인 신경과학과 애착 연구에 적용한 책입니다. 낸시 바데크의『마음챙김 출산』은 마음챙김에 기초한 출산과 육아법을 다룬 획기적인 책입니다. 마음챙김 양육에 관한 새로운 연구와 책들이 계속 나오고 있습니다(책 뒤의 '마음챙김 양육을 위한 권장도서' 참조).

    어느 시대든 부모는 자신과 자녀의 삶을 형성하는 커다란 사회, 문화, 경제적 힘에 영향을 받습니다. 그러나 부모는 한 사람의 개인으로서 의식적이고 의도적으로 지금의 상황과 시대에 응대할 수도 있습니다. 부모는 자신이 가는 양육의 길을 깊이 들여다보며 이 길이 자기가 중요하게 여기는 가치를 반영하고 있는지 살펴볼 수 있습니다. 자녀와 함께하는 삶에 더 큰 주의력과 의도성을 가져가는 선택권을 부모는 언제나 갖고 있습니다. 그러자면 부모 자신의 행동을 돌아보는 동시에 지금 필요한 일을 알아보는 프레임이 필요합니다. 이런 틀을 가질 때 자녀 양육의 길은 더 수월하고 탄탄해집니다. 끊임없이 바뀌는 상황에서도 양육의 바른 길에서 벗어나지 않습니다. 마음챙김은 부모에게 이런 틀을 제공합니다.

마음챙김을 통해 상황을 다시 인식할 수 있음을 깨달을 때 새롭고 중요한 마음의 문이 열립니다. 어떤 순간에도 부모는 자신이 아는 것보다 더 많은 선택권이 있음을 알 수 있습니다. 부모의 일상에 마음챙김을 가져가는 일은 실용적일 뿐 아니라 우리가 대부분의 시간을 보내는 자동조종 상태를 극복하는 대안입니다. 마음챙김은 커다란 스트레스 속에서 일상의 책임과 요구를 처리해야 하는 부모들에게 중요합니다. 복잡한 세상에서 아이들의 내면과 외면의 필요를 충족시켜야 하는 부모들에게 마음챙김은 특히 중요합니다.

마음챙김 양육이란

마음챙김 양육은 새로운 의식과 의도성으로 부모 역할의 희망과 도전에 깨어나도록 요청합니다. 부모의 행동도 중요합니다만 부모가 어떤 의식으로 양육에 임하는가가 부모와 자녀 모두에게 더 중요합니다.

    이 책에서 우리는 부모 노릇의 다양한 측면에 대해 명상해볼 것입니다. 이 책은 부모가 자녀들에게 필요한 것을 알아보고 그것을 채워주려는 목적입니다. 그러기 위해서는 부모가 이미 가진 알아차림의 능력을 더 계발해야 합니다. 부모 자신의 삶에 매순간 알아차림을 가져가야 합니다. **마음챙김(mindfulness)은 알아차림(awareness)과 동의어입니다. 마음챙김은 알아차림을 체계적으로 키우는 여러 방법을 의미하기도 합니다.** 마음챙김 수련으로 자녀 양육에 알아차림을 가져갈 때 자녀와 부모 자신에 대한 깊은 이해와 통찰에 이릅니다. 외면적 행동의 이면을 들여다보는 마음챙김으로 부모는 자녀를 더 분명히 보고, 나아가 지혜와 사랑으로 행동할 수 있습니다.

4부에서 보겠지만 마음챙김의 관점에서 볼 때 자녀 양육이란 부모의 삶에서 꽤 오랜 기간 진행되는 엄정한 명상 수련과 다르지 않습니다. 그리고 우리의 자녀는 어려서부터 성인이 되기까지(성인이 된 후에도) 부모에게 끝없는 도전을 안기는 '입주 교사'입니다. **부모는 자녀를 키우면서 '나는 누구인가?' '자녀는 누구인가?'를 탐구하는 내면 작업의 기회를 수도 없이 갖습니다. 이 내면 작업을 통해 부모는 자녀의 발달과 성장에 필요한 것을 내어주면서 삶의 가장 중요한 것과 접촉합니다.** 이 과정에서 매순간 알아차림을 통해, 부모가 물려받았거나 스스로 만든 습관적이고 제한된 인식과 관계, 마음의 틀에서 벗어나는 기회를 갖습니다. 아이들은 그 존재만으로 부모의 내면 작업에 영감을 줍니다. 부모가 아이 본연의 온전함과 아름다움을(특히, 그것이 잘 안 보일 때) 기억한다면 아이 곁에 온전히 존재하며 사랑을 줄 수 있습니다. 알아차림으로 아이를 분명히 볼 때 부모는 관대함과 지혜로 응대할 수 있습니다.

부모는 세상에 태어난 아이를 20년 가까이 돌보는 과정에서 그가 누구인지 알아갑니다. 이 기간 동안 자녀라는 입주 교사는 놀라움과 축복의 순간을 무수히 안깁니다. 깊은 연결과 사랑의 느낌을 끝없이 선사합니다. 그러나 아이들은 부모의 '뚜껑을 열기도' 합니다. 부모의 불안을 건드리며, 부모에게 뜻밖의 가르침을 전하기도 합니다. 아이들은 부모의 한계를 실험합니다. 부모가 두려워하는 것과 맞닥뜨리게 합니다. 부모를 부적절하고 형편없는 존재로 느끼게 만들기도 합니다.

그럼에도 부모는 자녀를 양육하는 모든 경험에 가만히 주의를 기울일 수 있습니다. 자녀를 돌보고 사랑하고 인도하는 과정에서 부모는 삶의 중요한 것에 거듭 깨어납니다.

부모가 된다는 것은 힘든 일입니다. 아이들은 누구에게도 하지 않는 요구를 부모에게 합니다. 또 누구보다 가까이서 부모를 지켜봅니다. 부모가 스스로를 비춰보도록 거울을 들이밉니다. 이렇게 부모는 난생 처음 자신을 돌아보는 기회를 갖습니다. 부모는 아이와 관련된 모든 상황에서 무엇을 배울 수 있는지 의식적으로 질문하게 됩니다. 그리고 그렇게 깨달은 바를 바탕으로 선택을 내립니다. 이렇게 내린 선택은 아이와 부모 내면의 성장을 자극합니다. **이처럼 부모와 자녀는 상호 연결된 존재, 상호 의존하는 존재입니다. 연결성과 의존성으로 맺어진 부모와 자녀는 함께 배우고 성장해 갑니다.**

자녀 양육에 마음챙김을 가져가려면 먼저 '마음챙김'이 무엇인지 알아야 합니다. **마음챙김이란 의도적으로, 현재 순간에, 판단하지 않고 주의를 기울일 때 일어나는 앎 또는 자각을 말합니다.** 그렇다면 마음챙김을 계발하는 방법은 무엇일까요? 그것은 의도적으로, 현재 순간에, 판단하지 않고 주의를 기울이도록 부드럽게, 거듭 상기하는 것입니다. 주의가 딴 곳으로 달아날 때마다(반드시 달아납니다!) 현재 순간으로 주의를 가져옵니다. 그러면 지금 펼쳐지는 삶과 더 많이 접촉할 수 있습니다. 나아가 알아차림에 아예 터를 잡는 법을 익히면 더 좋습니다.

우리는 대부분의 시간을 자동조종 모드로 살아갑니다. 원하는 대상에만 아무렇게나 주의를 보냅니다. 소중한 많은 것을 당연시하거나 알아보지 못합니다. 경험하는 많은 일을 제대로 살피지 않은 채 즉각적이고 반사적으로 판단합니다. 좋아하고 싫어하는 것, 원하는 것과 원치 않는 것을 기준으로 의견을 지어냅니다. 이때 마음챙김은 자녀 양육에 필요한 도구와 프레임이 되어줍니다. 마음챙김은 매순간 경험하는 현상에 주의를 기울이게 합니다. 부모가 가진 자동적 사고와 느낌을 넘어, 있는 그대로의 현상을 깊이 통찰하게 합니다. 그런데 마음챙김을 키운다고 해서 평가와 판단을 내리지 말라는 의미는 아닙니다. 단지, 평가와 판단을 '있는 그대로' 알아보는 연습을 해야 합니다. 할 수 있는 한에서 평가와 판단을 잠시 유보합니다. 이미 내린 판단이면 그에 관해 '다시' 판단하지 않습니다. 지금부터 보겠지만 '이것 아니면 저것' 식의 자동 반사적인 **판단**(judging)은 지혜로운 **분별력**(discerning)과 다릅니다. 분별력은 양 극단의 사이에 존재하는 미세한 차이와 결을 알아보는 지혜입니다.

마음챙김은 불교 명상의 핵심입니다. 사실, 모든 종류의 불교 명상은 온전한 주의력을 계발하는 목적이라고 할 수 있습니다. 다시 말해 열린 마음의 현존, 깨어있음, 연민의 마음을 계발하는 것이 불교 명상의 목적입니다. 마음챙김 수련은 지난 2천6백 년간 동양의 다양한 명상 전통에서 생생히 이어져 왔습니다. 이런 마음챙김 수련이 지난 40년간 의료와 뇌과학, 심리학 건강, 교육, 법률, 스포츠, 복지, 정부 등 다양한 영역에서 사회의 주류 문화에 진입했습니다. 마음챙김에 관한 과학 연구는 지난 15년간 기하급수적으로 증가했습니다. 삶의 다양한 영역에서 마음챙김의 계발에 관한 관심이 매우 커졌습니다.

마음챙김은 명상 훈련의 일종입니다. 명상에 여러 종류가 있지만 모든 명상 훈련은 '같은 방에 들어가는 다른 문'이라고 할 수 있습니다. 같은 방이라도 어느 문을 통해 들어가느냐에 따라 그 모습이 다릅니다. 하지만 일단 들어가면 어느 문으로 들어갔든 같은 방입니다. 명상도 마찬가지입니다. 명상은 방법과 전통을 불문하고, 주의를 기울여 대상을 알아차리는 능력을 계발하는 것입니다. 정신없는 마음 활동의 이면에 자리 잡은 질서와 고요함에 닿는 것입니다(사실, 자녀를 키우는 일보다 정신없는 활동이 있을까요?).

마음챙김을 가장 정교하게 발달시킨 전통은 불교입니다. 하지만 마음챙김은 모든 문화의 중요한 일부로서 실로 보편적인 것입니다. 마음챙김은 우리들 누구나 인간임으로 해서 가진 자각과 명료함, 연민의 능력을 계발하는 것입니다. 마음챙김을 키우는 방법은 다양합니다만 '정답'이라 할 만한 하나의 방법은 없습니다. 자녀 양육에 하나의 '정답'이 존재하지 않는 것과 같습니다.

마음챙김 양육을 위해서는 부모가 자녀와 함께하는 일상에서 무엇이 진정으로 중요한지 잊지 않아야 합니다. 많은 경우 부모는 무엇이 중요한지 까맣게 잊은 채 삽니다. 부모 스스로 그것을 상기해야 합니다. 부모는 허둥지둥 아이를 키우느라 양육의 의미와 방향성이라는 '실'을 잃어버리기 쉽습니다. 그렇지만 힘든 순간에도 의도적으로 한 발 물러나 다시 시작할 수 있습니다. "지금 진정으로 중요한 것은 무엇인가?" 하고 처음인 듯 새로운 눈으로 스스로에게 물어볼 수 있습니다.

사실 마음챙김 양육이란 이런 종류의 주의력과 열린 마음, 지혜를 자녀와 함께하는 모든 순간에 잊지 않고 가져가는 것입니다. 이렇게 잊지 않는 것 자체가 진정한 수련이자 내면의 훈련입니다. 이것 자체가 명상입니다. 부모는 양육이라는 수련에서 커다란 배움을 얻습니다.

부모가 양육에서 배움을 얻기 위해서는 스스로 자기 내면에 주의를 기울이며 고요히 머물러야 합니다. 고요함 속에서 부모는 평소 쉽게 걸려드는 마음의 혼란과 자동 반응성을 꿰뚫어봅니다. 나아가 명료함과 침착성, 통찰을 키워 자녀 양육에 적용합니다.

부모도 자녀와 마찬가지로 자기만의 욕구와 삶이 있습니다. 그런데 특정 순간에 부모가 갖는 욕구는 자녀의 필요와 다를 수 있습니다. 그렇다 해도 마음챙김으로 양육하는 부모는 자신의 욕구와 자녀의 욕구를 대척점에 놓지 않습니다. 오히려 둘의 욕구가 상호 의존한다는 사실을 깨닫습니다. **부모와 자녀의 삶은 깊이 연결되어 있습니다. 자녀가 잘 지내야 부모도 잘 지내며, 자녀가 잘 지내지 못하면 부모도 잘 지낼 수 없습니다(그 반대도 마찬가지입니다).**

그러므로 부모는 자신의 욕구뿐 아니라 자녀의 신체적, 정서적 욕구도 알아보고 채워 주어야 합니다. 그럴 때 부모와 자녀 모두 이로움을 얻습니다. 이런 민감성을 자녀 양육에 가져갈 때 부모와 자녀의 연결감이 깊어집니다. 자녀는 부모가 자기 곁에 어떻게 존재하느냐는 '존재의 질'을 느낍니다. 부모와의 관계가 틀어졌어도 자녀는 부모의 현존감을 통해 부모가 자신에게 건네고 있다고 느낍니다. 이렇게 하면 부모의 욕구와 자녀의 욕구가 상충할 때도 진정한 연결감을 바탕으로 친절과 지혜가 깃든 선택을 내릴 수 있습니다.

자녀 양육은 신성한 의무입니다. 부모는 자녀를 보호하고 양육하며 가르치고 인도해야 합니다. 자녀의 벗이 되고 모범이 되어야 합니다. 무조건적 사랑과 받아들임의 원천이 되어야 합니다. 부모는 이런 신성한 의무로서의 자기 역할에 유념하며 매순간 펼쳐지는 양육 과정에 마음챙김을 가져가야 합니다. 그럴 때 지금 이 아이가 현재의 발달 단계에서 자기 존재와 행동을 통해 부모에게 바라는 바를 알아보고 그에 따라 선택을 내릴 수 있습니다. 이런 도전에 응하는 과정에서 부모는 자녀를 위한 최선의 행동뿐 아니라 자기 내면의 가장 깊고 최선인 면을 처음으로 깨닫기도 합니다.

마음챙김 양육에서 부모는 매일처럼 부딪히는 힘든 양육 경험과 기꺼이 마주합니다. 알아차림은 지극히 포괄적이어서

거기에 담지 못하는 것은 아무것도 없습니다. 양육에서 느끼는 좌절감과 불안, 단점과 한계를 알아차립니다. 부모 자신의 어둡고 파괴적인 감정과 압도당하고 무너지는 느낌도 알아차립니다. 알아차림을 통해 부모의 부정적 에너지를 의식적이고 체계적으로 다룰 수 있습니다.

부모 자신의 부정적 에너지를 다루는 작업은 꽤 노력이 필요합니다. 부모 역시 어린 시절의 사건과 자라온 환경의 결과물입니다. 부모의 어린 시절은 부모가 자신과 세상을 바라보는 방식에 영향을 미칩니다. 부모의 성장과정에 따라 지금 부모 앞에 있는 이 아이가 누구이고, 어떻게 대해야 하는지, 어떻게 양육하고 가르쳐야 하는지에 관한 부모 자신의 생각도 달라집니다. 부모들은 강력한 마법에 걸린 듯 자기 견해를 강하게, 무의식적으로 고집하는 경우가 있습니다. 부모 자신의 자라온 과정이 미치는 영향을 인식할 때 긍정적이고 양육적인 면은 끌어내는 한편, 해롭고 제약적인 면은 극복하며 성장할 수 있습니다.

그런데 어린 시절에 생존을 위해 자신의 느낌을 외면하고 억누른 부모라면 느낌을 알아차리는 작업이 힘겨울 수 있습니다. 자신의 오랜 악마에 휘둘릴 때, 오래된 믿음과 해로운 감정 패턴이 반복될 때, 어두운 느낌에 시달릴 때 가만히 멈추어 바라보기란 힘이 듭니다.

이 책은 마음챙김 양육을 부모의 자기평가 기준으로 삼으라고 하지 않습니다. 마음챙김을 부모의 이상적인 표준으로 제시하지도 않습니다. 마음챙김 양육은 부모의 알아차림과 현존, 지혜로운 행동을 연습하고 심화시키는, 끝이 없는 과정입니다. 마음챙김 양육은 정해진 목표와 성과를(그것이 아무리 가치 있다 해도) 획득하려는 시도가 아닙니다. **마음챙김 양육에서 중요한 것은 부모 자신을 친절과 연민으로 보는 것입니다. 한 인간으로 부모 자신의 한계와 맹목성, 집착과 실수를 깨어있는 마음으로 다루는 것이 마음챙김 양육의 중요한 일부입니다.** 어두움과 절망의 순간에 우리가 할 수 있는 한 가지는 지금 이 순간, 새롭게 시작하는 것입니다. 모든 순간은 새로운 시작입니다. 현재 순간과 새롭게 조율함으로써 마음을 여는 기회입니다. 매순간이 부모와 자녀를 더 깊이, 더 새롭게 보고 느끼는 기회입니다.

부모의 자녀 사랑은 매순간 자녀와 맺는 관계의 질에서 표현되고 경험됩니다. 부모의 사랑은 자녀와 함께하는 일상의 순간을 알아차림에 담아 거기에 머물 때 깊어집니다. 부모의 사랑은 비싼 디즈니월드 관람에서만 드러나지 않습니다. 아이에게 소박한 밥상을 차려줄 때, 아침 인사를 건넬 때도 표현됩니다. 부모의 사랑은 부모가 보여주는 일상의 친절함 속에 존재합니다. 자녀에 대한 이해 속에, 부모의 열린 마음 속에 존재합니다. 제한과 틀을 정해 엄격하지만 친절하게 지키는 데서도 사랑이 표현됩니다. 사랑은 부모의 행동에서 드러납니다. 좋을 때나 나쁠 때나 부모가 행동을 통해 드러내는 현존의 질이야말로 자녀에 대한 돌봄과 사랑을 나타내는 참된 척도입니다.

이 책은 가족의 삶을 소중히 여기는 사람을 위한 책입니다. 곧 태어나거나 이미 태어난 자녀, 어리고 나이든 자녀의 행복에 관심 있는 사람을 위한 책입니다. 이 책이 일상에서 자신의 존재와 행동으로 자녀 사랑을 보여주려는 부모들에게 도움이 되길 바랍니다. **부모가 자기 삶을 참되게 살지 않으면 자녀에 대한 사랑을 보여줄 수 없습니다. 깨어있는 마음으로 부모 자신의 느낌과 접촉하지 않으면 자녀에 대한 사랑을 보여줄 수 없습니다.**

부모 노릇은 부모 자신의 좋은 면과 나쁜 면을 함께 비추는 거울입니다. 이 거울은 삶의 풍성한 순간과 끔찍한 순간을 모두 비춥니다. 아이들을 키울 때 우리 부부는 대부분의 경우에 큰 문제가 없다고 느꼈습니다. 아이들은 행복하고 건강했으며 균형에서 크게 벗어나지 않았습니다. 그런데 바로 다음 날이면 모든 것이 엉망이 되고는 했습니다. 그럴 때 우리는 혼란과 좌절, 분노에 휩싸였습니다. 우리가 안다고 여겼던 것이 소용이 없었습니다. 모든 규칙이 일순간에 무용지물이 되었습니다. 우리 부부는 무슨 일이, 무슨 이유로 일어나고 있는지 알지 못했습니다. 부모로서 완벽한 실패자라고 느꼈습니다. 부모가 되어 제대로 아는 것이 하나도 없다고 느꼈습니다.

그럴 때도 우리 부부는 그때 일어나는 일에 대한(아무리 불쾌하고 괴로운 일이라도) 알아차림을 놓지 않으려고 했습니다. 어렵긴 했지만 그 순간 일어나고 있는 일을 인정하고,

우리가 할 일을 했습니다. 그렇게 하지 않으면 자동 반사적 행동에 걸려 그나마 지닌 연민과 명료함을 두려움과 분노의 감정에 내어주는 수밖에 없었습니다. 그리고 실제로 두려움과 분노가 연민과 명료함을 몰아낼 때에도(불가피하게 그렇게 되기도 합니다) 우리 부부는 그 일을 돌아보며 배움을 얻고자 했습니다.

이 책은 우리 부부의 양육 경험에서 나왔습니다. 이 책을 처음 쓴 시점(1997년)은 우리 집의 세 아이가 중고등학생, 대학생 때였습니다. 지금 개정판을 쓰는 시점(2014년)에 우리 아이들은 성인이 되었고, 우리 부부는 할머니와 할아버지가 되었습니다. 우리 부부의 양육 경험은 여러분의 경험과 여러 면에서 다를 것입니다. 이 책에 보인 양육법은 여러분이 자라온 방식이나 양육 방식과 다를 수 있습니다. 책에서 말하는 양육 방식에 여러분이 동의하지 않을 수도 있습니다. **사실 자녀 양육이라는 주제는 우리 내면에 깊숙이 자리 잡은 감정을 건드립니다. 양육은 '부모 자신이 누구이며, 부모의 삶을 어떻게 살 것인가' 하는 문제와 밀접히 관련되기 때문입니다.**

우리(저자)는 여러분이 책에 소개한 양육법을 남김없이 실천해야 한다고 주장하지 않습니다. 이 책의 양육법을 실천하지 않았다고 해서 부족한 부모가 되는 것은 아닙니다. 우리 모두가 알듯이, 자녀 양육에 손쉬운 해답이나 간단한 해법이란 존재하지 않습니다. 우리는 마음챙김을 인생과 양육의 모든 문제에 대한 '정답'으로 제시하지 않습니다. 다만 여러분의 양육과 삶에 나름대로 적용할 수 있는 한 가지 관점과 존재 방식을 보여주려고 합니다. **궁극적으로, 모든 부모는 자녀와 자신을 위한 최선의 선택을 스스로 내려야 합니다. 부모 각자의 삶에서 창의력과 깨어있음의 능력을 최대한 끌어내야 합니다.**

우리 부부의 경험에서 우러난 마음챙김 양육이라는 지향(指向)이 여러분의 삶의 가치와 공명하여 변화의 잠재력이 되기를 바랍니다. 부모들 각자가 양육의 길을 가는 과정에서 마음챙김 양육이라는 지향이 조금이라도 도움이 되길 바랍니다. 궁극적으로 마음챙김 양육이란 우리의 자녀를 있는 그대로 볼 수 있는가, 부모 자신의 가슴을 신뢰할 수 있는가의 문제입니다. 마음챙김 양육은 일상에서 부딪히는 양육의 어려움에 구체적인 형태를 부여해 그것을 다루게 합니다. 마음챙김 양육으로 부모는 더 지혜롭게 행동할 수 있으며 자녀에게 매 순간 무조건적 사랑의 원천이 될 수 있습니다.

"내가 마음챙김 양육을 할 수 있을까"

어느 두 가정도 처한 상황과 가진 자원이 같지 않습니다. 그런데 삶의 환경이 어떠하든 모든 가족과 구성원은 인간임으로 해서 가진 내면의 깊은 자원을 계발해 활용할 수 있습니다. 이 내면의 자원을 계발할 때 삶과 가정에서 균형을 잡는 선택을 내릴 수 있습니다.

힘든 가정형편이나 맞닥뜨린 어려움에도 불구하고 자녀를 최우선에 두는 부모들이 있습니다. '자녀를 최우선에 둔다'는 말의 의미를 생각해볼 필요가 있습니다. 자녀의 연령과 아이에 따라 다릅니다만, 분명한 것은 '헬리콥터 맘'처럼 자녀의 주변을 끊임없이 맴도는 것은 아니란 점입니다. 지혜롭지 못하고 건강하지 못한 방식으로 부모 자신의 욕구를 저버리는 것도 아닙니다. 마음챙김 양육은 자녀에게 집착하는 나머지 부모 자신을 잃어버리는 것이 아닙니다. 마음챙김 양육에서 부모는 자신에 대한 알아차림을 키워 자신의 몸과 삶에 온전히 터를 잡는, 살아 있는 경험을 합니다.

　자녀를 키우는 일은 이어달리기와 같습니다. 최소 18년을 함께 달리며 바통을 전달하는 이어달리기입니다. 이때 부모의 역할은 아이가 바통을 이어받은 다음에도 제대로 달리게 해주는 것입니다. 그러기 위해 부모는 아이 곁에서 달리는 동안 자신의 모든 것을 내어줍니다. 내어주는 방법은 다양합니다. **하나의 정답이나 공식은 없습니다. 자신의 모든 것을 내어준다 함은 특정 행위를 말하는 것이 아닙니다. 부모가 자신의 삶에 '어떻게 존재하는가'의 문제입니다.** 어떤 환경에 처했든, 자녀를 돌보려는 의지와 동기를 가진 부모는 우리 모두의 내면에 존재하는 힘과 지혜, 창의성과 돌봄이라는 자원을 활용할 수 있습니다. 이 내면의 자원을 활용하는 기회는 매순간 새롭게 주어집니다. 따라서 부모는 자신을 다그치기보다 부드럽게 대해야 합니다. 그리고 마음챙김 양육이라는 수련을 통해 부모 자신을 부드럽게 대할 수 있습니다.

　마음챙김 양육 역시 여느 심오한 영적 수련과 마찬가지로 에너지와 전념이 필요합니다. "지금 하는 일도 산더미인데 마음챙김 양육까지?" 필생의 과제인 마음챙김 양육을 제대로 할 수 있을지 부모들은 의문을 갖습니다. 그런데 부모에게 확신과 영감을 주는 한 가지 사실이 있습니다. 그것은, 마음챙김 양육이라는 체계적 훈련의 요소를 실은 모든 부모가 '이미' 알고 있다는 사실입니다. 수련과 내면 훈련으로서의 마음챙김 양육은 부모들이 매일처럼 맞닥뜨리는 경험과 도전에서 자연스럽게 흘러나옵니다.

구체적으로 말하면 이렇습니다. 부모는 '이미' 자녀에게 끊임없이 주의를 기울이고 있습니다. 또 부모는 규칙적인 생활을 해야 합니다. 매일 아침 정해진 시간에 일어나 아이들을 깨우고, 먹이고, 등교 준비를 시켜야 합니다. 부모 자신도 일을 해야 합니다. 자녀와 부모의 복잡한 일정을 조정하려면 세심하게 규칙을 세워야 합니다. 장보기, 식사준비, 빨래, 청소 등 온갖 집안일을 계획하고 실천해야 합니다.

이렇듯 부모는 이미 많은 일을 해내고 있습니다. 시간과 노력에 대한 상충하는 요구를 매일매일 조정하며 끝도 없는 위기 상황을 처리합니다. 부모들은 놀라운 직감으로 아이가 지금 어디에 있는지, 잠재적 위험에 노출되지 않았는지 살핍니다. 일을 하면서도 아이와 대화를 나눕니다. 다른 것을 생각하는 중에도, 부모를 들볶는 아이를 응대합니다. 부모들은 한 번에 여러 곳에 주의를 기울입니다. 상대와 이야기를 나누는 중에도 아이의 옷 단추를 끼우고, 위험한 곳에 다가가는 아이의 손을 붙잡습니다. 자녀를 키우는 부모라면 이런 기술과 규율이 발달하지 '않을 수' 없습니다. 이 기술과 규율이 발달할수록 그것은 부모의 자연스러운 존재 방식이 됩니다.

그런데 부모가 되어 자연스럽게 발달하는 이 기술과 규율은 **마음챙김으로 자녀를 양육할 때 더욱 유익하게 활용할 수 있습니다. 마음챙김 양육에서 부모는 자녀를 돌보던 노력의 일부를 자기 내면으로 향합니다. 부모 자신의 몸과 마음, 경험을 보살피는 것입니다. 그리고 의식주 등 자녀의 외면적 필요뿐 아니라 정서와 영혼 등 그들 내면의 욕구도 관심을 갖고 살핍**

니다.

부모는 스트레스를 받거나 우울에 빠진 순간에도 잠시 마음챙김을 할 수 있습니다. 그런데 모든 순간에 마음챙김을 적용하려면 일상의 규칙적인 수련으로 마음챙김을 계발하려는 결심이 필요합니다. 다양한 방법으로 마음챙김을 키울 수 있지만, 크게 정식 수련과 일상 수련으로 구분합니다. 일상 수련은 바쁘게 생활하는 부모들에게 권하는 방법입니다. 하루 중 정식 수련 시간을 따로 마련하면 마음챙김을 키우는 데 큰 도움이 됩니다만 반드시 그러지 않아도 좋습니다. **일상의 양육에서 현재 순간에 자주 들어가 열린 알아차림에서 배움을 얻는다면 그것이 궁극적으로 마음챙김 양육입니다. 그 자체로 강력한 명상 수련입니다**(에필로그의 '일상에서 하는 4가지 마음챙김 수련법' 참조).

매사추세츠 마음챙김 의료센터(MBSR 프로그램의 발상지)와 전 세계의 MBSR 프로그램에 참가한 수만 명의 사람이 자녀를 키우는 부모입니다. 그들 중 상당수가 심각한 질병을 앓았으며 사회적, 경제적, 개인적으로 힘든 일을 겪었습니다. 끔찍한 가족사를 간직한 사람도 있었습니다. 참가자들은 8주간 MBSR 프로그램의 정식 수련과 일상 수련으로 마음챙김을 계발하는 노력을 더욱 경주했습니다. 이 과정에서 그들의 삶과 태도, 자녀를 포함한 주변 사람과의 관계에 큰 변화가 생겼습니다. 많은 참가자가 새로운 방식으로 주의를 기울이는 마음챙김을 통해 가정과 직장의 스트레스에 더 잘 대처했으며, 마음의 평화와 자기 확신도 커졌습니다. 마음챙김 수련으로 삶이 새롭게 열렸다는 참가자도 있었습니다. 이전보다 더 자유로워졌으며, 자기 내면을 더 잘 다스리게 되었습니다.

　MBSR 지도자는 참가자에게 명상 수련의 다양한 측면과 일상의 스트레스 상황에 적용하는 일반적인 지침을 전합니다. 그런데 자신이 처한 구체적인 상황에 어떻게 마음챙김을 적용할 것인가는 참가자 스스로 알아가는 수밖에 없습니다. 이것은 참가자의 직접 수련에서 자연스럽게 흘러나오는 창의적이고 직관적인 과정입니다.

　마음챙김 양육도 마찬가지입니다. 우리(저자)는 이 책에서 부모들에게 특정한 행동이나 선택을 요구하지 않습니다. **그것은 부모인 여러분 자신만이 알 수 있습니다. 여러분의 삶은 여러분 '자신'의 것입니다. 특정 상황에서 어떻게 해야 하는지는 오직 여러분만이 알 수 있습니다.** 명상 수련에서도 우리(저자)는 일반적인 지침 외에는 전하지 않을 것입니다. 마음챙김의 구체적인 적용법이나 여러분이 끌리는 특정 선택은 오직 여러분의 실제 수련에서 나옵니다. 온전한 알아차림으로 매순간을 소중히 하겠다는 여러분의 전념과 열망에서 나옵니다. 이렇게 할 때 부모는 자녀와 함께하는 일에서 깨어있는 마음으로 선택을 내릴 수 있습니다. 이 선택은 창의성과 상상력, 사랑 같은 부모 자신의 특별한 능력에서 나오는 선택입니다. 인간임으로 해서 갖는 이런 마음의 자질들은 매우 심오하며 한계가 없습니다.

　각 가정이 처한 상황은 무척 다릅니다. 양육 부담을 혼자 떠맡은 한부모 가정도 있고, 이혼 가정도 있습니다. 늦은 나이에 아이를 갖는 부부도 있고, 동성애자 부모도 있습니다. 조부모가 손자를 키우는 가정도 종종 있습니다. 함께하는 시간이 없는 부부도 있고, 양육에 관한 생각이 크게 다른 부부도 있습니다. 일과 양육의 구분이 모호한 부부도 있고, 맞벌이 부부도 있습니다. 심각한 질병, 장애, 발달지체 자녀를 둔 가정도 있습니다. 연년생 자녀를 둔 가정이 있는가 하면 형제 간 터울이 큰 가정도 있습니다. 쌍둥이 자녀를 둔 가정, 아들이나 딸만 둔 가정도 있습니다. 모든 상황에 적절하고 유용한 양육의 공식은 존재하지 않습니다.

마음챙김은 정해진 공식이 아닙니다. 정해진 공식이 아니므로 모든 상황에 적절하다고 할 수 있습니다. **마음챙김은 경험의 질에 관한 것이자, 누구나 살면서 기울이는 주의력에 관한 것입니다. 따라서 마음챙김은 적용 범위에 있어 실로 보편적입니다.** 모든 사람에게 몸과 마음이 있으며, 누구라도 의도적으로 주의를 기울일 수 있습니다. 그리고 삶은 오직 지금 이 순간에 펼쳐지고 있습니다. 마음챙김은 특정한 어떤 것을 하라고 말하지 않습니다. 대신 우리가 중요하게 여기는 것에 귀를 열고 주의를 기울이라고 합니다. 어떤 상황에 처했건 마음챙김은 우리가 중요하게 여기는 것에 대한 시야를 넓혀 줍니다.

부모로서, 그리고 한 사람으로서 어떤 상황에 처했든 내면의 깊은 자원에 닿아 자신이 소중히 여기는 가치와, 가슴에 진실한 길을 찾아갈 때 커다란 성장과 변화를 경험할 수 있습니다. 이를 위해서는 노력이 필요합니다만 부모들이 지금 기울이는 것보다 엄청나게 큰 노력이 요구되는 것은 아닙니다.

부모에게 실제로 요구되는 것은 현재 순간을 알아차리도록 의식의 방향을 바꾸는 것 정도입니다. 현재 순간을 알아차리면 새로운 눈을 갖게 됩니다. 알아차림을 통한 새로운 눈을 가질 때 부모와 자녀의 내면에 존재하는 최선의 것이 자연스럽게 드러납니다.

마음챙김 양육의 세계에 들어가기에 앞서 이야기 하나를 소개합니다. 잠시 시간의 흐름에서 비껴나 신화와 심령의 세계에 발을 들여 보겠습니다. 이렇게 하면 '깊이 본다'는 것이 어떤 의미인지, 가슴의 신비를 신뢰한다는 것이 무슨 의미인지 알 것입니다. 이 신화에 등장하는 모든 인물은 우리의 존재에 깃든 다양한 측면에 대한 비유입니다. 이야기에 등장하는 남성과 여성, 아름다움과 추함, 친절과 비정함은 정도는 달라도 우리 모두의 내면에 존재하는 성질입니다.

2

거웨인 경과 못생긴 부인: 양육의 열쇠
Sir Gawain and the Loathely Lady: The Story Holds the Key

〈거웨인 경과 못생긴 부인〉 이야기

옛날 옛적 아서왕이 살던 시대였습니다. 어느 성탄절 날 아서왕은 탄 웨들란(Tarn Wathelan)이라는 기사의 도전을 받고 곤란한 처지에 빠졌습니다. 사람보다 훨씬 큰 몸집에 발에서 가슴까지 검은 갑옷을 두른 기사는 붉은 눈의 커다란 검은 말을 타고 있었습니다. 아서왕은 기사가 사는 암흑의 성 앞에서 말을 타고 기사를 향해 돌진했습니다. 기사는 마법을 걸어 아서왕과 말의 힘을 모두 앗아갔습니다. 세상의 것이 아닌 천상의 거대한 마법에 아서왕은 양팔이 늘어져 꼼짝도 하지 못했습니다. 아서왕은 겨우 말했습니다. "도대체 나를 어쩔 셈이냐?"

　기사는 아서왕을 당장 죽이거나 지하 감옥에 넣지 않았습니다. 대신 일주일의 시간을 줄 테니 새해 첫 날 아침에 다음 질문에 답을 가져오면 목숨을 살려주겠다고 했습니다. "세상의 모든 여자가 가장 원하는 것은 무엇인가?"라는 질문이었습니다. 아서왕은 수치스럽고 화가 났지만 어쩔 수 없이 동의하고는 답을 찾아 온 나라를 다녔습니다. 거위를 모는 소녀, 맥줏집 안주인, 귀부인 등 일주일간 만난 모든 여자에게 물었습니다. 여자들의 답을 열심히 받아 적었지만 정답 같은 대답은 없었습니다. 새해 첫 날 아침 아서왕은 무거운 마음으로 기사의 성을 향해 말을 몰았습니다. 목숨을 살릴 가능성은 이제 없어 보였습니다. 기사의 손에 죽는 수밖에 없다고 생각했습니다.

 기사의 성으로 돌아가는 언덕길은 먼저 번보다 어두웠고 바람은 더 세게 느껴졌습니다. 길은 더 멀고 힘하게 느껴졌습니다. 아서왕은 턱을 가슴에 파묻고 말을 탄 채 힘겹게 나아가고 있었습니다. 그런데 기사의 성에 도착하기 얼마 전 어두운 덤불숲을 지나던 중에 아름답고 부드러운 여자 목소리가 들렸습니다. "신이 당신에게 인사하고 있어요, 아서왕. 신이 당신을 지켜줄 거예요." 살펴보니 길가의 떡갈나무와 호랑가시나무 사이 둔덕에 주홍색 망토를 걸친 여자가 앉아 있는 게 보였습니다. 아서왕은 여자의 얼굴을 보고는 깜짝 놀랐습니다. 아름다운 목소리와 완전히 딴판으로 여자의 얼굴은 아서왕이 지금껏 본 가운데 가장 추악한 얼굴이었습니다. 기다란 코에 사마귀가 덕지덕지 붙었고 섬뜩하게 생긴 길쭉한 턱은 한쪽으로 휘어져 있었습니다. 툭 튀어나온 이마 아래 깊숙한 곳에 하나밖에 없는 눈이 박혀 있었습니다. 크게 다친 입은 형상을 알아보기 힘들었습니다. 회색 머리채는 아무렇게나 뒤엉켜 있었고 손은 동물의 갈색 앞발처럼 흉측했습니다. 손가락에 낀 보석만이 왕비의 것인 양 반짝거렸습니다.

　아서왕은 그녀의 겉모습에 충격을 받았지만 숙녀 앞에서 기사가 어떻게 처신해야 하는지 잊지 않았습니다. 신기하게도 여자는 왕이 어떤 일로 이 길을 가는지 알고 있었습니다. 여자들이 원하는 걸 알기 위해 수많은 여자에게 질문했다는 것, 그러나 여자들의 대답 가운데 정답이 없다는 사실도 알고 있었습니다. 여자는 오직 자신만이 왕이 찾는 답을 알고 있다고 말했습니다. 그리고 만약 자신이 답을 알려주면 그에 대한 보답으로 그녀가 원하는 것을 무엇이든 들어주어야 한다고 말했습니다. 왕은 기꺼이 그러겠다고 했습니다. 여자는 주변의 나무들조차 듣지 못하도록 왕의 귀에다 대고 답을 속삭였습니다. 답을 들은 왕은 자신이 찾던 정답이라고 직감했습니다. 웃음이 나올 만큼 간단한 답이었습니다. 세상 여자들이 가장 원하는 것이 무엇인가라는 질문에 여자가 준 답은 **자주권**(sovereignty)이었습니다.* 아서왕은 보답으로 무엇을 줄까 물었습니다. 여자는 왕이 웨들란 기사에게 답을 확인해 본 뒤에 말하겠다고 했습니다. 아서왕은 웨들란 기사에게 정답을 말해 자유를 얻었습니다. 그러고는 못 생긴 여자가 기다리던 장소로 돌아왔습니다.

　돌아왔을 때 여자가(여자의 이름은 라그넬이었습니다) 아서왕에게 요구한 것은 궁정의 원탁의 기사들 가운데 가장

---

* 보통 국가의 의사를 최종적으로 결정하는 '주권'을 의미하나 여기서는 진실한 자기 모습으로 존재할 수 있는 각 개인의 고유한 권리를 의미한다―옮긴이

용맹하고 예의 바르며 잘생긴 남자를 데려오는 것이었습니다. 무엇보다 라그넬을 사랑하는 아내로 맞이할 남자를 데려와야 했습니다. 예상치 못한 요구에 아서왕은 난감했습니다. 하지만 생명의 은인인 라그넬에게 기사이자 왕으로서 했던 약속을 어길 수 없었습니다. 그렇다고 기사들에게 결혼을 강요할 수도 없었습니다. 아서왕은 궁정으로 돌아와 기사들에게 자초지종을 털어놓았습니다. 그때 왕의 조카인 거웨인 경이 삼촌 왕에 대한 충성심과 착한 마음씨로 여자와 결혼하겠다고 나섰습니다. 마음이 무거웠던 아서왕은 조카에게 그녀를 직접 본 다음 맹세해도 늦지 않다고 했습니다.

기사들은 다음 날 아침 무리를 지어 숲으로 향했습니다. 얼마 후 나무 사이에서 주홍색 망토가 눈에 띄었습니다. 케이 경을 비롯한 기사들은 라그넬의 모습을 보고 역겨움을 느꼈습니다. 어떤 기사는 면전에서 욕을 해댔고 어떤 기사는 말을 타고 서둘러 궁정으로 돌아갔습니다. 하지만 거웨인 경은 그녀를 찬찬이 들여다보았습니다. 그러면서 여자의 가련한 자존심을 보았습니다. 흉측한 머리를 치켜드는 모습은 사냥개에 둘러싸인 사슴 같았습니다. 어둡고 침침한 눈빛은 그에게 도움을 요청하는 듯 보였습니다. 거웨인 경은 주변의 기사들을 둘러보며 말했습니다. "왜 피하는가? 무슨 난처한 표정이며 무슨 무례한 행동인가? 나는 지난 밤 이 여인과 결혼하겠다고 왕에 맹세하지 않았는가? 그녀가 나를 받아준다면 나는 이 여인과 결혼할 것이다!" 그러고는 말에서 내려 여자 앞에 무릎을 꿇고는 말했습니다. "라그넬 부인, 저를 당신의 남편으로 받아 주겠소?"

여자는 하나밖에 없는 눈으로 거웨인 경을 쳐다보며 조금 전의 부드럽고 달콤한 목소리로 말했습니다. "다른 기사들처럼 당신도 농담하시는군요." 거웨인은 아니라고 했습니다. "내 평생 농담은 하지 않소." 여자는 만류했습니다. "더 늦기 전에 다시 생각해 보세요. 나처럼 추하고 늙은 여자와 정말 결혼하시렵니까? 왕의 조카인 당신에게 정말 어울리는 아내일까요? 나 같은 신부를 궁정에 데려가면 귀네비어 왕비(아서왕의 왕비)와 귀부인들이 뭐라고 쑥덕댈까요? 당신은 나 때문에 속으로 수치스러울 거예요." 여자는 이렇게 말하고는 격한 울음을 터뜨렸습니다. 눈물범벅이 되어 퉁퉁 부은 여자의 얼굴은 더 흉측해졌습니다.

"당신을 지킬 수 있다면 나 자신도 지킬 수 있으니 걱정 마시오." 거웨인 경은 결연한 표정으로 기사들을 둘러보고는 이렇게 말했습니다. "부인, 나와 함께 성으로 갑시다. 오늘 밤이 우리의 결혼식이오." 라그넬은 하나밖에 없는 눈으로 눈물을 흘리며 말했습니다. "거웨인 경, 믿기 어렵겠지만 진실로 이 결혼을 후회하지 않을 거예요." 라그넬은 준비해 둔 말을 타려고 걸음을 옮겼습니다. 라그넬의 양 어깨 사이에는 혹이 나 있었고 한쪽 다리는 절뚝거리고 있었습니다. 거웨인은 말에 오르는 라그넬을 도운 뒤 자신도 곁에 둔 말에 올랐습니다. 이렇게 무리는 왕의 성으로 돌아왔습니다. 소문은 빠르게 퍼졌습니다. 거웨인 경과 신부를 보려고 모여든 성의 사람들은 신부의 끔찍한 모습을 보고는 충격을 받았습니다.

그날 저녁 예배당에서 결혼식이 열렸습니다. 신부 옆에 여왕이 서고, 왕은 신랑의 들러리를 섰습니다. 맨 먼저 랜슬럿 경(원탁의 기사 중 가장 훌륭한 용사로 귀네비어 왕비의 연인)이 앞으로 나와 신부의 뺨에 힘겹게 입을 맞췄습니다. 이어 다른 기사들도 어렵게 입을 맞췄습니다. 하지만 기사들의 입에서 결혼을 축하한다는 말은 선뜻 나오지 않았습니다. 가여운 라그넬은 머리를 굽힌 채 차례대로 앞에 나온 부인들을 내려다볼 뿐이었습니다. 부인들은 라그넬의 손을 되도록 짧게 잡으려 했고 그녀를 쳐다보거나 뺨에 입을 맞추지 못했습니다. 오직 카발이라는 개만이 라그넬의 외모에 신경 쓰지 않는다는 듯 따뜻하고 축축한 혀로 라그넬의 손을 핥으며 호박색 눈으로 그녀의 얼굴을 빤히 바라보았습니다. 사냥개는 사람과 다른 눈으로 세상을 보았습니다.

저녁 식사 분위기는 어색했습니다. 거웨인 경과 신부는 왕과 왕비 옆에 뻣뻣이 앉았습니다. 식사를 물리고 춤을 출 시간이 되었습니다. 모두들 거웨인 경이 이제 신부 곁을 잠시 떠나 친구들과 어울릴 거라 생각했습니다. 하지만 거웨인은 "신랑, 신부가 먼저 춤을 춰야 하는 법"이라며 라그넬에게 손을 내밀었습니다. 라그넬은 미소를 지으며 신랑의 손을 붙잡고 앞으로 나와 춤을 추었습니다. 사람들이 보기에 그녀의 미소는 찡그림에 가까웠습니다. 하지만 잔치가 벌어지는 내내 무언가 잘못되었다는 기색을 내비치는 사람은 아무도 없었습니다.

마침내 어색한 결혼 잔치가 끝나고 신혼부부는 성에 마련한 신혼 방으로 향했습니다. 신혼 방에서 거웨인은 푹신한

의자에 몸을 던지고는 곁의 장작불을 바라보았습니다. 잠시 신부가 어디 있는지 신경 쓰지 않던 중, 한줄기 시원한 바람이 불더니 벽에 장식된 동물 문양들이 마치 살아난 듯 움직였습니다. 그러더니 마법의 숲에서 나는 희미한 호른 소리가 들려왔습니다. 침대가 살짝 움직이는 듯했고 부드러운 여자의 치마가 살짝 움직이는 것도 같았습니다. 그때 낮고 부드러운 여자 목소리가 말했습니다. "나의 사랑 거웨인 경. 내가 누군지 모르겠어요? 나를 봐줄래요?" 거웨인은 목소리가 들려오는 곳으로 고개를 돌렸습니다. 놀랍게도 침대 촛대 사이에 이제껏 세상에서 본 여자들 가운데 가장 아름다운 여인이 서 있었습니다. 꿈인지 생시인지 분간하지 못해 어리둥절한 거웨인이 물었습니다. "당신은 누구요? 나의 아내 라그넬은 어디 있소?"

'내가 바로 당신의 아내 라그넬이랍니다. 떡갈나무와 호랑가시나무 사이 둔덕에 서 있던 그 여자죠. 왕이 진 빚을 갚으려고 오늘밤 당신이 결혼한 여자이기도 해요." 거웨인이 말했습니다. "어찌된 영문인지 모르겠소. 모습이 완전히 바뀌었구려." "네, 많이 변했어요. 마법이 풀린 거예요. 하지만 마법이 다 풀리진 않았어요. 하루 중 절반만 진짜 모습으로 당신과 함께 할 수 있어요. 그래도 만족하겠어요?" 라그넬이 거웨인에게 다가오자 거웨인은 팔로 그녀를 안으며 말했습니다. "만족이라고 했소? 오 사랑스런 그대여. 나는 세상에서 가장 행복한 남자라오. 삼촌의 명예를 구하려다 세상에서 가장 아름다운 여자를 아내로 맞게 되었으니 말이오. 사실 처음 당신을 본 순간부터 뭔가 느꼈다오."

그때 라그넬은 거웨인과 잡은 손을 가슴 앞에 모으고 말했습니다. "잘 들으세요. 지금 당신 앞에 어려운 선택이 놓였어요. 내가 걸린 마법이 아직 다 풀리지 않았다고 했죠? 당신이 나를 아내로 맞이했기 때문에 내가 걸린 마법이 풀렸어요. 하지만 아직 절반은 마법이 남아 있어요."

라그넬은 자신이 하루 중 절반만 아름다운 모습으로 나타날 수 있다고 했습니다. 거웨인이 내려야 할 선택이 있었습니다. 아내가 사람들이 보는 대낮에 아름다운 모습으로 지내다 자신과 함께하는 밤에는 추한 모습으로 지낼 것인가, 아니면 낮에 추한 모습으로 지내다 밤에 아름다운 모습으로 지낼 것인가였습니다. "정말 어려운 선택이오." "잘 생각해 보세요." 거웨인은 오래 망설이지 않고 답했습니다. "오 사랑하는 그대여. 사람들이 보는 낮에는 추한 모습으로, 그리고 나와 함께하는 밤에는 아름다운 모습으로 있어 주오."

이에 라그넬이 답했습니다. "맙소사! 이게 당신의 선택인가요? 왕비와 귀부인들이 모두 보는 곳에서 끔찍한 모습으로 있어야 한다고요? 그들이 보내는 온갖 조롱과 연민을 받으면서요? 실은 그들 중 누구보다 아름다운 내가요? 오, 거웨인 경. 이것이 정녕 당신의 사랑인가요?"

거웨인은 머리를 조아리며 말했습니다. "그렇지 않소. 내가 너무 나만 생각했구려. 당신이 행복하다면 낮에 아름다운 모습으로 궁정에서 당신의 원래 모습대로 지내오. 그리고 어두운 밤엔 당신의 부드러운 목소리만 들어도 좋소. 그래도 나는 만족할 것이오." 라그넬이 대답했습니다. "진정한 연인의 대답이군요. 하지만 나는 궁정 사람들과 보내는 낮 시간이 아니라 당신과 함께하는 밤 시간에 아름다운 모습으로 있으렵니다. 그들보다 당신이 더 중요하니까요." 거웨인이 말했습니다. "어떻게 선택하든 가장 큰 고통을 견뎌야 하는 것은 당신이오. 여자인 당신은 이런 일에 나보다 지혜가 많을 것이오. 사랑스런 그대여, 당신 스스로 선택하오. 당신이 어떤 선택을 내리든 나는 만족할 것이오."

이 말에 라그넬은 거웨인의 목에 머리를 묻고 함께 울고 웃었습니다. "오, 거웨인 경. 나의 사랑스런 이여. 당신은 나에게 결정권을 주었어요. 내 뜻대로 결정하는 자주권을요. '여자들이 가장 원하는 것'이라는 수수께끼에 답을 주었어요. 당신은 나의 마법을 완전히 풀어주었어요. 이제 나는 자유롭습니다. 낮에도 밤에도 원래 모습대로 지낼 수 있어요." 이후 7년 동안 거웨인과 라그넬은 행복하게 살았습니다. 그 시간 동안 거웨인은 이전 어느 때보다 부드럽고 친절한 사람이 되었습니다. 7년 뒤 라그넬은 거웨인의 곁을 떠났습니다. 그녀가 어디로 갔는지는 아무도 몰랐습니다. 그러나 자주권을 존중하는 거웨인의 마음만은 늘 라그넬과 함께 있었습니다.

3

마음챙김 양육의 토대
The Foundations of Mindful Parenting

자주권

이제 거웨인 이야기에 담긴 신비스러운 보석을 살펴볼 차례입니다. '모든 여자가 가장 원하는 것'에 대한 답은 **자주권**이었습니다. 아서왕은 이 답을 알아 죽음을 피했습니다. 하지만 지식으로 벗어날 수 없는 딜레마를 해결한 것은 라그넬에 대한 공감과 연민의 마음이었습니다. 거웨인은 공감과 연민으로 라그넬의 자주권을 깊이 느꼈습니다. 그녀에게 선택권을 줌으로써 그녀가 가진 자주권을 존중하자 마법의 저주가 풀렸습니다.

이것은 마음챙김 양육에도 그대로 적용됩니다. 부모가 자녀의 자주권을 존중할 때 아이들은 자신의 참 모습을 드러내며 자기만의 길을 찾아갑니다. 이것은 온전한 성인이 되는 과정에 반드시 필요합니다.

우리 아이들도 마법에 힘을 빼앗겨 별안간 '마녀와 괴물'로 변하는 일이 얼마나 많습니까? 이때 부모가 거웨인처럼, 겉으로 드러난 아이의 모습과 행동에 반감이 일어난다 해도 아이가 걸린 마법의 이면에 존재하는 참 존재를 알아본다면 어떨까요? 부모 마음에 들도록 아이를 바꾸지 않고, 있는 그대로 아이를 사랑하는 마음의 여유를 낸다면 어떨까요? 부모 역시 마법에 걸려 아이들에게 부모 내면의 포악한 '마귀'를 드러내는 때가 얼마나 많은지요? 그러면서 다른 사람이 자신을 있는 그대로 받아주기를 얼마나 바라는지요? 부모 역시 살면서 자기만의 길을 찾기를 얼마나 열망하는지요?

메리 파이퍼는 『내 딸이 여자가 될 때Reviving Ophelia』라는 책에서 개별 여성이 원하는 것은 모두 다를지라도 모든 여성이 똑같이 원하는 것이 있다고 했습니다. 그것은 진정한 자신이 되는 것입니다. 타인의 객체가 아니라 자기 삶의 주체가 되는 것입니다.

자주권은 진실한 자신이 되는 것입니다. 그렇다면 자주권은 모든 사람이 원하는 것, 사람이라면 마땅히 가져야 하는 것이라고 할 수 있습니다. 자주권은 외부의 힘을 구하는 것이 아닙니다. 그것은 우리 내면에 존재하는 불성(佛性)과 깊이 연관됩니다. 불성이란 우리의 참 자아를 의미합니다. 사실 부처를 모신 불상은 자신의 참 본성과 닿아 그것을 깨닫고 있는 마음 상태를 형상화한 것입니다. 불교는 각 개인의 마음과 부처의 마음이 근본적으로 다르지 않다고 봅니다. 그리고 자기 안에 있는 불성을 구현하는 것을 인간의 가장 중요한 일로 봅니다. **모든 사물에는 불성이 있습니다. 모든 것은 독특하게 그것인 동시에, 어느 것도 전체와 분리되어 있지 않습니다. 모두가 자신의 고유한 참 본성을 가졌다는 점에서 모든 사람은 자주**

권을 가졌습니다. 이 점에서 부모는 자녀와 부모 자신, 타인을 비롯한 모든 존재의 자주권을 인정하고 존중해야 합니다. 물론 쉬운 일은 아닙니다. 평생토록 해야 하는 일입니다. 그러나 자기 안의 참 본성과 멀어져 산다면 자신과 타인에게 커다란 고통을 일으킵니다.

붓다를 흔히 '자신에 대해 자주권을 지닌 자'라고 합니다. 온갖 일에 휩쓸려 자신을 잃어버릴 때 우리는 걷기 명상을 합니다. 그러면서 자주권을, 인간으로서의 자유를 되찾습니다. 걷기 명상에서 우리는 황제처럼, 사자처럼 우아하고 위엄 있게 걷습니다. 한 걸음, 한 걸음이 삶입니다.

- 틱낫한

상대에게 두 손 모아 인사하는 관습은 상대의 내면 깊은 곳에 존재하는 어떤 것을 존중하는 상징적 행위입니다. 많은 나라에서 악수가 아니라 가슴 앞에 손바닥을 마주한 채 허리를 굽혀 인사합니다. "당신 내면의 신성한 어떤 것에 절합니다."라는 의미입니다. 상대의 가장 깊고 근원적인 어떤 것, 언제나 존재하는 근본적인 온전함을 알아본다는 의미입니다. 나의 참 본성이 상대의 참 본성에 절하는 것입니다. 겉모습은 달라도 깊은 차원에서 우리가 하나라는 사실을 알아보는 것입니다. 그래서 사람들은 개와 고양이, 나무와 꽃, 심지어 바람과 비에도 절을 합니다. 그러면 그들이 화답을 합니다. 왜냐하면 모든 사물은 그것을 그것이게끔 하는 고유한 본성을 가진 동시에, 전체 속에서 언제나 상호적인 관계에 있기 때문입니다. 부모 역시 내면에서 자녀에게 절을 하는 때가 있습니다.

부모가 자녀에게 자주권을 부여하는 방식은 자녀의 개성과 연령, 처한 상황에 따라 다릅니다. 하지만 분명한 것은 각각의 아이가 지닌 자주권을 아이의 근본적 속성이자 타고난 권리로 알아보고 존중해야 한다는 것입니다. 이렇게 하려면 부모는 아이들이 지닌 본질적인 선함과 아름다움을(당장은 눈에 보이지 않아도) 기억하고 신뢰해야 합니다.

부모라면 아이들이 자기만의 특성과 기질, 장점을 지니고 태어난다는 사실을 잘 압니다. 이때 부모가 할 일은 자녀를 각자의 모습대로 알아봐주는 것입니다. 부모의 욕심대로 바꾸지 않고(물론 쉬운 일은 아닙니다), 본연의 모습대로 자라도록 넉넉한 품을 내어주는 것입니다. **아이들은 이미 자신의 참 본성에 따라 쉼 없이 변화하고 있습니다. 이때 부모가 이것을 알아봐준다면 아이들은 자신에게 최선인 방식으로 성장할 것입니다. 부모의 의지대로 아이들을 바꿀 수는 없습니다.**

이미 온전한 자기 모습으로 태어난다는 점에서 아이들은 자주권을 가졌습니다. 자주권은 인간의 본성에서 가장 근원적인 부분입니다만 실제로 그것을 느끼고 구현하는 작업은 삶의 실제 경험을 통하는 수밖에 없습니다. 만약 부모가 어릴 적의 관계에서 마음의 상처를 입었거나 스스로 자신의 자주권을 등한시했다면 부모의 자주권이 손상된 상태일 수 있습니다. 그렇더라도 자주권은 우리 본성에서 가장 깊고 본원적인 부분이어서 많은 사람이 어린 시절의 힘겨운 환경을 극복하고 자신이 가진 자주권에서 자양분과 힘을 얻습니다. 아이의 삶에서 부모가 아닌 사람이 핵심 양육자 역할을 하는 경우도 있습니다. 부도가 아니더라도 아이의 존재를 있는 그대로 알아봐주고 친절과 용기, 이해와 수용의 마음을 보낼 수 있습니다. 많은 사람이 성공적인 삶의 원천으로, 진실한 자신이 되도록 인정하고 격려해준 한 사람을 꼽습니다.

아이들에게 삶의 방향을 안내하는 것은 건강한 사회의 어른이 져야 하는 신성한 의무입니다. 이 의무를 온전히 수행하려면 어른 스스로 자신과 타인의 아름다움과 온전성을 알아볼 수 있어야 합니다.

아이는 세상과 부딪히며 난관을 극복하는 과정에서 자신의 자주권을 경험합니다. 있는 그대로의 모습으로 사랑받고 인정받을 때 아이는 자신에게 편안해하며 내면의 힘과 자신감이 자랍니다. 아이의 본질적인 자주권을 존중한다고 해서 왕처럼 떠받들라는 의미는 아닙니다. 원하는 대로 받아주는 것은 아이의 자주권과 아무 관련이 없습니다. 아이에게 자주권을 준다는 것은 주변 사람에게 마음대로 행동해도 된다는 의미가 아닙니다. 자기 행동에 책임지지 않는 '가짜 자존감'을 심어주라는 의미도 아닙니다. 원하는 것은 무엇이든 가질 수 있다는 의미도 절대 아닙니다.

우리의 참 본성인 자주권은 살아 있는 모든 존재가 지닌 보편적인 특성입니다. 자주권을 실현할 때 우리는 각자의 참 본성이 실제로 어떻게 드러나는지 보게 됩니다. **부모는 자신의 자주권을 존중하는 동시에 자녀의 자주권을 어떻게 존중할까 생각해야 합니다. 어떻게 하면 아이가 온전한 자기 모습대로 성장할까? 어떻게 하면 아이가 다른 사람의 자주권을 알아보고 존중할까? 이런 것을 생각해야 합니다.**

자주권은 아무렇게나 행동해도 좋다는 의미가 아니라고 했습니다. 부모는 자녀의 자주권을 보호하고 키워주되 무슨 행동이든 해도 좋다고 여기도록 해서는 안 됩니다. 자기만 중요하다고 여기도록 키워도 안 됩니다. 모든 사람이 자주권을 갖고 있으며 각자의 자주권은 서로 의존하며 연결되어 있습니다. 우리는 전체를 구성하는 일부로 살아갑니다. 우리가 하는 어떤 일도 다른 사람에게 영향을 미치지 않는 것은 없습니다.

아이들은 많은 것을 누릴 권리가 있습니다. 어른도 권리가 있습니다만, 아이의 권리와 어른의 권리는 중요한 차이가 있습니다. 어른은 아이를 책임지는 입장에 있습니다. 아이들은 어른의 사랑과 돌봄, 보호를 받을 자격이 있습니다. 반면, 어른은 아이들에게 그런 것을 기대할 수 없습니다. 자녀가 부모의 정서적 욕구를 충족해 주길 기대할 수 없습니다. 아이가 그 존재만으로 뜻밖의 축복을 안겨주기도 하지만 어른은 자신의 정서적 욕구를 스스로 충족해야 합니다.

부모는 자기 내면의 자주권과 지속적으로 연결하면서 그것을 키우고 심화시켜야 합니다. 자주권은 우리의 가장 근원적인 부분인 만큼 그것을 간과하기도 쉽습니다. **알아차림 또**

는 마음챙김이라는 훌륭한 작업을 통해 우리는 자신의 자주권과 연결합니다. 마음챙김은 인간으로 가진 자신의 참 본성에 깨어나 그것을 구현하는 일입니다. 소크라테스는 "너 자신을 알라"고 했지만 대부분의 시간 우리는 너무 바빠 자신의 자주권을 돌아볼 겨를이 없습니다. 그렇지만 우리는 자신의 참 본성에 주의를 기울이지 '않을 수' 없습니다. 자신의 참 본성에 따라 살지 '않을 수' 없습니다. 자신의 참 본성에 주의를 기울이며 살지 않을 때 우리는 삶의 대부분 시간을 몽환 상태에서 살아갈 것입니다. 그러면 삶의 마지막에 이르러 자신이 누구인지, 자녀들이 누구인지 알지 못할 것입니다.

마음챙김은 우리를 성장과 발견의 내면 여행으로 안내합니다. 마음챙김은 일상 명상과 정식 명상의 두 가지 방법으로 닦을 수 있습니다. 일상 명상은 일상의 모든 활동에 주의를 기울여 알아차리는 수행입니다. 정식 명상은 하루 중 특정 시간에 규칙적으로 정적과 고요 속에 자신의 몸과 마음을 매순간 관찰하는 방법입니다. 이런 식으로 자기 삶에 마음챙김을 가져갈 때 부모는 자녀에게 자주권을 주는 동시에 부모 자신의 자주권도 자각할 수 있습니다.

그렇다면 실제로 어떻게 자녀의 자주권을 존중할 수 있을까요? 기질과 연령, 발달 단계에 따라 자녀의 자주권을 존중한다는 것은 구체적으로 어떤 것일까요? **자녀의 자주권을**

존중한다는 것은 무엇보다 아이의 발달 단계와 기질을 있는 그대로 알아보는 것입니다. 갓난아기라면 아기가 보내는 신호에 부모가 적절하게 반응해 주어야 합니다. 이때 부모는 아기와 세상을 연결하는 다리가 됩니다. 아기가 울면 부모는 아기를 안아주며 편안함과 안전감을 제공합니다. 아기는 세상이 자기에게 반응하며, 자기를 존중한다는 사실을 알고 힘을 느낍니다. 세상에 자신을 위한 자리가 있음을 압니다. 부모는 좋을 때나 싫을 때나 이렇게 해야 하는데 이것은 부모에게 의도적인 수련이 됩니다.

막 걸음마를 배우는 아이라면 다치지 않고 집안 곳곳을 탐색하게 하는 것이 아이의 자주권을 존중하는 행위입니다. 비교적 안전한 환경이라도 부모는 아이에게 주의를 기울여야 합니다. 걸음마를 배우는 아이에게서 눈을 떼지 않는 것도 아이에게 자주권을 부여하는 행위입니다. 아이가 부모의 관심을 받을 만한 존재라는 사실을 존중하고 선언하는 것이기 때문입니다. 부모는 다른 사람과 대화중에도 아이가 식탁 가장자리의 유리컵에 손을 뻗기 전에 컵을 치웁니다. 부모는 직감으로 이것을 할 줄 압니다.

조금 더 자란 아이의 경우, 부모가 습관적으로 아이에게 경고를 주는 경우가 있습니다. 아이가 뭔가를 시도할 때마다 "이걸 하지 마라. 저걸 하지 마라. 다친다."고 합니다. 그런데 부모의 이런 경고는 아이의 자신감을 빼앗고 부모의 두려움을 아이에게 전가하는 행위일 수 있습니다. 그보다 아이 스스로 어려움에서 빠져나오게 하는 편이 바람직합니다. 부모는 필요할 때만 도움을 주면 됩니다. 이런 식으로 부모 자신의 두려움을 전가하지 않으면서 아이가 주변을 탐색하고 문제를 해결하게 합니다.

십대 자녀에게 자주권을 부여한다는 것은 겉으로 드러난 모습 이면의 본질적인 선함을 알아보는 것입니다. 어른들은 아이 내면의 힘이 겉으로 드러난 모습과 행동에 종종 반감을 느낍니다. 하지만 부모가 아이의 말에 귀를 기울이고 아이의 생각과 통찰, 기술과 힘을 이해하고 인정할 때 아이에게 자주권을 부여할 수 있습니다. 부모는 십대 자녀가 표현하는 다양한 힘에 대해 알아야 합니다. 아이가 혼자 있도록 배려할 때와 다가가 손을 내밀 때를 구분해야 합니다. 아이의 자율성을 존중하되 분명한 제한을 두어 친절하고 단호하게 지켜야 합니다. 이 모든 것이 십대 자녀에게 자주권을 부여하는 행위입니다.

이 밖에도 다양한 연령의 아이들에게 자주권을 부여하는 방법은 수도 없이 많습니다. 라그넬 부인처럼 자신의 참 본성이 언제나 분명히 드러나는 것은 아니므로 **부모는 겉모습을 넘어 아이들의 참 본성을 알아보아야 합니다. 아이의 최선의 유익을 위해 행동하는 지혜의 눈이 필요합니다. 이 지혜의 눈은 순간순간의 알아차림에서 나옵니다.** 특정 순간의 한 가지 행위로(그 행위가 아무리 중요하다 해도) 자녀의 자주권이 온전히 실현되거나 부여되는 일은 없습니다. 자주권은 열린 마음으로 현재 순간과 만나 그것을 품어 안는 수련을 통해서만 자연스럽게 실현됩니다.

❀

아이를 키우는 단 하루도 어려움이 없지 않습니다. 이런 상황에서 부모는 자신에게 자주권이 있는지 의심하기 쉽습니다. 부모의 자주권과 자녀의 자주권이 충돌한다고 느낍니다. 아이를 키우는 일은 많은 노력을 필요로 하는 힘든 일입니다. 그런데 마음챙김 수련 역시 때로 힘들고 노력이 필요하다는 점에서 둘은 비슷합니다. **매순간 지금 여기에 존재하면서, 있는 그대로 아이들을 보고 받아들이는 훈련이라는 점에서 마음챙김과 자녀 양육은 일맥상통합니다.**

부모는 자신과 자녀의 모든 문제를 머릿속 '생각'만으로 풀 수 없다는 사실을 알아야 합니다. 우리는 살면서 생각 못지않게 중요한 지능을 작동시킵니다. 부모는 아이들이 이 능력을 키우도록 스스로 거기에 능숙해져야 합니다. 그중 하나가 공감 지능입니다. 거웨인은 라그넬 내면의 어떤 것에 공감했습니다. 자신의 직관을 믿었던 거웨인은 라그넬의 겉모습을 넘어 보았습니다. '이것 아니면 저것' 식의 흑백 논리를 넘었습니다. 특정한 결과에 집착하지 않았습니다. 자신이 처한 딜레마를 받아들이는 동시에 라그넬의 자주권을 인정했습니다. 그렇게 받아들이고 인정하는 순간, 어떤 열림이 일어났습니다. 그 열림과 함께, 불가능해 보였던 자유(liberation)가 찾아왔습니다.

삶의 매순간이 성장의 기회입니다. 삶의 매순간이 자기 자신에게 충실할 수 있는 기회입니다. 지금 이 순간을 어떻게 보고

품어 안느냐에 따라 다음 순간이 달라집니다. 이 점에서 삶의 매 순간이 더없이 중요한 분기점입니다. 아이들에게 자주권을 주면 바로 그 자리에서 아이들의 참 본성이 드러납니다. 그러면 부모는 그것을 알아보고 말없이 축복할 수 있습니다. 이런 식으로 아이의 자기 수용과 자기 확신이 뿌리를 내립니다. 자신의 참 본성과 자기만의 길에 대한 믿음이 더 튼튼해집니다.

공감과 받아들임이 가진 힘은 어마어마합니다. 공감과 받아들임은 그것을 받는 사람뿐 아니라 주는 사람도 크게 변화시킵니다. 자녀의 자주권을 정성으로 보살피고 공감과 받아들임으로 존중하는 것이야말로 마음챙김 양육의 핵심입니다.

공감

거웨인 경이 라그넬의 저주를 푸는 데 가장 중요한 역할을 한 것은 공감의 마음이었습니다. 거웨인은 그녀의 고통을 함께 느꼈습니다. 추악한 외모 뒤에 자리 잡은 그녀의 아름다운 영혼을 그녀의 눈에서 얼핏 보았습니다. "거웨인 경은 여자의 가련한 자존심을 보았습니다. 흉측한 머리를 치켜드는 모습은 사냥개에 둘러싸인 사슴 같았습니다. 어둡고 침침한 눈빛은 그에게 도움을 청하는 듯 보였습니다."

성에 사는 개가 공감 면에서는 인간보다 나아 보입니다. "오직 카발이라는 개만이 라그넬의 외모에 신경 쓰지 않는다는 듯 따뜻하고 축축한 혀로 그녀의 손을 핥으며 호박색 눈으로 그녀의 얼굴을 빤히 바라보았습니다. 사냥개는 사람과 다른 눈으로 세상을 보았습니다." 어떤 때는 개와 고양이가 인간에게 자주권과 공감, 받아들임을 가르쳐주기도 합니다. 어쩌면 인간은 이런 이유로 그들과 함께 사는지 모릅니다. **애완**

동물을 키우는 일이 자주권과 공감, 받아들임을 배우는 '기본 과정'이라면 아이를 키우는 일은 '심화 과정'입니다. 준비가 되었든 안 되었든 부모는 양육이라는 심화 과정에 등록합니다. 사실, 모든 준비를 마친 다음에 등록하는 부모는 아무도 없습니다.

※

자기 삶에서 공감에 대해 생각할 때 스스로 이런 질문을 던져 봅시다. "내가 어렸을 때 부모님에게 바랐던 건 무엇일까?" 1~2분 곰곰이 생각한 뒤 어떤 말과 이미지가 떠오르는지 보십시오.

많은 사람에게 어린 시절에 바란 것은 가족의 친절과 연민, 이해와 존중, 인정과 수용일 것입니다. 자유로움과 안전, 프라이버시와 소속감일 것입니다. 그런데 이것은 모두 부모의 공감 능력에 달려 있습니다. 아이가 아플 때 공감하기란 어렵지 않지만 물건을 던지며 소리를 지르는 아이에게 공감하기란 어렵습니다. 아이의 관심사와 생각이 부모와 다를 때도 공감은 쉽지 않습니다. 다양한 상황에서 아이와 공감하려면 부모가 의도적으로 공감력을 계발해야 합니다.

공감력을 계발하려면 아이의 관점에서 보아야 합니다. 아이가 무엇을 느끼고 경험하는지 이해해야 합니다. 부모 자신의 느낌을 포함해 매순간 일어나는 일을 알아차려야 합니다. 갓 태어난 아기에게 공감한다는 것은 구체적으로 무엇일까요? 엄마의 자궁은 일정한 소리가 규칙적으로 들리는 아늑하고 완벽한 세상입니다. 아기는 이곳에서 9개월을 지낸 뒤 완전히 다른 세상으로 나옵니다. 세상에 나온 아이가 실제로 어떻게 느낄지 상상해 보십시오. 어머니날에 어느 열아홉 살 아들이 어머니에게 보낸 편지입니다. 엄마 뱃속의 평화가 절절이 느껴집니다. "엄마 뱃속의 9개월 동안 나는 물고기처럼 숨 쉬었죠. 부드러운 음식은 씹을 필요가 없었어요. 축복의 시간이었죠."

세상에 태어난 아기는 엄마 뱃속의 평화로운 세상을 떠나 완전히 다른 세계와 마주합니다. 눈부신 빛과 차가운 공기를 접해야 하고, 시끄러운 소음이 들려옵니다. 피부에는 딱딱하고 거친 것이 부딪쳐 오고 난생 처음 배고픔을 느낍니다. 아기는 대체 무엇인지 알지 못한 채 날것의 감각을 경험합니다. 당신이 이런 낯선 환경에 갑자기 던져졌다고 상상해 보십시오. 의지할 데라곤 당신의 말을 알아듣는 부모뿐입니다. 당신의 존재와 당신의 욕구를 민감하게 알아채고 반응하는 부모 외에 의지할 데라곤 없습니다.

그럼에도 부모들이 갓난아기를 어른과 다르지 않은 느낌과 경험을 가진 존재로 보지 않는 이유는 무엇일까요? 아기가 울도록 내버려둬도 좋다고 여기는 이유는 무엇일까요? 친구와 연인, 심지어 낯선 사람이 그렇게 운다면 그냥 있지 않으면서 말입니다. 아기가 느끼는 불편감에서 거리를 두는 부모는 무엇을 거부하는 것일까요?

이때 부모가 거부하는 한 가지는 양육의 고단함일 것입니다. 매순간 아이에게 반응하려면 더 많은 일을 해야 합니다.

아이의 신체언어를 민감하게 알아보며 안아주고 달래주고 자장가를 불러주어야 합니다. 당연히 시간과 노력이 들어갑니다. 아기는 또 부모의 밤잠을 방해합니다. **아기의 욕구와 부모의 욕구가 일치할 때는 공감이 쉽습니다. 부모의 진짜 시험대는 아기와 부모의 욕구가 충돌하는 때입니다.**

아기의 욕구와 부모의 욕구가 충돌할 때 부모의 공감력이 줄어드는 것은 부모 자신의 어릴 적 고통으로부터 자기를 보호하려는 현상일 수 있습니다. 즉, 어릴 적 신체적, 정서적 욕구가 충족되지 않은 괴로움으로부터 부모 자신을 방어하려는 것입니다. 아이의 취약성에 공감한다는 것은 부모의 어릴 적 취약성을 떠올리는 고통을 안깁니다.

어른이 된 부모는 자신의 어린 시절의 고통을 다시 들여다보고 싶지 않습니다. 자신의 고통을 외면하기 위해 어릴 적에 사용한 대처법을 자신의 아이에게 그대로 적용합니다. 아기들은 주변의 반응이 없으면 마음의 문을 닫습니다. 부모가 아기 때 이런 식으로 괴로움과 좌절에 대처했다면 어른이 되어도 무의식적으로 이 방법을 사용하기 쉽습니다. 그래서 아기의 느낌과 자신의 반응에 조율하지 않습니다. 무시하거나 대수롭지 않게 여기며 합리화합니다. "괜찮아, 적응할 거야." "운다고 죽지 않아. 좀 울어도 돼." "울 때마다 달래주면 버릇없어져." 그러고는 음식과 술, 폰과 텔레비전으로 도피합니다. 마음을 딴 데로 돌려 아이의 고통에 무감각해집니다.

그러나 부모는 위의 도피처보다 훨씬 강력한 자원을 내면에 갖고 있습니다. 아이의 욕구와 부모의 욕구가 충돌하더라도

부모는 아기의 느낌과 자신의 반응에 조율해 공감으로 연결할 수 있습니다. 이것은 부모와 아이 모두에게 더 건강하고 만족스러운 선택입니다. 설령 부모가 어린 시절에 이것을 배우지 못했어도 아이들은 부모의 원초적 공감력을 부모 존재의 깊은 곳에서 끌어냅니다. 그러기 위해 부모는 아이의 요청에 온전히 자신을 내어줄 준비가 되어야 합니다.

어느 연구에서 엄마들에게 갓난아기의 느낌에 조율하거나 공감하지 말고 과잉 또는 과소 반응을 하게 했습니다. 그러자 아기들은 즉각적으로 좌절 등의 스트레스 반응을 보였습니다. 대니얼 골먼은 유명한 책 『감성지능』에서 이 연구를 인용하며 이렇게 말합니다.

> 부모와 자녀 사이에 지속적으로 조율이 부족하면 아이에게 심각한 타격을 입힐 수 있다. 부모가 기쁨과 슬픔 등 아이의 감정에 장시간 공감하지 않으면 아이는 감정을 표현하지 않거나 아예 느끼지 못하게 된다. 아이의 감정을 암묵적, 명시적으로 계속 무시하면 아이는 친밀한 관계 형성에 필요한 다른 감정마저 느끼지 못하게 된다.

이 연구의 의미는 매우 큽니다. 골먼은 저명한 정신과의사이자 정신분석가인 대니얼 스턴의 말을 인용하며, 부모 자녀의 소소하고 반복적인 감정 교류는 자녀가 정서적으로 중요한 배움을 얻는 토대가 된다고 말합니다. 부모가 자녀와의 상호 연결이라는 '춤'에 진심으로 참여할 때 아이는 정서적으로 건강한, 온전한 자주권을 지닌 존재로 성장합니다.

이 점에서 10분을 울다 절로 그치고 잠드는 '착한' 아기는 포기하는 법을 이미 배운 아기입니다. 아이에게 포기하는 법을 가르치려는 부모가 있을까요? 욕구 미충족 상태에 적응한 아이가 '독립'을 배운 것일까요? 살아있는 감정을 표현하지 않고 숨기는 것이 부모가 아이에게 바라는 것일까요? 그보다 아이가 자신의 느낌이 중요하며 부모가 거기에 반응한다고 여기도록 가르치고 싶지 않나요? 믿고 의지할 수 있는 사람이 곁에 있다고 느끼도록 가르치고 싶지 않나요? 자기 감정을 표현하며 필요한 걸 요청해도 좋다고 여기도록 가르치고 싶지 않나요? 홀로 독립(independent)이 아니라 서로 의존(interdependent)을 가르치길 원하지 않나요?

걸음마를 배울 즈음이면 아기는 세상을 탐색하며 자연스럽게 주변의 모든 것에 호기심과 재미를 느낍니다. 자기가 할 수 있는 것과 아직 못하는 것을 시도하는 과정에서 아기는 많은 좌절을 경험합니다. 그러나 이런 탐색 중에도 감정적으로 의지할 수 있는 존재, 사랑을 주는 존재가 있다고 느껴야 합니다. 걸음마를 배우는 아기는 아직 부모의 민감성과 이해에 의존하는 수밖에 없습니다. 부모는 아이가 안전하고 자유롭게 주변을 탐색하며 호기심을 충족하게 하되 적절한 제한도 두어야 합니다. 탐색을 끝낸 뒤에는 부모의 넉넉한 품에서 따뜻함과 안전감을 느껴야 합니다.

아이가 더 자라면 신체적 공감보다 마음의 공감이 더 중요해집니다(물론 다 큰 아이도 말없이 안아주고 손을 잡아주어야 합니다). 자란 자녀가 보내는 신호를 포착하고 의중을 짐작하기란 더 어려울 수 있습니다. 다정하며 협조적이던 아이가 다음 날(아니 바로 다음 순간) 느닷없이 화를 내며 부모를 거부합니다. 부모 자녀의 소통의 성패는 (설령 자녀가 부모와 관계가 좋지 않다고 여기거나 부모의 제안과 질문을 거부한다 해도) 부모가 관심을 갖고 다가온다고 느끼는 데 달려 있습니다.

부모는 아이가 거부할 때도 공감의 태도를 유지해야 합니다. 거부하는 아이에게 감정의 상처를 받더라도 이 때문에 아이가 걸려 있는 부분을 보지 못해서는 안 됩니다. 부모가 보기에 얼토당토않은 '마법'에 걸려 음흉하게 변장한 것처럼 보여도 아이는 언제나 부모와 연결되어 있다고 느껴야 합니다. **아이의 행동은 거부하되 아이의 존재 자체는 거부하지 않아야 합니다. 깨어있는 마음으로 아이에게 공감하는 태도를 유지해야 합니다.** 공감의 태도는 아이를 통제하려는 욕구에서 나오지 않습니다. 아이가 있는 곳에 함께 존재하려는 마음에서 나옵니다. 아이가 혼자가 아니라고 느끼게 하려는 마음에서 나오며, 부모가 잊거나 방치하지 않았다고 알게 하려는 마음에서 나옵니다.

누구나 종종 길을 잃고 슬픔에 빠져 자신이 무가치하다고 느낍니다. 그럴 때면 나를 보아주고 나의 참 자아를 사랑하는 주변 사람에게 도움을 받습니다. '내 편'이 존재한다는 사실에 위안을 받습니다. 마찬가지로 부모는 자녀와의 관계를 지속적으로 보살피고 회복해야 합니다. 물론 여기에는 부모의 시간과 관심, 헌신이 필요합니다. 부모가 아이 곁에 잘 없거나, 있다 해도 몸만 존재할 뿐 관심이 딴 곳에 가있으면 부모를 신뢰하며 안전하다고 느끼기 어렵습니다. 그러면 아이는 자신의 어려움을 부모에게 털어놓지 않습니다.

아이들은 문제의 핵심을 찌르는 놀라운 능력을 지녔습니다. 나의 친구가 들려준 이야기입니다. 어느 날 여덟 살 딸아이가 밤잠을 청하려고 침대에 누웠습니다. 아이는 밤에 잠들면 유괴 당할지 모른다는 무서움에 몇 년 동안 시달리고 있었습니다. 그래서 엄마가 곁에서 말을 들어주며 아이를 달래주려고 침대에 함께 누웠습니다. 하지만 엄마의 논리적인 설명은 아이의 무서움을 달래지 못했습니다.

엄마는 방법을 바꿔 자신이 여덟 살 밤에 무서움에 떨었던 이야기를 들려주었습니다. 딸은 진지한 눈빛으로 엄마를 보더니 말했습니다. "정말요?" 엄마는 고개를 끄덕였습니다. 잠시 생각에 잠긴 딸은 진지하게 물었습니다. "엄마의 엄마에게 무섭다고 말 안했어요?" 엄마는 잠시 그때를 회상하며 대답했습니다. "그러지 못했단다."

여덟 살 아이는 곁의 사람에게 자신의 느낌을 말하는 것이 얼마나 중요한지 알고 있었습니다. 아이는 부모에게 열림과 수용, 공감을 받는 게 어떤 것인지 경험으로 알았습니다. 엄마는 아이가 느끼는 무서움을 무시하거나 놀리거나 사소하게 여기지 않았습니다. 아이는 자신의 생생한 두려움을 엄마에게 털어놓아도 좋다고 느꼈습니다. 엄마가 곁에 있어 혼자 두려움에 떨지 않았습니다.

아이가 힘들어하는 부분을 털어놓을 때 부모에게 일어나는 생각과 느낌을 알아차리면 부모 자신에 관해서도 많은 것을 알 수 있습니다. 불편한 생각과 느낌이 올라오면 그것을 관찰합니다. 걱정과 두려움 때문에 외면하고 싶은 마음이 일어나면 그 마음 역시 관찰합니다. 그럴 때 부모 자신의 자동 반사적 행동에 변화를 일으켜 아이에게 더 공감하는 부모, 아이를 더 지지하는 부모가 될 수 있습니다.

그런데 부모는 아이의 말에 귀를 기울이며 공감으로 응대해야 하는 때에 자신의 강렬한 느낌과 반응을 아이에게 퍼붓기도 합니다. 그러면 아이는 그런 부모에게 어떻게 응대해야 할지 모릅니다. 부모가 자신을 돌본다는 느낌을 받지 못합니다.

부모는 원치 않은 감정에 떠밀리는 자신을 발견하는 순간, 마음챙김으로 그것을 알아차릴 수 있습니다. 그러면 자기 내면에 무슨 일이 일어나는지 인지하고 멈춘 뒤 방향을 바꿀 수 있습니다. 자녀에게 공감하는 관계 중심의 방향으로 전환할 수 있습니다. 마음챙김이라는 매순간의 알아차림으로, 부모의 감정을 아이와 나누어야 하는 때와 그것이 불필요하거나 해로운 때를 구분해 압니다. 자기 내면에 귀 기울이는 마음챙김으로 부모는 언제 아이에게 다가가고 언제 혼자 둘지 압니다. 언제 말을 걸고 언제 침묵할지 압니다. 아이가 부모의 침묵을 거부나 물러섬이 아니라, 공감으로 여기게 하려면 침묵 속에 부모가 어떻게 해야 하는지도 압니다. **누구도 부모에게 이런 것을 가르쳐 줄 수 없습니다. 부모 자신의 경험에서 터득해야 합니다. 부모에게 주어지는 아이의 신호를 살피는 동시에 매순간 일어나고 사라지는 자신의 마음 상태에 주의를 기울여야 합니다.**

쉬운 일은 아닙니다. 특히 감정이 격해지는 갈등 상황에서 아이에게 공감하기란 더 어렵습니다. 이럴 때 부모는 자기도 모르게 자동적인 감정 반응을 일으켜 나중에 후회할 말과 행동을 하고는 합니다. 그런데 관계의 올이 터지는 **파열**(rupture)의 순간은 모든 인간관계에 존재합니다. 소외와 단절의 순간은 부모 자녀만이 아니라 어느 인간관계에나 존재합니다. 아이들은 부모와 관계에서 파열을 경험할 필요도 있습니다. 부모도 인간이며, 인간인 이상 누구도 무감각한 상태로 주변과 조율하지 못하고 공감하지 못하는 나머지, 감정적이 될 수 있음을 경험할 필요가 있습니다. 부모와 자녀는 이런 괴로움과 단절의 순간에서 많은 것을 배웁니다. 그리고 그 다음의 치유와 회복 과정을 통해서도 많은 배움을 얻습니다. 가족치료사 대니얼 휴즈는 『애착 중심 가족치료』에서 부모와 자녀가 안정적 애착(secure attachment)을 형성하는 과정에서 친밀감과 안전감 못지않게 관계의 파열과 회복 과정도 중요하다고 말합니다. 부모와 자녀는 관계 파열과 회복의 과정을 거치며 각자의 관점과 경험이 다를지라도 사랑과 신뢰로 안전할 수 있음을 경험으로 깨닫습니다. 이 과정을 거치며 부모 자녀 관계는 더 튼튼해집니다. 아이의 건강한 발달에 필요한 자율성과 연결감도 자라납니다.

    자녀와의 공감 관계를 지속적으로 엮어가고 회복하는 작업은 마음챙김 양육에 필요한 토대입니다. 자녀의 관점에서 보는 부모는 어떤 선택을 내려야 하는지 압니다. 그리고 끝없이 바뀌는 부모 자녀 관계의 복잡한 해류를 지혜롭게 헤쳐 갈 수 있습니다.

받아들임

앞에 말한 자주권과 공감은 받아들임(acceptance)에 의해 더 튼튼해집니다. 받아들임은 마음챙김 양육을 구성하는 세 번째 뼈대입니다. **자주권, 공감, 받아들임이라는 마음챙김 양육의 세 구성 요소는 삼각형의 세 변처럼 서로를 보완하며 긴밀히 연결됩니다. 여기서 받아들임이란, 어떤 것이든 내가 바라는 대로가 아니라 있는 그대로 보고 인정하는 마음입니다.** 머리로 이해해도 일상의 실제 상황에서 받아들임을 실천하는 일은 쉽지 않습니다. 그렇지만 마음챙김 수련은 지금 상태가 마음에 안 들어도 자신의 그런 마음을 관찰하는 연습입니다. 지금 이 순간과 어떤 관계를 맺고 있는지 아는 것입니다. 앞서 거웨인 경과 라그넬 부인의 이야기는 우리가 불만스러운 생각과 감정에 걸려들지 않을 때 새로운 열림이 일어남을 보여줍니다.

　거웨인은 라그넬을 '있는 그대로' 받아들였습니다. **있는 그대로 받아들일 때 지금 일어나는 일과 어떤 관계를 맺을지 선**

택할 수 있습니다. **이 점에서 받아들임은 수동적인 체념이나 포기가 아닙니다.** 자주권이 아무렇게나 행동해도 좋은 권리가 아니듯이, 받아들임도 아이들의 어떤 행동도 괜찮다는 의미가 아닙니다. 아이의 받아들일 수 없는 행동에 대해서는 분명히 해야 합니다. 그렇게 해도 아이는 부모가 자신을(격한 감정을 포함해) 온전히 받아들인다고 느낄 수 있습니다. 받아들임이라는 문을 열면 상황을 새롭게 보는 눈이 생겨 힘든 순간을 지혜롭게 지나가는 가능성이 생깁니다. 그러면서 평화와 기쁨의 순간과 더 많이 접촉할 수 있습니다.

있는 그대로 보고 받아들이는 과정이 곧 마음챙김 수련입니다. 마음챙김 수련에는 뜻대로 되지 않는 상황에 대한 싫은 마음을 알아차리는 것도 포함됩니다. 상황이 내 맘 같지 않을 때면 실망과 분노의 감정이 일어납니다. 역설적인 것은 이런 힘겨운 감정을 친절과 명료함으로 품어 안을 때 열림과 풀림이 일어난다는 사실입니다. 이렇게 하려면 본질적으로 '나의 것'이 아닌 비개인적인 것을 '나의 것'인 개인적인 것으로 받아들이지 않아야 합니다. 그런데 화를 돋우는 아이의 행동을 비개인적인 것으로 받아들이기란 쉽지 않습니다.

나(마일라)는 두 딸(네 살과 갓난아기)과 신발가게에 왔습니다. 네 살짜리가 신발이 필요해 왔는데 마땅한 신발이 보이지 않습니다. 가게를 나가려고 하는데 아이가 진열된 신발하나를 사달라고 떼를 씁니다. 손에서 신발을 놓지 않습니다. 둘째를 안은 나는 첫째를 가게 입구의 점원에게 데려가 아이가 쥔 신발을 가져가 달라고 했습니다. 점원과 아이가 실랑이를 벌입니다. 나는 난처한 상황에 화가 납니다. 아이를 데리고 밖으로 나왔지만 아이는 계속 소리를 질러댑니다. 겨우 아이를 차에 태웠습니다. 그런데 반쯤 열린 차문을 아이가 발로 차는 바람에 플라스틱 사이드 패널이 부서졌습니다.

 이 상황에 부모가 어떻게 대응하는가는 그 순간 아이를 어떻게 보느냐에 달려 있습니다. 그때 나는 아이의 거친 행동에 화가 나 공감하지 못했지만 아이를 윽박지르지는 않았습니다. 어쨌거나 집에 도착해 아이가 더 이상 못되게 구는 일은 없었습니다. 나중에 나는 아이의 행동에 관해 이런저런 이유를 떠올려 보았습니다. 그러고서야 무슨 일이 일어났는지 제대로 보였고 아이에게 공감하는 마음을 낼 수 있었습니다.

 아이가 소리를 지른 이유는 피곤하거나 배가 고파서일 수도 있습니다. 갖고 싶은 신발을 갖지 못해 부아가 난 데다 신발가게의 가죽 향기가 자극을 주었을 수도 있습니다. 거기다 엄마가 동생에게만 관심을 갖는다고 여겼을 수도 있습니다. 어쩌면 이 모든 요인이 합쳐졌을지 모릅니다.

 나는 그 일을 돌아보며 아이가 엄마를 화나게 하거나 통제하려고 울고 떼를 쓴 게 아니라는 걸 알았습니다. 아이는 갖고 싶은 신발을 갖지 못해 격한 반응에 휩싸인 것입니다. 아이는 그때 '마법'에 걸려 있었습니다.

아이들의 난처하고 부정적인 행동을 바라보는 방식은 여러 가지입니다. 이 부모에게 용납되지 않는 행동이 저 부모의 눈에는 정상으로 보일 수 있습니다. 부모는 제대로 살피지 않은 자신의 견해와 감정에 끌려 특정 방식으로 세상을 보기 쉽습니다. 아이의 감정보다 주변의 시선과 사회적 체면을 중시하기도 합니다. 아이가 곤란한 행동을 저지를 때 부모는 아이에게 통제와 조종을 당한다고 여깁니다. 자신이 무력하게 느껴져 화를 냅니다. 부모의 권위를 세우고 통제권을 되찾으려고 아이를 윽박지릅니다.

자녀 양육에는 이런 일이 비일비재합니다. **이 점에서 자녀를 키우는 부모는 자신의 자동 반응을 변화시켜 적절하고 양육적인 감정으로 승화시키는 기회를 무수히 갖게 됩니다.** 부모는 정식 수련을 통해서도 자신의 감정 반응을 깨어있는 마음으로 명료하게 바라보는 마음챙김을 키울 수 있습니다(정식 수련은 4부 '정식 수련'에서 자세히 살핍니다). 정식 명상은 자신의 마음과 친밀해지는 실험실입니다. 매순간 일어나는 생각과 느낌을 관찰하며 그것을 변화무쌍한 날씨처럼, 마음에 일어나는 '비개인적인' 사건으로 바라봅니다. 생각과 느낌에 특정 방식으로 대응하지 않아도(또는 전혀 대응하지 않아도) 좋다는 걸 알게 됩니다. 감정을 알아차린다는 것은 지금 내 마음에 일어나는 감정을 의식적으로 알아보면서 '좋다' '싫다' 판단하지 않고, 그 순간 그렇게 느끼고 있음을 받아들이는 것입니다. 판단하는 마음이 일어나도 그렇게 판단하는 자신에 대해 '다시' 판단을 내리지 않는 것입니다.

부모가 자기 감정을 관찰하고 받아들이는 마음챙김을 수련하면 자녀의 감정도 더 잘 알아차릴 수 있습니다. 아이들의 감정 풍경과 그 변화의 속성을 깨달아 더 공감하는 동시에 덜 욱하는 부모가 됩니다. 설령 아이의 행동이 마음에 안 들어도 아이의 경험과 느낌을 있는 그대로 받아들입니다. 자기 감정과 견해에 빠져 아이와(그리고 부모 자신과) 단절된 상태에서 벗어나, 지금 일어나는 일에 창의적으로 응대합니다.

자녀와의 관계는 부모가 지금 일어나는 일을 어떻게 바라보느냐에 달려 있습니다. 아이의 행동을 판단과 의심의 마음으로 보느냐, 열린 마음으로 행동의 이면을 보느냐에 따라 달라집니다. 남에게 피해를 주거나 무례하게 행동하는 등 아이의 문제 행동이 마음에 들지 않아도 부모가 엄격한 판단을 조금 내려놓을 때 부모는 아이의 우군으로 남아 마음으로 연결될 수 있습니다. 물론 적절한 제한을 두어 아이의 행동에 문제가 있음을 분명하고 단호하게 알릴 필요도 있습니다. 아이를 키우면서 부모는 자신의 감정 반응을 걷어내고, 있는 그대로 보는 연습을 수도 없이 하게 됩니다. 이렇게 '큰 그림'을 본 뒤 그것을 토대로 더 나은 행동을 할 수 있습니다.

부모가 자녀를 어떻게 보느냐에 따라 부모 자신의 행동

이 달라집니다. 우는 갓난아기를 부모에 대한 통제의 시도로 봐야 할까요, 불편함을 해결해 달라는 요청으로 봐야 할까요? 기어 다니며 주변을 탐색하는 행위를 아기의 지능과 힘, 호기심을 표현하는 행위로 봐야 할까요, 부모의 통제력에 대한 도전으로(더 자라면 반항의 표시로) 봐야 할까요? 여동생을 골리는 오빠, 예민해져 심술을 부리는 십대 딸, 가출하겠다고 으름장을 놓는 십대 자녀를 부모는 어떻게 바라봐야 할까요?

아이를 있는 그대로 받아들이는 것은 간단해 보여도 쉬운 일은 아닙니다. 부모는 많은 경우 아이가 지금과 다르게 행동하기를, 지금과 다른 모습이기를 바랍니다. 그러나 아이는 부모가 원하는 대로가 아니라 지금 이대로의 상태입니다. 부모들은 이 엄연한 사실을 잘 받아들이지 못합니다. 아이에 대한 통제력을 잃었다고 느낀 나머지 아이를 '훈육'하고 질서를 잡기 위해 온갖 방법을 동원합니다. '나쁜 행동'을 하면 훈계합니다. 이때 문제는 부모가 아이의 경험에 공감하지 못한다는 점입니다. 공감이 없으면 자녀와의 힘든 순간이 부모 자녀의 이해와 신뢰로 이어지지 못합니다. 둘의 관계가 멀어지고 소원해지는 악순환이 일어납니다.

그러면 어떻게 해야 할까요? 정해진 공식은 없지만 분명한 것은 열린 마음과 새로운 눈으로 자녀를 보는 것입니다. 새로운 눈으로 보려고 할 때 부모는 지금껏 자신의 관점이 자신의 욕구와 두려움, 기대에 물들어 있었으며 그 순간에 자신이 가진 자원에 제약당해 있었음을 알게 됩니다. 모든 것을 한 가지 색으로 보거나 시야가 완전히 흐려졌음을 알게 됩니다. 어느 경우든 전체 그림을 보지 못합니다. 특정한 색깔과 디테일만 눈에 들어옵니다. 부모의 편향된 시각은 아이의 행동에 부정적인 딱지를 붙이게 만듭니다. 그러면 계속해서 화를 내 아이와의 감정적 거리가 좁혀지지 않습니다.

부모는 어떻게 해야 할지 모르거나 명료함을 잃는 순간에 마음챙김을 할 수 있습니다. 예컨대 호흡을 통해 자신의 몸으로 돌아와, 아이에게 실제로 무슨 일이 일어나는지 살필 수 있습니다. 그러면 겉으로 보이는 것보다 훨씬 많은 일이 일어나고 있음을 알게 됩니다. 아이가 '문제' 행동을 하는 이면에 그럴 만한 이유가 있음을 알 수 있습니다. 지금 아이의 행동이 당장 이해되지 않아도 아이에게 더 공감하고 아이를 더 받아들일 수 있습니다. 아이의 곤란한 행동을 '문제'로 여기는 관성적이고 비판적인 시각을 잠시 내려놓을 때 아이의 과격한 행동조차도 반드시 '문제'로 보지 않을 수 있습니다. 아이들의 행동은 균형을 회복하려는 시도일 수 있습니다. 학교에서 받은 스트레스를 해소하는 방법일 수도 있고, 에너지와 활력과 힘을 배출하는 방법일 수도 있습니다.

나(마일라)는 우리 아이들이 난폭하고 떼를 쓰고 말썽을 일으킬 때면 지금 그들이 에너지를 방출하는 중이라고 여깁니다. 에너지를 자기 안에 가두는 게 아니라 밖으로 내어놓고 있다고 봅니다. 아이가 소리를 지르고 발로 차더라도 내면 상태가 잠시 겉으로 드러난 현상으로 여깁니다. 그러면 아이에게 조금 더 관대할 수 있습니다. 이 상황에서 아이의 행동을 통제하고 억압하는 것은 도움이 되지 않습니다. 나 역시 부모로서 아이가 이런 행동을 할 때면 통제하거나 바로잡고 싶지만 대개는 그렇게 되지 않습니다. 아이의 행동을 정상적인 에너지 방출로 여기면 전체 상황이 더 잘 보입니다. 아이의 행동을 부모에 대한 반항으로 여기지 않으면 더 희망이 생깁니다. 그러면 아이들은 자기 감정을 자연스럽게 표현하면서 그 밖의 다른 행동도 시도합니다. 부모는 엄한 권위와 잣대를 들이대며 수용 가능한 행동이라는 좁은 프레임에 갇혀서는 안 됩니다.

아이의 감정 분출은 갑자기 흐려진 날씨와 비슷합니다. 폭풍우가 몰아치면 지나가기를 기다리는 수밖에 없듯이 아이의 행동도 마찬가지입니다. 우리는 폭풍우가 우리를 조종하거나 통제한다고 여기지 않습니다. 그럼에도 아이의 행동에 대해서는 부모를 조종하고 통제하려는 의도로 여기기 쉽습니다. 사실, 아이는 지금 무너진 균형을 되찾는 중입니다. 그 첫 단계로 자신의 감정을 분출하는 것일 수 있습니다. **어떤 이유에서건 불균형 상태가 지속되면 아이는 그 상태를 해소해 평화와 안정, 휴식을 찾으려 합니다. 아이는 지금 부모와 잠시 거리를 둔 채 자기 내면의 새로운 공간을 찾는 중입니다.** 내면의 공간을 찾고 나면 부모와 화해하고 연결하면서 다시 시작할 것입니다.

만약 부모가 아이 내면의 에너지를 거부하고 통제하며 부정적 평가를 내린다면 아이의 에너지는 내면에서 위축됩니다. 부모는 아이와 대결하는 것이 아니라 '함께' 가야 합니다.

아이가 어릴 때는 직접 몸을 부대끼는 활동적인 놀이를

통해 신체 에너지를 발산하게 해야 합니다. 에너지를 어느 정도 발산하고 나면 아이는 자신에게 필요한 다음 단계로 자연스럽게 나아갑니다.

잘 관찰하면 아이의 '폭풍우'가 시작되는 신호를 미리 감지할 수 있습니다. 폭풍우가 시작되기 전에 부모는 아이가 자신의 감정 상태에 주의를 기울이게 해야 합니다. '너무 지쳤나? 배가 고픈가? 아니면 화가 났나? 슬픈가?' 아이 스스로 이런 질문을 자신에게 던지도록 유도합니다. 더 자라면 아이는 자기가 필요한 것(잠시 방에 혼자 있기, 부모가 안아주기, 따뜻한 목욕, 간식, 신나는 놀이 등)을 스스로 요청할 것입니다. 폭풍우가 지나면 부모는 그 일을 돌아보며 아이와 이야기를 나눕니다. '너 그때 정말 실망한 것 같더라?' "엄마한테 정말 화난 것 같은데?" "네가 하고 싶은 일을 엄마가 딱 잘라 안 된다고 했구나?" 라는 식으로 아이의 그때 감정을 중심으로 대화를 나누며 아이의 말을 경청합니다. 이렇게 하면 아이의 감정 폭풍우가 지난 뒤 자녀와의 관계가 더 튼튼해집니다.

부모는 아이의 행동이 부모와 주변 사람에게 어떤 영향을 주는지도 알려주어야 합니다(예컨대 그렇게 행동하면 네 말에 귀를 기울이기 어렵다, 부모도 반감이 생긴다 등). 학교에 들어간 아이라면 자기 감정과 욕구를 어떻게 표현해야 상대에게 제대로 전달될지 직접 물어봐도 좋습니다. 이렇게 하면 아이는 자신의 경험을 돌아보며 격한 감정을 표현할 때도 자신에게 선택권이 있다고 느낍니다. 격한 감정을 느끼는 것이 실제 어떤 경험인지도 인식합니다. "화는 이런 거구나. 슬픔은 이런 거구나. 두려움은 이런 느낌이구나." 하고 알게 됩니다.

❁

받아들인다는 것은 아이를 아무렇게나 버려둔다는 의미가 아닙니다. 부모의 단호하고 지혜로운 개입과 행동이 필요한 때도 있습니다. 부모의 행동은 아이의 연령과 아이가 처한 상황에 따라 달라야 합니다. 아이가 신체적으로 매우 활동적이라면 자기 조절력을 키워주어야 합니다. 자기 조절력은 아동기와 청소년기에 걸쳐 서서히 습득됩니다. 아이의 속도를 적절히 제어하는 환경과 경계를 설정할 필요가 있습니다. 아이가 '구조 신호'를 보내는 때도 있습니다. "나를 봐주세요! 문제가 생겼어요."라는 의미입니다. 구조 신호는 분노, 두려움, 물러섬, 신체 증상, 등교 거부 등 다양한 형태로 나타납니다. 이때 부모가 아이의 행동에 나쁜 동기가 있다고 여겨 이를 무시하거나 벌한다면 부모와 아이 모두 위축되고 맙니다. **부모는 아이의 동기가 무엇인지 정확히 알 수 없습니다. 누구도 다른 사람의 내면의 동기를 정확히 알 수 없습니다.** 아이의 행동을 부모를 '조종'하려는 것으로 받아들여 엄히 훈육한다면 아이는 부모가 가장 필요할 때 부모와 단절되고 맙니다. 부모가 아이에 대해 마음대로 내리는 판단은 부모 자녀 관계를 가로막는 장벽입니다. 그것은 막다른 길입니다. 아이와 신뢰를 쌓고 연결을 맺을 기회가 사라집니다. 아이가 겪는 실제적 문제를 다룰 기회를 잃게 됩니다. 문제의 이면에서 아이가 겪는 고통에 공감할 기회도 사라집니다.

이때 부모는 아이 행동의 이면을 들여다보며 지금 무슨 일이 일어나고 있는지 보아야 합니다. 아이가 무엇 때문에 구조 신호를 보내는지 알기 어려울 수도 있지만 부정적 판단이라는 두려운 관점이 아니라 열린 마음의 호기심으로 이렇게 물어야 합니다. "아이의 구조 신호는 어떤 의미지?" "지금 무엇을 할 수 있지?" 아이에 관하여 부모가 평소 알고 있는 바를 바탕으로 아이가 보내는 신호에 주의를 기울여야 합니다. 그러면 대개는 아이의 구조 신호가 무엇을 의미하는지, 지금 무엇을 해야 하는지 알 수 있습니다.

물론 아이가 발로 차고 소리 지르며 문을 쾅 닫을 때 부모는 지금 일어나는 일에 대해 찬찬이 생각하기가 쉽지 않습니다. 이때는 당장의 위기 상황을 어떻게든 지나야 합니다. 어떤 이유에서든 아이는 지금 흥분되어 제대로 생각하지 못하는 상태입니다. 격한 감정에 사로잡혀 있는 아이는 부모의 설득에 응하지 않습니다. 부모를 이해하기는커녕 부모의 말이 귀에 들어오지 않습니다. 아이는 지금 중심을 잃었습니다. 부모가 중심을 잡고 함께 폭풍우를 지나야 합니다. 폭풍우를 피하는 커다란 나무가 되고, 든든한 친구가 되어야 합니다. 반드시 아이를 이해하거나 정답을 제시해야 하는 것은 아닙니다. 공감으로 아이 곁에 있어주면 됩니다.

폭풍우가 지나면 부모는 무슨 일이 벌어지고 있는지 자신에게 물어야 합니다. 탐정이 되어 아이가 지금 행복하지 않고 균형을 잃은 원인이 무엇인지 살펴야 합니다. '학교와 가정에서 무슨 일이 있었나? 신체적 문제인가, 감정의 문제인가? 아이를 더 다잡아야 하나, 아니면 너무 다잡았나? 아이가 너무 지쳤나, 배가 고픈 건가? 자극이 너무 많은 건가? 관심을 갖고 살펴야 할 아이의 행동 패턴이 있나? 부모에게 말 못할 곤란한 일이 생겼나? 아이의 삶에서 스트레스가 되는 일은 무엇이 있나? 스트레스에 대처할 수 있는, 아이가 가진 내면과 외면의 자원은 무엇인가?'

아이의 존재와 경험을 있는 그대로 받아들인다는 것은 이런 질문에 대한 답을 깊이 들여다보는 것입니다. 열 살 딸이 어느 날 불 꺼진 침대에 누워 내(마일라)게 말했습니다. "엄마, 어떻게 해야 할지 모르겠어요." "무얼 말이니?" "몰라요. 그냥 모든 게 혼란스러워요." 나는 아이의 문제를 당장 해결해주고 싶은 마음을 다잡고 말했습니다. "몰라도 괜찮단다." "정말요?" "그럼." 그러자 아이는 말없이 잠들었습니다. **그 순간 아이에게 필요한 것은 토론이나 해결책이 아니었습니다. 엄마가 자기를 안아주자 아이는 불확실성과 혼란을 받아들였습니다. 부모가 아이를 받아들이자 아이는 자기를 받아들였습니다.**

자녀가 십대가 되면 부모가 이전의 따뜻한 사랑을 자연스럽게 전하기가 쉽지 않습니다. 이때 부모는 자신이 계속 아이 편이며 아이가 여전히 소중한 존재임을 알게 해야 합니다.

그런데 아이가 부모에게 뾰로통한 상태에서는 이것이 쉽지 않습니다. 대개 부모와 아이가 힘든 하루를 보낸 뒤 이런 일이 일어납니다. 아이는 자신이 얼마나 지쳤는지 투덜대며 부모에게 이것저것 요구합니다. 그럴 때마다 부모는 아이에게 거부감을 느낍니다. 아이는 더 까칠해져 부모를 비난합니다. 그러면 부모도 화가 나 아이를 있는 그대로 받아들이지 못합니다.

십대 딸아이가 부엌에서 반팔 티셔츠만 입고 춥다며 투덜댑니다. 나(마일라)와 나눈 대화입니다. "부엌이 추워요." "옷을 더 껴입으려무나." "(짜증내며) 껴입는 건 싫어요. 그냥 부엌이 춥다고요." "안 추워. 추우면 옷을 껴입으면 되잖니?" "(화가 나서) 껴입기 싫다고요. 그냥 춥다고요."

대화가 오갈 때마다 둘의 심리적 거리는 더 멀어집니다. 거기다 아이가 최근에 말썽을 피운 일을 떠올리자 아이의 행동이 더 눈에 거슬립니다. 아이에게 공감하기 어렵습니다. 이윽고 아이는 방문을 잠그고 입도 닫아버렸습니다. 나는 찬물을 맞은 것처럼 퍼뜩 정신이 깼습니다. 엄마로서 느끼는 분노를 넘어 아이의 지금 경험이 문득 떠올랐습니다. 지난 몇 주간 엄마와 점점 걸어진 아이는 화를 내며 엄마를 쏘아댔습니다. 그러자 나도 화가 나 아이와 거리를 두었습니다. 끔찍한 악순환이 생겼습니다. 지금의 막다른 길을 어떻게 뚫어야 할까요?

분명한 것은 막다른 길을 그대로 두어선 안 된다는 것입니다. 아이는 지금 엄마에게 바라는 바를 얻지 못한 상태입니다. 십대들은 부모의 관심과 사랑을 요구하면서도 거리를 두고 밀쳐내기도 합니다. 춥다면서 옷을 안 입는 아이에게 공감해 히터를 켰다면 아이는 조금 누그러졌을 것입니다. 나는 아이의 행동에 다른 식으로 응대할 수도 있었습니다. 하지만 최근에 아이 때문에 화가 난 일로 참지 못하고 욱해버렸습니다. 그 순간 마음의 문을 닫은 채 아이가 '문제'라고만 여겼습니다.

사실 지난 몇 주 동안 딸아이는 엄마에 대한 안 좋은 감정 때문이 아니라 자기 내면의 힘든 일로 짜증을 냈습니다. 아이는 엄마가 이걸 알아주길 바랐습니다. 부모는 아이에게 일어나는 일을 바꿀 수는 없지만 아이에게 조금 더 공감할 수는 있습니다. 겉으로 보이는 말과 행동의 이면에서 아이가 어떻게 느끼고 있는지 귀를 기울일 수 있습니다. 아이의 적대적인 행동에 엄마가 어떤 느낌인지 처음부터 이야기를 나눴다면 나의 화도 커지지 않았을 것입니다. 자신의 행동이 다른 사람에게 영향을 준다는 것도 알았을 것입니다.

감정은 아이 자신의 것이지만 그것을 어떻게 표현하느냐는 부모를 비롯한 주변 사람에게 영향을 줍니다. 아이의 거칠고 무례한 행동이 부모의 감정과 부모 자녀 관계에 미치는 영향을 외면하는 것은 부모와 자녀 모두에게 도움이 되지 않습니다. 부모는 언제, 무슨 말을 해야 하는지(또는 '정말로' 말을 해야 하는지) 알아야 하며 그러자면 현재 순간과 접촉해야 합니다. **현재 순간과 접촉할 때 구체적 상황에 적합한 창의성이 발휘됩니다. 정해진 공식이나 답은 없습니다. 부모가 열린 마음으로 현재 상황에 머물 때 깨어있는 마음으로 자녀에게 응대할 수 있습니다. 부모가 느끼는 불편함 때문에 성급히 '해결책'에 기대거나 아이를 가르치고 바로잡으려 해서는 안 됩니다.**

아이가 무례하게 행동할 때 부모는 반사적으로 격한 감정과 행동을 보입니다. 이것은 부모의 어린 시절이 무의식적으로 영향을 주었을 수 있습니다. 부모는 자신의 어린 시절과 유사한 상황에서 자신의 부모가 했던 행동 패턴을 그대로 보입니다. 긴장된 상태에서 경직된 행동을 합니다. 자기만 옳다는 생각에 빠집니다. 경멸과 조바심을 드러내며, 폭력성과 부정적 사고 등의 반사적 행동 패턴을 보입니다. 불신과 의심, 무시로 상처받은 어린 시절의 익숙한 패턴 때문에 자녀에게도 똑같이 행동합니다. 이런 행동이 반드시 '나쁜' 것은 아니지만 자신의 이런 면을 이해하고 받아들일 필요는 있습니다. **그리고 이 악순환에서 벗어나려면 매순간 알아차림을 놓지 않아야 합니다. 아이에게 무슨 말을 어떻게 하고 있는지, 부모의 말이 아이에게 어떤 영향을 주는지 알아야 합니다. 부모의 자동적 행동 패턴의 양상과 원인을 분명히 볼 때 새롭고 건강한 방식으로 자녀에게 응대할 수 있습니다.**

많은 아이가 부모가 받아주지 않는다는 느낌으로 힘들어합니다. 부모의 기대에 미치지 못해 부모를 실망시킨다고 느낍니다. 부모는 아이가 '너무 이렇다, 너무 저렇다' 하며 부족한 부분에 초점을 맞춥니다. 하지만 부모의 인색하고 판단적인 태도는 아이에게 불필요한 고통과 슬픔을 일으킬 뿐입니다. 수치심을 안기며 비난하는 부모가 자녀의 행동을 긍정적으로 바꿀 수 있을까요? 겉으로 순종하더라도 그로 인해 아이가(어른이 되어서도) 치러야 하는 대가는 없을까요?

아이의 모든 행동과 선택이 부모의 마음에 들 수는 없습니다. 부모가 언제나 자녀에게 동의해야 하는 것도 아닙니다. 부모와 자녀의 생각에는 차이가 있게 마련입니다. 그러나 아이의 잘난 면만 아니라 못난 면도 있는 그대로 받아주고 사랑한다고 느낄 때 아이는 조화롭고 전인적인 인간으로 성장합니다. 아이는 자라며 어려움과 도전에 맞닥뜨려도 부모의 무조건적 사랑이라는 우물에서 목을 축일 것입니다. 부모가 있는 그대로 받아들일 때 자녀는 내면의 성장과 치유를 이루어 갑니다.

4

마음챙김, 새롭게 보는 눈
Mindfulness: A Way of Seeing

부모 노릇은 재앙?

부모가 되면 삶이 완전히 바뀝니다. 스트레스가 커지고 신경 쓸 일도 몇 배나 많아지며 자신을 돌볼 시간도 부족해집니다. 모든 것이 혼란스럽고 뒤죽박죽이 됩니다. 소리를 지르며 아이와 실랑이를 벌여야 합니다. 해야 하는 일은 끝도 없습니다. 화가 나는 일, 상처 받는 일도 생깁니다. 늙고 소외된 존재로 느끼기도 합니다. 자녀가 성인이 되어 자립해도 상황은 크게 달라지지 않습니다. 자녀를 둔다는 것 자체가 곤란을 자초하는 일 같습니다.

그런데도 부모들은 왜 자녀를 갖고 키울까요? 포크 가수 피트 시거의 노래가 정답을 말해줍니다. "아이를 키우는 이유는 뽀뽀라는 고임금을 받기 때문." 아이들은 부모에게 삶의 활력을 줍니다. 부모는 아이가 유년기의 순수함과 아름다움을 맘껏 경험하도록 곁에서 보호하고 양육해야 합니다. 자신의 길을 찾기까지 끌어주고 지혜를 전해야 합니다.

아이들은 삶의 최상의 것을 구현한 존재입니다. 아이들은 현재에 삽니다. 현재 순간에 가장 활짝 꽃을 피웁니다. 활기, 비상, 부활, 희망을 상징하는 순수한 가능성입니다. 있는 그대로의 모습으로 존재합니다. 어른에게 생명력을 나누어 주고 어른의 생명력을 끌어냅니다.

아이가 생기면 부모는 지금까지와 완전히 다른 식으로 세상과 만납니다. 의식이 달라지고 세상을 보는 눈이 바뀝니다. 타인의 희망과 고통에 대해 전에 몰랐던 연결감과 연민을 느낍니다. 자녀의 안녕에 대한 관심으로 세상의 가난과 환경, 전쟁과 미래에 대해 이전과 다른 관점을 갖게 됩니다.

니코스 카잔차키스의 소설 『그리스인 조르바』에서 까칠한 늙다리 주인공 조르바는 결혼했느냐는 질문에 이렇게 대답합니다. "나는 남자가 아니오? 당연히 결혼했소. 그러나 아내와 집, 아이들 모두가 재앙이오." 그러면서 덧붙입니다. "곤란이오? 삶 자체가 곤란이오. 오직 죽음만이 곤란이 아니라오."

우리는 자기 선택에 따라 살지만 바로 다음 순간 무슨 일이 일어날지 알지 못합니다. **이런 본래적 불확실성은 우리 삶에서 큰 부분을 차지합니다. 중요한 것은 삶의 모든 상황을 힘과 지혜, 열린 마음을 키우는 기회로 삼는 것입니다.** 능숙한 선장은 어느 방향에서 바람이 불어도 지혜롭게 활용해 목적지로 나아갑니다. 자녀를 키우는 동안 부모가 계속해서 성장하는 일은 매우 중요합니다. 아이들이 자기 방식대로 성장하기까지 일정 시간(어쩌면 꽤 오랜 시간) 그들을 보살펴야 하기 때문입니다.

부모와 동거하는 선사

우리 부부는 불교 신자가 아니지만 불교의 선(禪) 의례에 따라 결혼했습니다. 결혼 서약은 이랬습니다. "두 사람이 서로 도와 도든 존재를 향한 큰 마음(big mind, 개인적이고 주관적인 인식을 넘어선, 실재에 대한 전체적인 자각)을 내기를." 나(존)는 오래 전 선을 처음 접했을 때부터 끌렸습니다. 그러나 선 수행은 고됩니다. 예측이 어렵고 앞뒤가 맞지 않는 것처럼 보입니다. 매우 과격하다가도 어떤 때는 따뜻함과 재미가 있습니다. 단순하지만 복잡해 보입니다. **궁극적으로 선은 깨어있는 마음챙김이며 집착하지 않는 것입니다. 깊은 차원에서 내가 누구인지 알고, 지금 무엇을 하고 있는지 아는 것입니다.** 그럼에도 선은 역설적으로, 알지 못함(not knowing)과 하지 않음(non-doing)에 관한 것이기도 합니다.

내게 선 수행은 자녀 양육과 비슷해 보였습니다. 선 수행과 양육 모두, 있는 그대로의 삶에 깨어나는 것이기 때문입니다. 그래서 우리 집 아이들이 부모와 동거하는 선사(禪師)로 보이는 것도 무리가 아니었습니다. 동그란 배와 커다란 머리, 신비한 미소는 그들을 '어린 부처'로 보이게 했습니다. 선사는 말로 자신을 설명하지 않습니다. 몸소 현존을 드러냅니다. 생각에 갇히지 않으며, 이런저런 이론에 빠지지 않습니다. 반드시 이렇게 되어야 한다고 집착하지 않습니다. 선사도 한결같지는 않습니다. 어느 날은 이랬다가 다음 날은 저랬다가 변덕을 부립니다. 그럼에도 선사는 존재 자체로 우리의 참 본성을 일깨웁니다. 그러면서 지금 이 순간 우리의 길을 찾도록 독려합니다. 선사들은 특별한 방법을 알려주지 않으며, 생각으로 해결되지 않는 도전을 계속해서 안깁니다. 삶의 모습을 있는 그대로 되비쳐 줍니다. 무엇보다 깨어있음을 체현해 보이며, 부모가 깨어있음을 체현하도록 자극합니다.

이 점에서 아이들은(특히 아기들은) 선사와 닮았습니다. 커갈수록 아이들이 선사임을 알아보기 어렵습니다만, 그들의 참 본성은 그대로 남아 부모의 본성을 거울처럼 되비춥니다. 그런데 부모가 기꺼이 자기 본성을 들여다볼 때만 이 사실을 알 수 있습니다.

아이들은 본래 마음(original mind)을 가졌습니다. 걸림이 없이 활짝 열린 순수한 마음입니다. 아이들은 끊임없이 배우고 성장하며 변화하는 과정에서 부모가 언제나 새롭게 반응해 주기를 요구합니다. 부모의 기대와 고정관념, 믿음에 도전을 던집니다. 아이의 신체적, 정서적 욕구를 충족하려면 부모는 끊임없이 현재에 존재해야 합니다. 아이의 욕구를 민감하게 알아보고 부모 자신의 조바심을 견뎌야 합니다. '실제로' 무슨 일이 일어나고 있는지 보아야 합니다. 지금까지와 다른 방법을 시도해야 하며, 그에 대한 아이의 반응에서 배워야 합니다. 아이는 부모가 어떻게 조율해야 하는지 가르쳐 줍니다. 부모는 아이와의 연결 속에서 기쁨과 조화를 발견합니다. 이론도 필요합니다만 아이를 키우는 일에서 실천에 닿지 않는 이론은 크게 쓸모가 없습니다.

물론 아이들이 실제로 선사는 아닙니다. 아이들은 아이들이고, 선사는 선사입니다. 아이들이나 선사를 이상화할 필요는 없습니다. 다만 부모가 열린 마음으로 아이를 볼 때 그리고 아이를 통해 표현되는 삶의 순수함을 볼 때 아이의(그리고 부모 자신의) 참 본성에 깨어납니다.

주변의 이야기만 듣고는 실제 부모 노릇을 준비할 수 없습니다. **부모가 된다는 것은 부모로서 자신의 길을 찾는 과정에서 배우는 것입니다. 부모 자신이 가진 내면의 자원을 믿고 매번 맞닥뜨리는 새로운 상황에서 배워야 합니다. 그러자면 열린 마음으로 매순간에 귀를 기울여야 합니다. 이것은 심오하고 지속적인 내면 작업으로, 엄정한 영적 훈련과 다르지 않습니다.**

부모는 아이와 자신이 처한 구체적 상황에서 얻는 가르침을 무시하거나 거부하기 쉽습니다. '불편하다, 중요하지 않다, 골치 아프다, 힘들다' 같은 핑계를 대면서 말입니다. 그러나 그 가르침을 깊이 들여다볼 수도 있습니다. 아이와 현재 상황이 전하는 가르침을, 지금 어디에 주의를 기울여야 하는지, 지금 무슨 일이 일어나고 있고 무엇을 해야 하는지 알려주는 표지로 삼을 수도 있습니다. 어떻게 하느냐는 부모의 선택에 달려 있습니다. 이 가르침을 거부한다면 아이에게 불필요한 고통을 일으킬 수 있습니다. 아이들이 가진 탐구와 배움, 성장의 생명력을 외면하는 것은 우리가 자연스레 보고 느끼는 근본적인 실재를 외면하는 것입니다.

예컨대 부모가 두 살짜리가 으레 그렇게 행동한다는 걸 잊고 자기 생각을 강요한다면 어떨까요? 문제가 생길 것입니다. 이때 아이가 특정 방식으로 행동해야 한다는 생각을 내려놓고 있는 그대로 아이를 받아들일 수 있을까요? 어른으로서 그 순간 자기 내면을 들여다보며 이해심과 친절로 행동할 수 있을까요? 그렇게 한다면 부모가 느끼는 감정과 부모가 내리는 선택이 달라질 것입니다. **이 길을 선택할 때 아이는 부모에게 큰 가르침을 전합니다. 특정 생각에 얼마나 집착할 수 있는지 보여주고, 곤란한 일을 당해 마음이 흔들려도 다른 선택이 가능하다는 사실을 알려주기 때문입니다.** 부모는 아이가 두 살이라는 사실을 잊고 자동 반응과 무지에 휩쓸릴 수도 있습니다. 그러나 자동 반응하는 자신과, 아이에게 일어나는 일을 살피며 그와 다른 길을 갈 수도 있습니다. 이것은 이론적인 지식이 아닙니다. 이론이나 지식은 이 상황에서 부모의 자동 반응을 막아주지 못합니다. 두 살짜리 아이는 자신의 존재를 통해 부모가 감정 반응에 걸려들 수 있음을(그리고 반드시 그래야 하는 것은 아님을) 보여줍니다. 이것은 삶의 다른 영역에도 적용할 수 있는 소중한 교훈입니다.

부모는 양육 등 삶의 여러 영역에서 자신의 성장에 관심을

가져야 합니다. 현재에 존재하면서 무엇이든 들여다보려는 방향성과 의도를 지녀야 합니다. 이것은 고통스럽고 두려울 수 있지간 실재와의 더 큰 조화로 우리를 데려갑니다. 그러려면 세상이 드러내는 현상에 귀를 열어야 합니다. 열린 마음으로 자기 경험을 보아야 합니다.

흥미로운 점은 매순간 드러나는 현상을 있는 그대로 알아차릴 때 마음이 안정되고 활짝 열리면서 명료해진다는 사실입니다. 반면, 특정한 해결책이나 결과를 강요할 때 마음은 안정과 열림, 명료함을 얻지 못합니다. 사실, 이런 조화는 모든 것에 깃들어 있습니다. 지금 여기, 부모와 자녀의 내면에도 존재합니다. 부모가 할 일은 이 조화가 자주 드러나게 하는 것입니다.

18년의 명상 수련회

아이들은 꼬마 부처나 어린 선사와 비슷하다고 했습니다. 마찬가지로, 자녀 양육을 장기간의 명상 수련회로 볼 수도 있습니다. 양육은 부모와 자녀에게 지속적으로 커다란 이로움을 안기는 내면 작업의 기회입니다.

명상 수련회는 대개 몇 일, 몇 주, 몇 달에 걸쳐 진행됩니다. 그런데 양육이라는 명상 수련회는 자녀가 성인이 되기까지 적어도 18년 이상 진행됩니다. 물론 자녀를 키우기 위해 매일처럼 해야 하는 일은 외딴 곳의 집중 수련회에서 하는 일과 매우 다릅니다. 그렇지만 자녀 양육 역시 지속적인 내면 작업이 필요한 일종의 명상 수련회입니다. 자녀를 키우는 데는 부모의 힘과 의욕, 장기간의 관심과 돌봄, 지혜가 필요합니다.

그렇다면 명상 수련회란 무엇이고 그 목표는 무엇일까요? 그리고 양육을 명상 수련회로 본다면 마음챙김 양육에서 부모에게 요청되는 바는 무엇일까요? 평소 명상을 하지 않거나 수련회 경험이 없는 부모는 어떻게 해야 할까요? 자녀 양육을 명상 수련회로 보는 관점이 부모의 성장과 발전에는 어떻게 기여할까요?

명상 수련회는 평소에 일상의 번잡한 일로 방해받은 내면 작업을 수행하는 기회입니다. 수련회에서는 일정 기간 가족과 일에서 멀어져 단순한 생활을 합니다. 행동이 아니라 자신의 '존재'를 돌보는 귀한 시간을 갖습니다. 수련회 지도자는 참가자들 격려하며 수련에 대한 영감을 일으킵니다. 수련회의 기본적인 수행은 앉기 명상과 걷기 명상입니다. 아침부터 저녁까지 자리에 앉거나 걷는 수행이 전부입니다. 간혹 화장실 청소, 설거지, 잡초 뽑기도 합니다만, 이때도 앉고 걷는 명상을 할 때와 같은 마음으로 합니다. 일의 종류보다 일에 임하는 마음이 더 중요합니다.

수련회에서는 자신의 내면에 주의를 향합니다. 평소 당연시하는 경험들, 예컨대 들숨과 날숨, 대순간 몸과 마음에서 일어나는 현상에 주의를 기울입니다. 밥을 먹을 때도 침묵 속에 먹고, 잠을 잘 때도 그렇습니다. 책을 읽거나 글을 쓰지 않습니다. 컴퓨터, 인터넷, 전자기기도 없습니다. 전화 통화도 반드시 필요한 경우에만 합니다. 지도자와 면담 시간을 빼면 온전히 혼자 시간을 보냅니다. 결코 쉽지 않지만 깊은 치유의 시간입니다.

수련회 참가자들은 처음에 마음이 들뜬 활동적인 상태에 있습니다. 하지만 시간이 지나면 조금씩 가라앉아 마침내 깊은 집중 상태에 이르기도 합니다. 몸과 마음의 현상을 관찰하고 알아보고 받아들이는 주의력 훈련을 통해 마음의 풍경을 새로 알게 됩니다. 현상을 꿰뚫어보는 깊은 통찰력이 일어나기도 합니다. 이런 통찰력으로 외면적 집착과 개인적 이야기를 넘어 존재의 참 본성을 들여다봅니다. 이렇게 주의를 기울이다 보면 심오한 깨달음이 찾아오기도 합니다. 자신과 자신의 삶이 지금껏 몰랐던 방식으로 드러납니다.

집중적인 명상 수련은 자신을 비추는 거울이자 심오한 정화 과정입니다. 무엇을 보든 더 넓고 더 정확하게 봅니다. 그러면서 자신에 관한 깊은 배움이 일어납니다. 더 중요하게는 어떤 것에 강하게 집착하는 관점과 고정된 생각을 내려놓게 됩니다.

수련회에서 마음에 지속적으로 주의를 기울이다 보면 마음의 일정한 작동 방식을 보게 됩니다. 침묵 속에 앉거나 걷다 보면, 마음이 끊임없이 생각을 일으키고 있음을 봅니다. 그 생각들이 얼마나 두서없고 부정확한지 알게 됩니다. 마음이 얼마나 자동으로 반응하는지, 자동 반응으로 일어나는 감정의 폭풍이 얼마나 강한지도 보입니다. 마음은 과거에 대한 회상과 후회, 미래에 대한 걱정과 계획으로 많은 시간을 보냅니다. 마음은 어느 때고 나를 포함한 모든 것을 '좋다' '싫다' 등으로 평가합니다. 사물과 의견을 '나'로 동일시하며 거기에 집착합니다. 특정 상황과 인간관계가 지금과 다르길 바라는 욕망에 휩쓸립니다.

수련회에서 우리는 마음이 현재 상태에 머물지 못함을 봅니다. 하지만 시간이 지나면서 마음이 안정되고 고요해질 수도 있습니다. 그리하여 지금껏 끌려 다니던 마음의 끝없는 분주함을 관찰할 수도 있습니다. 두서없고 분주한 마음의 활동성에도 불구하고 쉽게 흔들리지 않는 내면의 평온과 균형에 이를 수 있습니다. 명상을 하다 보면 힘든 때가 찾아옵니다. 자리에 오래 앉아 있으면 몸의 통증이 일어납니다. 이야기를 하고 싶고, 새로운 흥밋거리에 끌리기도 합니다. 지루함, 그만두고 싶은 생각, 슬픔, 두려움, 혼란도 일어납니다. 만약 이 시기를 단호하게 그러나 친절과 부드러움으로 지난다면 어떨까요? 기대를 내려놓고, 매순간 의식에 나타나는 현상을 단순히 관찰하면 어떨까요? 이렇게 수행하다 보면 어느 순간 고요와 안녕, 지혜라는 마음속의 깊고 거대한 바다와 만날 수 있습니다.

마음은 거대한 바다와 같습니다. 바다 표면은 계절과 날씨, 풍향에 따라 매우 잔잔하다가도 산처럼 거대한 파도를 일으킵니다. 그런데 표면의 거대한 파도에도 불구하고 바다 저 아래는 지극히 고요합니다. 수련회에서 명상을 하다 보면 우리의 마음도 바다와 비슷함을 알게 됩니다. **평온과 깊은 고요는 마음의 본래적 성질입니다. 마음은 때로 거대한 감정의 격동에 휩쓸리지만 평온과 고요, 알아차림은 우리 존재의 통합적인 일부로 존재합니다.** 우리는 이 능력을 활용할 수 있습니다. 다만, 마음 표면에 일어나는 폭풍을 잠재우는 목적은 아닙니다. 바다 표면의 거대한 파도를 잠재우려는 시도는 소용이 없습니다. 그보다 마음의 폭풍을 담는 커다란 그릇을 마련하기 위해서입니다. 마음의 폭풍을 '알아차림'이라는 그릇에 담아 제대로 보고 이해하기 위해서입니다.

마음의 폭풍을 알아차림에 담아 이해하면 생각과 감정이 반드시 우리를 맹목적으로 휩쓸 필요가 없음을 알게 됩니다. 괴로움에서 벗어나려고 생각과 감정을 억누를 필요가 없다는 것도 알게 됩니다.

마음의 분주한 활동성을 알아차림이라는 그릇에 담는 연습을 하면 내가 다른 존재와 분리된 개별적 존재라는 생각이 허구임을 알게 됩니다. '나', '내 것'이 따로 존재한다는 생각은 뿌리 깊고 끈질긴 마음의 속성이지만 그럼에도 그것은 하나의 '생각'에 지나지 않습니다. 우리는 자신을 다른 존재와 분리된 개별적 존재로 여기며 개인적인 손익에 집착합니다. 하지만 모든 생각의 이면에서 우리가 더 큰 전체의 일부임을 볼 수도 있습니다. 우리는 자신의 개인적 삶에 깃든 깊은 신비를 엿볼 수 있습니다. **나의 개인적 삶은 부모, 그리고 부모의 부모, 그 부모의 부모와의 무한 연결 속에 탄생했습니다. 지금의 나는 나의 부모(의 이전 세대)와 나의 자녀(의 이후 세대)를 이어주는 고리입니다. 나는 다른 존재와 분리되어 존재하지 않습니다.**

우주의 깊은 본질은 한 부분만 따로 떼어낼 수 없는 전체입니다. 세상의 모든 것은 그 밖의 모든 것을 드러내 보입니다. 모든 것이 다른 모든 것에 깃들어 있으며, 다른 모든 것을 비추고 있습니다. 세상에 존재하는 모든 사물은 전체를 이루는 일부입니다. 상호 연결과 상호 의존은 우주가 지닌 근원적인 관계성입니다. 이 근원적 관계로부터, 끊임없이 변화하는 개인의 삶이 나타납니다. 우리가 살아가는 삶의 의미도 상호 연결과 상호 의존이라는 근원적 관계에서 비롯합니다.

삶이 '나의 것'이 아님을 깨달을 때 새로운 눈으로 보게 됩니다. 고유한 얼굴과 성격, 욕망, 특정한 개인사를 지닌 나의 삶을 새롭게 봅니다. 특정한 부모와 특정한 성장 과정을 거치며 걸어온 나의 삶을 완전히 새로 봅니다. 내가 사는 곳, 나의 의무, 나의 자녀, 나의 희망과 절망을 새로운 눈으로 보게 됩니다.

'분리'니 'ㅂ 분리'니 하는 말은 우리라는 심오한 실재를 표현하는 '생각'에 불과합니다. 물론 우리에게 일어나는 일은 실제로 일어납니다. 하지만 그것을 순전히 '나의 것'으로 받아들이는 것은 그리 현명하지 못합니다. 이 가능성을 알아볼 때 보다 품위 있는 삶을 살 수 있습니다. 세상에 일어나는 모든 일은 비개인적인 성격을 가짐에도 우리는 그 일을 경험하는 변치 않는 '나'가 존재한다고 여깁니다. 불교에서 보기에 이 생각은 어불성설입니다. **물론 당신은 누구도 아닌 '당신'이며, 당신에게 일어나는 일에 책임지는 사람도 '당신'입니다. 그렇지만 당신은 당신이 '생각하는' 당신이 아닐 수 있습니다. 왜냐하면 '생각' 자체가 우리를 제약하기 때문입니다. 생각의 제약을 넘어선 곳에 있는 당신의 참 본성은 무한합니다.**

명상 수련회에서 우리는 내가 나의 몸이 아니며, 나의 생각이 아님을 알게 됩니다. 내가 나의 감정과 견해, 두려움과 불안, 상처와 같지 않음을 깨닫습니다. 물론 몸, 생각, 감정 등은 나의 경험을 구성하는 중요한 일부입니다. 날씨가 바다 표면에 영향을 주듯이 말입니다. 그런데 자신의 몸과 생각, 감정, 견해 등을 '나의 것'으로 강하게 집착할 때 문제가 생깁니다. 이런 것을 안경으로 쓰고는 모든 것을 '좋다' 아니면 '싫다'로 평가할 때 온갖 문제가 일어납니다.

이것을 알고 지금 쓴 안경을 벗는다면 어떨까요? 아마 세상을 보는 방식이 크게 달라질 것입니다. 살면서 내리는 선택, 일상을 사는 방식이 크게 바뀔 것입니다. 이런 통찰만으로 지금까지와 완전히 다른 방식으로 자신을 보게 되며, 그에 따라 양육과 부모의 삶도 크게 달라집니다.

내가 여느 사람과 마찬가지로 지금의 삶에 잠시 머물 뿐이라는 사실도 알게 됩니다. **그런데 한평생(lifetime)이라는 '짧은' 시간은 사실 '무한히 긴' 시간입니다. 왜냐하면 삶의 순간순간을 알아차린다면 우리의 한평생에도 무수한 순간이 존재하기 때문입니다.** 지금 여기에 살 때 물리적 시간에서 벗어나 영원한 현재에 머뭅니다. 우리가 시간의 속박에 매인 존재가 아님을 깨닫습니다.

모든 것은 영원하지 않다는 무상(無常)의 속성에 눈뜰 수도 있습니다. 명상 수련에서 주의를 기울이는 어떤 대상도 오래 지속되지 않습니다. 숨 하나하나는 일어난 뒤 사라집니다. 몸의 감각, 생각과 감정, 견해와 욕망도 매순간 일어났다 사라집니다. 낮이 가면 밤이 옵니다. 계절과 해도 순환합니다. 젊음과 일, 사람도 왔다 갑니다. 심지어 산과 강, 생물 종(種)도 생겼다 사라집니다. 고정된 상태로 존재하는 것은 아무것도 없습니다. 우리 눈에 그렇게 보일 뿐입니다. **모든 것은 움직이고 변화하고 사라지면서 복잡하게 춤추고 있습니다. 우리의 자녀도 이 춤의 일부입니다. 아이들도 부모와 마찬가지로 아름답**

고 신비한 세상에 잠시 머무는 손님입니다. 게다가 부모가 아이와 함께하는 시간은 더욱 짧으며 얼마나 오래갈지도 알 수 없습니다.

이렇게 해서 자녀와 함께하는 시간이 더없이 소중하다는 깨달음이 찾아옵니다. 어떻게 하면 이 소중한 시간을 알아차림으로 지낼지 생각합니다. 그러면 아이를 품에 안고 뽀뽀하는 것, 잠든 아이를 바라보고 아침에 깨우는 일상의 행동이 달라집니다. 부모의 생각과 거꾸로 가는 아이, 부모의 인내심을 실험하는 아이를 대하는 방식도 달라집니다. 모든 것을 안다고 여기는 부모 자신을 돌아보게 됩니다.

자녀 양육이 명상 수련회와 같다고 했습니다. 집중 수련회에서 하듯이 부모가 지속적인 주의력과 현존으로 양육에 임한다면 전체성의 관점이 지닌 커다란 힘을 깨닫고, 마음 표면에 일어나는 파도에 휩쓸리지 않습니다. 좁은 마음으로 집착하며 살지 않습니다. 매순간을 다르게 받아들이며, 허투루 흘려보내지 않습니다.

이것을 마음에 새길 때 부모는 지금과 다른 방식으로 아이들을 돌보고 주의를 기울입니다. 발밑의 흙과 얼굴에 불어오는 바람을 느끼며, 지금 있는 장소를 '여기'로, 내가 존재하는 시간을 '지금'으로 압니다. 아이들을 비롯한 모든 존재의 내면에 깃든 신비로운 지혜를 존중합니다.

일정 기간 진행되는 마음챙김 명상 수련회에서 이런 작은 깨달음을 얻을 수 있습니다. 이 점에서 잠시 일상을 떠난 수련회는 큰 의미가 있습니다. 그러나 일상의 삶을 제쳐두고 일정 기간 명상 수련에 몰두하기 어려운 경우도 있습니다. 아이를 키우는 부모는 양육과 가사, 직장 일로 이런 시간을 내기 어렵습니다.

여기에서 자녀 양육을 명상 수련회로 보는 관점이 유용해집니다. 다만 양육은 세상과 거리를 두는 것이 아니란 점이 다릅니다(물론 가족 생활이 세상의 스트레스를 완충하고 내면의 안정과 평화를 주기는 합니다만). **자녀 양육은(대개 양육이 힘겹게 느껴질 때) 부모가 마음챙김을 계발하고 자신의 삶을 깊이 들여다보는 기회입니다. 양육은 부모의 행동이 자신의 존재에서 나오도록, 다시 말해 삶의 방식이 되도록 하는 기회입니다.**

물론 가족 생활은 명상 수련회보다 훨씬 복잡하고 뒤죽박죽입니다. 아이들이 성장하면서 가족의 하루 일과는 매일, 매순간 바뀝니다. 그러나 수련회든 가족생활이든 지금 이 순간에 온전히 존재한다는 마음챙김 수련의 핵심은 다르지 않습니다. 지금 무슨 일이 일어나고 있는지 알아보고(물론 언제나 쉽지만은 않습니다), 의도성과 알아차림, 친절의 마음으로 행동하는 것입니다. 매일 일정 시간에 정식으로 수련한다면 이런 내면의 작업에 도움이 됩니다. 하지만 우리가 집중할 부분은 일상의 양육에서 매일, 매순간 마음챙김을 계발하는 것입니다.

이런 의도성과 알아차림으로 아침에 일어난다면 그것은 '아침 기상 명상'이 됩니다. 이런 태도로 이를 닦는다면 '양치질 명상'이 됩니다. 우는 아기 때문에 이를 닦지 못하면 그것은 '아기 보느라 이 못 닦는 명상'이 됩니다. 아이 옷을 입히는 일,

밥을 차리는 일, 등교시키는 일, 기저귀를 갈고, 장을 보고, 청소하고, 요리하는 일상의 모든 일이 마음챙김 수련이 됩니다.

수련, 수련, 수련

그날 하루의 삶의 질에 변화를 일으키는 것이야말로 최고의 예술이다.

-소로, 『월든』

자녀 양육에서 현존과 알아차림, 공감과 받아들임의 마음을 키워야 한다고 했습니다. 부모 중에는 이 말을 듣고, 소로가 말한 '그날 하루의 삶의 질에 변화를 일으키는' 이도 있을 것입니다. 그들은 이 말에 영감을 받아 삶과 양육에서 새로운 열림을 경험합니다.

그러나 나름의 작동 방식을 지닌 인간의 마음은 어느 날 갑자기 깨어나지 않습니다. 현재 순간과 접촉하려면 일관된 노력이 필요합니다. '분명하게 본다'는 것이 저절로 되는 일은 아닙니다. 통찰과 변화는 쉽게 일어나지 않습니다.

그렇기 때문에 현재에 머무는 연습을 자주 해야 합니다.

이것을 **수련**(practice)이라고 합니다. 전체성의 눈으로 보기 위해서는 수련이 필요합니다. **우리는 삶의 대부분을 마음챙김의 반대를 수련하며 삽니다.** **우리는 '현재에 살지 않기'를 수련합니다. '자신의 자주권에서 멀어지기'를 수련합니다.** '생각과 느낌, 좋고 싫은 것에 떠밀리기'를 연습합니다. '불안하기'를 연습하며 '화내기'를 연습합니다. '원하는 것을 움켜쥐기'를 연습합니다. 연습할수록 더 잘하게 되고 거기서 벗어나기가 더 어려워집니다.

마음챙김 양육을 그럴듯한 삶의 철학이 아니라 연습과 수련으로 받아들여야 하는 이유도 이것입니다. 수련으로서 마음챙김 양육에 임할 때 마음의 낡은 패턴에서 벗어날 수 있습니다. 타인과 연결되는 유일한 순간인 현재로부터 멀어지는 오랜 패턴에서 벗어날 수 있습니다.

여기서 수련이란 피아노나 춤 스텝을 연습하는 것과는 조금 다른 의미입니다. 그것은 '지금 여기에서 현존과 깨어있음을 체현한다'는 의미입니다. 반복 연습으로 더 뛰어난 기량을 갖춘다는 의미와는 조금 다릅니다(물론 마음챙김도 연습하면 더 잘하게 됩니다만).

아기를 품에 안을 때 지금 여기에 온전히 존재하며 알아차림으로 안는다면 그것이 수련입니다. '지금 여기에 온전히 존재한다'는 것은 예컨대 아기를 품에 안는 순간, 아기를 안는다는 사실을 '알면서' 안는 것입니다. 안는 순간의 느낌과 냄새, 촉감, 소리, 동작, 호흡 등 일어나는 모든 현상과 접촉하는 것입니다. 그 순간 당신의 직감과 아기, 해야 하는 일(우유를 물리고 기저귀를 갈고 옷을 입히고 자장가를 불러주는 등)을 모두 알아차림에 담는 것입니다. 어쩌면 아무것도 하지 않는 채로 그 순간에 오롯이 존재하는 것입니다.

그렇다고 지금 여기에 존재하는 일마저 '잘 해야' 한다는 의미는 아닙니다. 평가하는 태도는 마음챙김의 정신과 거리가 멉니다. **언제든 지금 이 순간에 존재하는 것으로 충분합니다. 왜냐하면 당신은 '이미' 당신이기 때문입니다. 지금 당신의 모습대로 존재하면 됩니다.** 그렇게 하면 바로 그 순간에 당신의 온전성(wholeness)을 보고 느끼고 품어 안을 수 있습니다. 우리는 개별적 존재인 동시에 서로 분리되지 않은 존재이기도 합니다.

따라서 수련이란 자신의 몸과 마음에 일어나는 모든 현상에 온전히 존재할 것을 기억하는 것입니다. 자동 모드에 빠져 기계적으로 행동하지 않는 것입니다. 아기를 품에 안을 때 거기에 오롯이 현존하는 것입니다. 자녀에게 주의를 주거나 요구를 할 때도 거기에 온전히 존재하는 것입니다. 마음이 딴 곳에 있다면 알아차리고 지금으로 돌아옵니다. 간단하지만 쉽지 않습니다. 마음은 지금이 아닌 딴 곳으로 쉽게 달아납니다. 그래서 수련이 필요합니다.

수련하는 방법은 많습니다. 의도적인 알아차림으로 한다면, 삶과 양육의 모든 일이 수련이 됩니다. 의도적으로 주의를 기울일 때 마음챙김 양육의 토대가 튼튼해집니다. **부모들은 마음챙김 양육이라는 내면과 외면 작업에 필요한 도구를 이미 갖고 있습니다.** 각각의 아이, 각각의 상황, 매번의 호흡과 모든 순

간이 도구입니다. 이 모든 것이 지금 여기에서 알아차리며 품어 안기를 기다리고 있습니다. 이런 식으로 삶에 다가갈 때 부모는 소로가 말한 '그날의 삶의 질에 변화를 일으키는' 진정한 예술가가 됩니다. 이것은 부모가 자신의 삶의 방식과 존재 방식을 지속적으로 다듬는 일이기도 합니다. 이 과정에서 부모 자신도 매일 일어나는 일에 다듬어져 갑니다.

호흡

마음챙김 양육을 하려면 무엇부터 시작해야 할까요? 마음챙김 양육에 '적절한 순간'을 기다려야 할까요? 아니면 지금 상태에서 그냥 시작하면 될까요? 임신 중에 시작해야 할까요, 첫 아이가 태어난 뒤 시작해야 할까요?

적절한 때를 기다리기보다 뒤죽박죽인 지금 이 순간에 바로 시작하는 것이 낫습니다. 이제 막 부모가 되었든, 자녀를 다 키웠든, 조부모든 상관없이 지금 있는 곳에서, 지금의 형편대로 시작하는 결심만으로 마음챙김 수련의 정신에 들어섭니다.

마음챙김 양육을 시작하는 한 가지 방법은, 조용한 시간에(또는 일상의 아무 때나) 자신의 호흡과 친밀해지는 것입니다. 호흡은 끊임없이 흐르고 있습니다. 호흡은 언제나 지금 여기에 존재합니다. 호흡은 우리의 생명, 몸, 감정 상태와 긴밀히 연결되어 있습니다. 호흡을 알아차리면 몸과 마음이 현재에 머뭅니다. 지각이 깨어나 또렷해집니다.

바로 지금 자신의 호흡과 접촉해 보십시오. 몇 분, 아니 몇 초라도 호흡에 대한 알아차림을 유지해 보십시오. 기본적으로 몸에서 들고 나는 호흡을 '느끼는' 것입니다. 숨이 들어올 땐 '들어온다'고 알고, 숨이 나갈 땐 '나간다'고 압니다. 부드럽게 일렁이는 보트에서 호흡이라는 파도를 탄다고 생각하며 주의를 기울여 봅니다. 호흡에 주의를 기울여 알아차린 다음, 이 알아차림을 다른 활동에 가져가 봅니다.

이렇게 했을 때 알게 되는 사실이 있습니다. 당신의 마음은 여느 사람의 마음과 마찬가지로 자기만의 생명을 가졌다는 사실입니다. 마음은 호흡을 기억하고 그것과 접촉하는 것을 별로 좋아하지 않습니다. 호흡에 대한 알아차림을 이어가는 일이 아직 익숙하지 않습니다. 마음은 과거와 미래를 왔다 갔다 합니다. 한 가지 생각과 느낌에서 다른 생각과 느낌으로 끝없이 옮겨 다닙니다. 시간에 쫓길 때, 문제를 해결할 때, 갈등이 일어났을 때 마음은 더욱 가만히 있지 못합니다. 단 몇 분이라도 호흡을 따라가 보면 이것을 즉시 알게 됩니다. 사실, 외부 상황이 평온할 대도 마음은 가만있지 못합니다.

그렇지만 지속적인 수련을 통해 호흡에 대한 알아차림이 익숙해집니다. 그러면 현재 순간에 일어나는 모든 일에 대한 알아차림도 커집니다. 이렇게 알아차림을 계발하면 매순간에 담긴 깊은 가능성이 드러납니다. 현재 순간 일어나는 모든 일에서 평온과 명료함이 커집니다. 물론 호흡에 대한 알아차림을 다른 활동에 적용하자면 힘과 노력이 필요합니다. 이때 노력은 자신의 몸과 마음에 일어나는 일을 들여다보는 노력입니다. 지혜로운 분별력, 현명한 주의력입니다. 부모는 모든 양육 활동에 알아차림을 가져갈 수 있습니다. 기저귀를 갈고, 장을 보고, 아이와 눈 맞추며 놀아주고, 책을 읽어주는 등 어떤 활동을 하는 중에도 호흡을 알아차릴 수 있습니다. 아이를 재울 때, 아이와 대화할 때, 저녁밥을 준비할 때도 호흡을 알아차립니다. 열 가지 일을 동시에 처리하느라 정신이 없어도 호흡을 알아차립니다. 호흡을 알아차리는 데 따로 시간을 낼 필요는 없습니다. 그저 잊지 않으면 됩니다.

    기저귀를 갈고 방을 청소할 때, 아이들의 싸움을 말릴 때, 정신없이 뛰어다닐 때, 걱정에 휩싸일 때, 일을 하거나 놀 때가 모두 호흡을 알아차리며 이 순간에 존재할 수 있는 기회입니다.

가꿈과 돌봄

부모는 정원의 토마토와 옥수수를 키우는 것처럼 삶과 가정에서 마음챙김을 키울 수 있습니다. 키운다는 것은 가꾸고 돌보는 것입니다. 어떤 것을 심었다면 가꾸고 돌보아야 제대로 키울 수 있습니다. 마음챙김을 키우는 것이든, 아이를 키우는 것이든 마찬가지입니다. 가꾸고 돌보아야 합니다. 돌보는 것(tending)은 돌봄의 대상에 주의를 기울이는 것(attending)입니다. 그리고 주의를 기울여 돌보려면 현재에 존재해야 합니다. 깨어있는 마음으로 대상에 다가가야 합니다. 기꺼이 준비된 상태로 대상을 의식하고 있어야 합니다. 돌봄(tending)은 부드러운 상냥함(tender)이며, 자신이 더 넓게 확장되는 것(extending)입니다.

이렇게 주의를 기울이는 돌봄이야말로 마음챙김 수련의 핵심입니다. 어린 식물을 가꾸고 돌보아야 제대로 자라듯이 아이들도 마찬가지입니다. 당신이 시작한 마음챙김 양육도 다르지 않습니다. 마음챙김 양육을 하기로 했다면 그 의도와 수련의 노력을 가꾸고 돌보아야 합니다. 그러지 않으면 삶의 번잡한 일들에 밀려 마음챙김 양육이 싹을 틔우지 못합니다. 이 점에서 마음챙김 수련의 의도와 노력에 도움이 되는 환경을 마련하는 것이 매우 중요합니다.

이런 환경을 만드는 방법에는 정식 마음챙김 수련과 일상 마음챙김 수련이 있습니다. 정식 수련은 매일 일정 시간에 규칙적으로 수련하는 것입니다. 정식 수련을 할 것인가, 한다면 얼마나 할 것인가는 당신의 선택입니다. 일상 수련은 하루 중 언제라도 자신의 호흡과 접촉하는 수련입니다. 따로 시간을 낼 필요가 없으며 호흡에 주의를 기울이는 것을 잊지 않으면 됩니다.

우리는 살면서 어떤 것을 알아차리는 일이 종종 있습니다. 그러나 명상적 알아차림은 조금 다릅니다. 명상적 알아차림은 즉각적으로 판단하지 않고 자동적으로 반응하지 않는 알아차림입니다. **이 알아차림을 지속하려면 마음챙김 하려는 '의도'를 반복적으로 내야 합니다. 모든 것이 내 생각대로 되어야 한다는 생각에서 벗어나야 하며 생각과 감정에 쉽게 지배당하지 않아야 합니다.** 이것은 한 번으로 되지 않습니다. 반복해서 해야 합니다. 자신의 생각과 느낌을 관찰하면서 거기에 휩쓸리지 않는 연습을 끊임없이 해야 합니다.

토마토나 옥수수를 키우는 것처럼 명상적 알아차림을 키우는 데도 일정한 규율이 필요합니다. 이것은 외부에서 부과한 규율이 아니라 마음챙김을 지속적으로 가꾸고 돌보려는 자기 내면의 규율입니다. 마음챙김은 시인 T. S. 엘리엇이 말한 '움직이는 세상의 정지점(still point of the turning world)'과 만나는 도구입니다. **마음챙김 수련과 자녀 양육 모두 주의를 기울여야 하며, 자기 규율이 필요한 일입니다. 이 점에서 자녀를 키우는 동시에 마음챙김을 키운다는 것이 억지스런 표현은 아닙니다. 마음챙김 수련과 양육은 서로를 보완하고 심화시키며 지지하는 관계입니다.**

선 전통에서는 흔히 수련이 특별할 것이 없다고 말합니다. 아이를 낳고 부모가 되는 일도 특별하지 않으며, 농부가 작물을 키우는 일도 특별하지 않다고 합니다. 심지어 사는 것도 특별한 일이 아니라고 합니다. 어떤 의미에서는 사실입니다. 그러나 특정한 아버지와 어머니, 특정한 농부를 보십시오. 특별하지 않은가요? '특별할 것이 없다'는 말은 매우 특별하다는 의미이기도 합니다. 지극히 평범하다는 것은 지극히 비범하다는 의미이기도 합니다. 당신이 어떻게 보느냐에 달려 있습니다. 대상을 깊이 들여다보았을 때 느끼고 알게 된 바에 따라 살 수 있느냐에 달려 있습니다.

생각에서 벗어나기

MBSR 프로그램 참가자들에게 그들이 배운 가장 중요한 것을 물으면 대개 두 가지를 말합니다. 첫째는 호흡이며, 둘째는 자신이 자신의 생각이 아님을 배웠다고 합니다.

물론 참가자들은 프로그램 참가 전에도 호흡을 했습니다. 따라서 그들이 말한 '호흡'이란 자신의 호흡을 '처음으로' 알아차리게 된 것을 말합니다. 나아가 호흡에 대한 알아차림을 일상 활동에 적용해 도움을 받았다는 의미입니다.

두 번째로 자신이 자신의 생각이 아님을 배웠다는 대답은 우리가 평소 끊임없이 생각에 빠져 있음을 알아차리지 못하고 있었다는 의미입니다. 호흡에 주의를 기울이며 마음에 일어나는 생각을 판단 없이 있는 그대로 관찰하고 나서야 자신이 생각에 빠져 있었음을 깨닫습니다. 호흡처럼 단순한 대상도 지속적으로 주의를 집중하기가 어렵다는 걸 알게 됩니다.

호흡에 주의를 기울이다 보면 자꾸 생각이 일어나 호흡

에 대한 집중이 깨집니다. 이때 우리는 생각이 끊임없이 일어나고 있음을 즉각적으로 압니다. 게다가 대부분의 생각이 검증되지 않은 자기만의 생각이며 그리 정확하지 않다는 사실도 알게 됩니다. 생각에는 대개 판단과 평가가 개입된다는 사실도 드러납니다. 생각은 복잡하고 종잡을 수 없으며 일관적이지 않고 심지어 서로 모순되기도 합니다.

생각의 흐름은 쉼 없이 이어집니다. 우리는 이 사실을 알지 못한 채 제대로 살피지 않습니다. 생각은 정말로 자기만의 생명을 가진 듯합니다. **하늘의 구름처럼 생각은 의식의 장에서 순간 생겼다 사라지는 일회적 사건입니다.** 그럼에도 우리는 생각을 근거로 자신과 타인과 세상에 관한 의견을 지어냅니다. 의견은 실재에 대한 '모형'일 뿐임에도 우리는 그것을 '진실'로 굳게 믿습니다. 게다가 그 믿음과 반대되는 증거는 외면하고 부정합니다.

생각이 단지 '생각'에 불과함을 알지 못하면 삶의 여러 곳에서 문제가 생깁니다. 반면, 그 사실을 알면 마음이 놓은 덫에 걸리지 않습니다. 이것은 특히 자녀 양육에 해당되는 이야기입니다. 예컨대 부모인 당신은 '톰이 게으르다'는 생각을 갖고 있습니다. 당신은 이 생각이 그저 당신의 '견해'라는 걸 보지 못한 채 톰에 관한 절대적 진실로 믿어 버립니다. 그러면 톰을 볼 때마다 게으른 면만 눈에 들어옵니다. 톰이 가진 다른 면은 당신의 '강력한' 견해에 걸려 눈에 보이지 않습니다. 그 결과 당신은 매우 제한된 방식으로 톰을 대하게 됩니다. 톰은 이에 대해 다시 특정한 방식으로 반응할 테고 그러면 톰에 대한 당신의 견해는 더욱 굳어집니다. **실제로는 부모가 마음속에서 톰을 '게으른 아이'로 만든 것입니다. 부모인 당신은 톰을 있는 그대로 보지 못했습니다. 온전한 존재로 보지 못했습니다.** 당신이 고집하고 있는 톰의 일면만 보았습니다. 그 일면은 부분적으로만 진실이며, 상황에 따라 얼마든지 바뀔 수 있습니다. 부모가 이런 태도로 자녀를 대하면 자녀와 의미 있는 관계를 맺기 어려워집니다. 부모의 모든 말과 행동에 그런 생각이 묻어나기 때문입니다. 부모는 몰라도 아이는 이 사실을 느끼며 그에 대해 불안해합니다.

교사들도 이렇게 행동하는 때가 있습니다. 사실 우리 모두는 자녀에게, 타인에게, 심지어 자신에게 이런 식으로 행동하고는 합니다. 우리는 '나는 너무 이렇다' 또는 '충분히 저렇지 못하다'고 자기에게 말합니다. 정해진 딱지를 붙여 자기를 평가하고는 그것을 사실로 믿습니다. 이렇게 사실로 믿는 과정에서 나의 견해는 점점 좁아져 결국 자기실현적 예언이 되고 맙니다. 자기실현적 예언이 되어버린 견해는 부모와 자녀를 좁은 울타리에 가둡니다. 이것은 커다란 고통의 원인이 됩니다. 다중적 차원, 복잡성, 전체성, 항상적 변화의 관점에서 보지 못하는 경직된 견해는 자신과 타인의 변화 가능성을 알아보지 못합니다.

마음챙김 수련에서는 생각을 절대적 진실이 아닌 단지 '생각'으로 알아봅니다. 생각뿐 아니라 느낌도 단지 '느낌'으로 알아봅니다. 사실, 느낌은 생각과 긴밀히 연결되어 있습니다. 생각과 느낌을 단지 생각과 느낌으로 볼 때 '나' 또는 '내 것'이라는 속박에서 잠시나마 풀려납니다. **이제 생각과 느낌은 더 이상 '나의' 생각, '나의' 느낌이 아니라 그저 일어나는 한 가지 생각과 느낌에 불과하게 됩니다. 그러면 '나의' 생각과 느낌에 대한 집착에서 벗어나 더 유연한 관점에서 보게 됩니다.** 짜증, 황당, 초조, 화가 일어나면 이 느낌들이 일어났음을 알고 알아차림에 담습니다. '짜증' '황당' '초조' '화' 등으로 있는 그대로 압니다. 그러면 새로운 선택의 가능성이 열립니다. 관성에 떠밀려 정해진 방식대로 반응하지 않습니다. 그렇다고 생각과 느낌을 무시하라는 의미는 아닙니다. 생각과 느낌에 따라 행동하지 말라는 의미도 아닙니다. 생각을 단지 '생각'으로, 느낌을 단지 '느낌'으로 알아차릴 때 더 적절한 행동을 할 수 있다는 의미입니다. 그렇게 알아차릴 때 자신과 더 많이 접촉할 수 있고, 지금 상황에서 무엇이 필요한지 더 잘 알 수 있습니다.

> 그대 왜 생각의 감옥에 계속 갇혀 있는가
> 밖으로 난 문이 저렇게 활짝 열려 있는데
> 두려운 생각에서 벗어나 밖으로 나오라
> 생각에서 나와 침묵 속에 머물라
> 아래로 아래로 계속 흐르라
> 끝없이 확장되는 존재의 원에 머물라
>
> — 루미

판단보다 분별력

마음챙김은 '의도적으로, 현재 순간에, 판단하지 않고 주의를 기울일 때 일어나는 앎'입니다. 마음챙김을 하는 목적은 자신에 대한 이해와 지혜를 키우는 것입니다. 궁극적으로는 제대로 살피지 않은 마음의 습관과 그것이 일으키는 무지와 괴로움에서 벗어나는 것입니다. 판단하거나 평가하지 않는 태도가 중요합니다. 잠시라도 우리 마음을 관찰해 보면 거기에는 대개 '내면의 비판자'가 존재하고 있습니다. 주변의 모든 것과 자기 자신, 그리고 자신의 경험에 대해 판단하고 평가하는 존재입니다. 우리는 자기도 모르게 이런 판단과 평가의 노예가 되었습니다. 끊임없는 판단과 평가로 에너지가 소진되었습니다. 그래서 무엇이든 분명하게 보지 못하고 그로부터 배움을 얻지도 못합니다.

앞에서 보았듯이 우리는 주변의 모든 것에 대해 재빨리 의견을 형성한 뒤 그것을 진실로 확신합니다. 그러나 의견은

'생각'에 불과합니다. 그것은 주변 사물과 사람, 자신에 관하여 우리의 마음이 내린 결론입니다. 우리는 마음이 내린 결론(부정적이거나 긍정적인 결론, 정확하거나 정확하지 않은 결론)에 쉽게 걸려듭니다. 일단 그 결론에 걸려들면 그 외의 다른 것을 알아보는 능력과 자유가 사라집니다. 자신의 생각과 의견에 걸려든 만큼 좁아지고 위축됩니다. 성장의 가능성이 줄어듭니다.

 이런 식으로 오랜 시간을 지낸다면 훗날 뒤를 돌아보며 당시의 의견이 특정 시기의 의견에 지나지 않았음을 알고는 깊이 후회할지 모릅니다. 그때의 의견 때문에 당신은 그 밖의 선택과 가능성을 알아보지 못했습니다. 그 의견 때문에 자기 내면에 충실한 길을 가지 못했습니다. 구름이 햇볕을 가리듯 자신의 의견에 가려 자신이 가진 자주권을 알아보지 못할 수 있습니다. 아이들을 비롯한 주변 사람의 자주권도 알아보지 못할 수 있습니다.

 마음챙김 수련과 마음챙김 양육에 필요한 것은 판단과 의견이 아니라 현명한 분별력입니다. 현명한 분별력이란, 어떤 것을 깊이 들여다보며 그 안의 서로 구별되는 것들을 알아보는 능력입니다. 이것만 보고 저것은 못 보는 게 아니라, 이것과 저것을 '함께' 보는 능력입니다. 전체를 보면서 전체에 깃든 미세한 차이를 알아보는 것입니다. 분별력으로 본다는 것은 있는 그대로의 실재를 우리 내면에서 존중한다는 표시입니다. 이때 우리는 사물의 거친 윤곽뿐 아니라 그 미묘한 디테일까지 알아봅니다. 사물의 복잡성과 신비를 자각합니다. 현명한 분별력은 실재의 전체상에 더 부합한다는 점에서 더 공평하고 올바른 관점입니다. 〈거웨인 경과 못생긴 부인〉 이야기에서 케이 경을 비롯한 기사들은 라그넬 부인을 겉모습으로 평가했습니다. 그러는 중에 기사도 정신에서 멀어졌습니다. 하지만 현명한 분별력을 지닌 거웨인 경은 라그넬 부인을 외모로 평가하지 않았습니다. 그는 그녀 내면의 깊은 것을 보았습니다.

마음챙김은 '판단하지 않는' 알아차림이라고 했습니다. 그렇다고 지금 일어나는 일에 필요한 구분을 짓지 말라는 의미는 아닙니다. 다만, 매사에 판단하는 태도를 내려놓을 때 외양을 넘어 실제 일어나는 일을 제대로 볼 수 있다는 의미입니다. 제한된 의견, 좋고 싫음, 무의식적 믿음과 편견, 집착과 갈망을 넘어 볼 수 있습니다.

판단하지 않을 때 우리는 마음이 늘 판단을 내리고 있다는 사실을 비로소 깨닫습니다. 의도적으로 판단을 유보한 채 미세한 결을 지닌 대상을 있는 그대로 관찰합니다. 이것은 열린 알아차림, 비개념적인 앎입니다. 비판단적 태도는 마음챙김이라는 내면 작업이나 자녀 양육에만 중요하지 않습니다. 그것은 기지(既知)와 미지(未知)의 경계에서 실재의 근본 질서를 탐색하는 과학 연구에서도 매우 중요합니다. 과학의 방법론에서 과학자는 자신이 가진 편견을 민감하게 인지해야 합니다. 성급하게 결론에 이르려는 마음의 경향을 알아차려야 합니다. 이미 알고 있는 것에 안주하는 성향에도 유의해야 합니다. 그러지 않으면 기지의 것을 넘어 우리의 발견을 기다리는 미지의 것에 닿을 수 없습니다. 새롭고 중대한 통찰을 얻을 수 없습니다.

　분별력 있는 알아차림은 우리 마음에서 일어나는 판단마저 품어 안고 그것을 '판단'으로 알아봅니다. 우리는 판단이라는 마음의 오랜 습관을 연민의 마음으로 관찰할 수 있습니다. 늘 '판단하는' 자신을 '판단하지 않을 수' 있습니다. 이런 식으로 관찰할 때 분별력은 지혜로 발전합니다. 지혜로운 부모는 좋음과 싫음, 두려움에 걸리지 않고 현명한 방식으로 자녀에 응대합니다. **자녀에 대한 비난과 판단의 이면에는 언제나 부모 자신의 두려움이 자리 잡고 있습니다. 이때 부모는 자신의 두려움을 여느 생각처럼 알아차림에 담을 수 있습니다.** 그러면서 상황에 적절한 두려움인지, 사실에 부합하는지 두려움인지 질문할 수 있습니다.

　판단을 내리는 것은 마음의 본래 속성입니다. 그렇지만 흑과 백, 이것과 저것, 선과 악이라는 양극단 사이에 존재하는 미세한 결을 알아볼 수 있어야 합니다. 이런 분별력이 없을 때 부모가 내리는 판단은 현명하지 못한 행동으로 이어집니다. 현명한 분별력을 지닌 부모는 새로운 열림이 일어나는 창발의 순간(emerging moments)을 알아보고 지혜롭게 탐색합니다. 그런 분별력이 없을 때 부모는 깨어있는 마음으로 창의적으로 응대해야 하는 때에 자기도 모르게 자신의 견해를 제약시키고 맙니다.

　다섯 살 아들의 위험한 행동이 걱정되어 아이 주변을 맴도는 어머니가 있다고 합시다. 이 어머니는 좁은 사고방식에 빠져 자신의 생각과 행동을 알아차리지 못할 가능성이 큽니다. 이런 사고방식이 아들에게 어떤 영향을 주는지 자각하지 못하고 있습니다. 어머니의 이런 태도는 아이가 느끼는 두려움을 더 키웁니다. 그러면 아이는 자신의 길을 찾는 과정에서 필요 이상으로 위축됩니다.

만약 이때 어머니가 현명한 분별력으로 자신의 사고방식과 행동을 들여다보며 알아본다면 어떨까요? 어머니는 자신의 두려움을 어느 정도 조절하며 내면에서 더 자유로울 것입니다. 덜 경직될 것이며 알던 것보다 다양한 선택지가 존재한다는 사실을 알게 될 것입니다. 이런 자각과 더불어, 어머니의 두려움과 아이의 자율성 사이에서 적절한 균형을 찾을 것입니다(부모의 두려움은 자녀의 안전에 대한 염려이므로 나름 중요한 요소입니다). 이런 식으로 어머니는 아이가 왕성한 호기심과 탐구욕을 마음껏 펴도록 해야 합니다. 두려움이 깔린 행동에 쉽게 빠지는 것은 아버지들도 다르지 않습니다(특히 딸들에 대해 그러한 경우가 많습니다).

우리는 이것 아니면 저것, 좋은 것 아니면 나쁜 것, 안전 아니면 위험의 이분법으로 세상을 보는 습관에 길들어 있습니다. 이 뿌리 깊은 마음의 습관에 조금의 관대함과 연민을 보내면 어떨까요? 예컨대 당신이 부모로서 후회할 행동을 했다면 거기에만 걸려 있지 말고, 부모로서 잘 한 행동도 같이 떠올려 보는 것입니다. 이것 아니면 저것 식으로 보는 관점은 부정확할 수밖에 없습니다. 그것은 부모와 자녀 사이에 오해와 갈등을 일으킵니다.

자녀 양육에 마음챙김과 현명한 분별력을 가져갈 때 부모는 지금껏 자신과 아이에 대해 수많은 판단과 평가를 내리고 있었음을 보게 됩니다. 부모는 아이가 '누구'이고 어떻게 되어야 한다는 이상적인 기준에 맞춰 아이를 봅니다. 그러나 이런 식의 평가는 부모를 아이로부터(그리고 부모 자신으로부터) 단절시킵니다. 판단과 평가를 의도적으로 덮추고, 현명한 분별력을 키울 때 아이와(그리고 부모 자신과) 더 깊이 연결될 수 있습니다.

현명한 분별력에는 아이가 정말 '누구인지', 아이의 삶이 앞으로 어떻게 펼쳐질지 정확히 알 수 없다는 깨달음도 포함됩니다. 부모는 있는 그대로 자녀를 사랑하고 받아들이며, 최선을 다해 그 신비로운 존재를 축복할 뿐입니다.

정식 수련

평소 규칙적으로 명상을 하지 않아도 정식 수련 지침을 알아두면 도움이 됩니다. 정식 수련 지침은 마음챙김을 계발하는 명확한 지도입니다. 이 지도는 자녀 양육을 비롯한 일상생활에 마음챙김을 적용하는 데도 유용합니다. **마음챙김이라는 렌즈로 자신의 경험을 바라보면 우리의 삶 전체가 명상 수련이 됩니다. 매순간이 알아차림을 계발하는 기회가 됩니다. 지금보다 조금 더 깨어나는 소중한 기회가 됩니다.**

　양육을 위해, 스트레스 감소를 위해, 심오한 치유와 변화를 위해 정식 수련에 끌린다면 자신이 가진 고요한 시간을 활용해야 합니다. 평소보다 일찍 잠을 깨야 하며, 특정 시간에 전자 기기를 꺼두어야 합니다.

　온전히 혼자 있는 고독의 시간은 우리의 존재에 심오한 자양분을 준다는 점에서 매우 중요합니다. 삶의 속도가 점점 빨라지면서 고독의 시간이 급속히 사라지고 있습니다. 특히 아이를 키우는 부모가 육아 부담에서 벗어나 정식 수련의 시간을 내기란 사실상 불가능해 보입니다. 그럼에도 고요한 시간을 얼마나, 어떻게 마련할 것인가는 부모의 선택에 달려 있습니다.

멈춤과 고요의 시간을 반드시 길게 가져야 하는 것은 아닙니다. 하루 1~2분밖에 마련할 수 없어도 괜찮습니다. 잠시 소파에서 쉬는 낮 시간, 밤에 침대에서 잠들기 직전, 5분에 해치우는 점심시간, 아이가 잠든 잠깐의 시간도 멈춤과 고요의 시간이 될 수 있습니다. 의도만 있다면 누구나 하루 24시간 중에서 몇 분은(아마 15분 정도는) 낼 수 있습니다. 중요한 것은, 처음에는 힘들거나 지루할 수 있어도 고요의 시간을 마련한다는 분명한 의도를 내는 것입니다. 그러지 않으면 이 '자유 시간'마저 이메일과 휴대폰 문자, 신문과 텔레비전 등 온갖 '시간 때우기' 활동에 밀려날 것입니다. 지금 우리는 끊임없는 주의력 분산의 시대에 살고 있습니다.

우리는 고요하게 깨어있는 시간이 몸과 영혼의 자양분이 된다는 사실을 쉽게 잊습니다. 특히 어린 자녀를 둔 부모는 고요한 깨어있음의 시간이 더욱 필요합니다. 많은 부모가 혼자 고요히 보내는 시간을 갖지 못합니다. 그런 시간을 원하면서도 막상 몇 분이라도 그 시간이 주어지면 어떻게 보낼지 모릅니다. 뭔가 특별한 것을 시도하기에 너무 짧다고 느끼거나 '적절한 때'가 아니라고 여깁니다.

물론 정식 마음챙김 수련에는 불가불 일정한 시간이 필요합니다. 정식 수련에 끌린다면 수련 시간을 따로 마련할 가치는 충분합니다. 그렇다고 반드시 긴 시간을 투자해야 하는 것은 아닙니다. **하루 중 언제라도 현재 순간에 머문다면, 그래서 과거와 미래를 내려놓고 잠시 생각의 흐름에서 벗어난다면 시간(time)을 초월한 영원(timeless)을 경험할 수 있습니다. 시간을 초월한 영원의 순간은 해방과 자유의 시간입니다.** 이 점에서 단 몇 분이라도 새로운 회복의 시간이 될 수 있습니다. 현재 순간에 존재한다면 그것 외에 우리가 가야 할 곳은 없습니다. 잠시나마 시간과 의무에서 벗어나 지금 순간에 온전히 존재한다면 상호 연결된 전체의 일부가 됩니다.

정식 수련을 삶의 일부로 삼고 싶다면 우선 하루 중 혼자 고요히 있는 시간을 조금이라도 마련합니다. 자리에 눕거나 위엄 있는 자세로 자리에 앉습니다. 그런 다음 배에 의식을 집중한 채로 배에서 일어나는 호흡의 감각을 느껴봅니다. 아니면 콧구멍에 주의를 두고, 숨을 쉴 때 들고 나는 공기의 흐름을 느껴도 좋습니다. 배든 콧구멍이든 호흡을 억지로 조절하지 않습니다. 숨이 자연스럽게 쉬어지도록 가만히 둔 채 느낍니다. 몸에서 숨이 들고 날 때 일어나는 느낌에 주의를 기울입니다. 숨을 들이쉴 때 배가 부풀고, 내쉴 때 배가 꺼지는 느낌을 느낍니다. 아니면 콧구멍을 스치는 공기의 느낌을 느껴도 좋습니다. 잠깐의 '실험'을 거친 뒤 배든 콧구멍이든 자신의 집중 대상을 정합니다. 그런 다음 할 수 있는 한에서 거기에 주의를 머물러 봅니다.

앞서 말했듯이 한 곳에 주의를 머물다 보면 우리의 마음이 바다 표면이나 바람에 나부끼는 깃발처럼 종잡을 수 없다는 걸 알게 됩니다. 마음은 어디에든 쉽게 걸려듭니다. 생각과 느낌에 쉽사리 떠밀려 갑니다. 호흡에 주의를 매어두려 해도 자꾸 딴 곳으로 달아납니다. 한 차례의 호흡이 일어나는 잠깐 에도 가만히 주의를 머물지 못합니다. 호흡의 느낌에 머물려 해도 편안한 느낌이 들지 않습니다. 지금 경험하는 것이라고 는 불안과 걱정뿐이며 끊임없이 주의가 분산됩니다.

그래도 좋습니다. 호흡에 주의를 머문다 해서 반드시 편안한 느낌을 느껴야 하는 것은 아닙니다(물론 호흡에 머물면 종종 이완감이 따라옵니다만). 사실, 호흡 수련에서 '이렇게 느껴야 한다'는 것은 없습니다. 지금 일어나는 현상을 순간순간 있는 그대로 알아차리면 됩니다. 몸과 마음이 긴장하고 있다면 긴장을 알아차리고, 화가 나 있다면 화를 알아차립니다. 몸과 마음이 무겁고 졸린다면 무거움과 졸림을 관찰합니다. **몸과 마음을 있는 그대로 관찰하는 것이 전부입니다. 어떤 판단도 내리지 않습니다. 지금 우리는 어떤 순간의 경험도 그에 대해 애쓰지 않는 비(非)반사적이고 비(非)판단적인 마음 태도를 계발하는 중입니다.** 지금 존재하는 것을 단지 알고 느끼는 연습을 하고 있습니다. 지금 나의 몸과 마음에서 일어나는 경험을 '나' 또는 '내 것'으로 동일시하는 집착을 내려놓는 연습입니다.

정식 마음챙김 수련을 시작할 때 중요한 지침이 또 하나 있습니다. 마음이 호흡과 몸에 머물지 않을 때마다 어디에 가 있는지 관찰하는 것입니다. 마음이 호흡과 몸에 머물지 않는다면 지금 무엇을 알고 있는지 관찰해 보십시오. 생각과 느낌,

마음에 일어나는 이미지를 알아차림에 담을 때 자신의 마음 상태를 더 잘 알게 됩니다. 지금 마음에 일어나는 무엇이든 알아차림에 담았다면 이제 그것을 의도적으로 내려놓습니다. 내려놓는다는 것은 '있는 그대로 둔다'는 의미입니다. 그런 다음 코든 배든 호흡으로 돌아옵니다. 마음이 호흡에서 열 번 달아나면 열 번, 백 번 달아나면 백 번 데려옵니다. 호흡에서 달아날 때마다 마음에 무엇이 있는지 알아본 뒤 호흡으로 돌아옵니다. 생각의 내용을 따라가는 것이 아닙니다. 마음의 활동을 억누르는 것도 아닙니다. 단지 마음의 활동을 관찰하면서 있는 그대로 둔 채 호흡으로 돌아오는 것입니다. 이렇게 연습하다가 호흡 외의 대상에 주의를 기울일 수도 있습니다. 이런 식으로 수련이 확장됩니다.

정식 수련과 일상 수련은 함께 갑니다. 하나가 다른 하나를 강화시키는 관계입니다. 궁극적으로 명상 수련이란 우리가 살아가는 일상의 삶을 수련으로 만드는 일입니다. 부모가 자리에 가만히 앉아 자녀를 키우는 일은 없습니다. 삶의 모든 순간이 중요한 순간입니다. 자녀를 비롯한 삶의 모든 것이 부모의 교사입니다. 그러려면 부모가 현재 순간에 존재하려는 의도를 튼튼하고 생생하게 해야 합니다.

별도의 시간을 마련할 수 있다면 정식 마음챙김을 수련하는 방법은 다양합니다. MBSR 프로그램 참가자들은 누워서 하는 바디스캔, 앉아서 하는 좌선, 마음챙김 요가 등 다양한 방법으로 마음챙김을 계발합니다. 자세한 내용은 나(존)의 책 『마음챙김 명상과 자기치유』 『왜 마음챙김 명상인가』 『온

정신의 회복』『존 카밧진의 처음 만나는 마음챙김 명상』에 나와 있습니다. 그밖에 CD, 디지털 다운로드, 스마트폰 앱으로도 명상 안내를 받을 수 있습니다. 자세한 사항은 따로 실었습니다(책 뒤의 '존 카밧진과 함께하는 마음챙김 명상' 참조). 당신의 정식 수련을 심화하는 데 도움이 되길 바랍니다.

선에 관심 있는 소녀에게 보내는 편지

어느 날 나(존)는 친구의 딸 케이틀린에게 편지를 받았습니다. 학교에서 선(禪) 불교에 관한 과제를 하던 열한 살 케이틀린은 자신이 구한 자료에 만족하지 못했습니다. 그래서 아이 아버지가 내게 편지를 써보라고 권했습니다. 아이의 편지는 명상에 대한 진지한 관심과 열의로 가득했습니다. 편지를 받자마자 나는 그 자리에서 답장을 썼습니다. 나는 명상 수행에 관한 선의 관점이 지닌 아름다움과 깊이를 나름대로 최선을 다해 전했습니다. 그런데 나중에 다시 보니 명상 수련의 중요한 요소를 다룬 그 편지가 어른들에게도 도움이 되겠다 싶었습니다.

아이들에게 명상을 가르칠 때는 신중해야 합니다. 부모는 자녀에게 명상을 가르치기에 적합한 입장이 아닐 수도 있습니다. 물론 부모의 명상하는 모습을 보면 아이들에게 유익합니다. 우리 집 아이들이 어렸을 때 좌선을 하는 내 무릎에 올라와 앉고는 했습니다. 나는 아이들을 담요와 팔로 감싼 채 말 없이 자리에 앉았습니다. 아이들이 일어나려고 하면 담요를 내려주었습니다. 아이들이 "아빠, 배고파"라고 하면 그날의 정식 수련은 그걸로 종료되었습니다. 마음챙김은 자녀 양육의 모든 면에 적용해야 합니다. 부모는 아이들이 명상하는 부모를 보고 어떤 반응을 보이는지 살펴야 합니다. 혹시 부모가 중요하게 생각하는 것(명상)을 아이에게 강요하지 않는지 유의해야 합니다. 자녀와 함께 명상을 하고 싶은 부모는 『우리 아이 마음 집중』이나 『감성지능 키우기』 등의 책을 참고하십시오. 가볍고 재미있게 하는 명상 안내음성이 부록으로 실려 있습니다(책 뒤의 '마음챙김 양육을 위한 권장도서' 참조).

케이틀린은 명상을 하려는 욕구가 자기 내면에서 나왔습니다. 케이틀린의 편지에 대한 나의 답장은 아이의 '마음 정원'을 가꾸는 도구를 쥐어 주려는 시도였습니다. 그런데 알고 보니 아이는 이미 훌륭한 '마음 정원사'였습니다. 아이의 승낙을 얻어 편지의 일부를 공개합니다.

사랑스런 케이틀린에게:

1월 31일에 네가 쓴 멋진 편지 잘 받았어. 네가 선과 불교에 관심이 있다는 얘길 듣고 아저씨는 무척 기뻤단다. 학교 과제에 필요한 정보를 넘어 더 알아보려는 너의 노력이 매우 훌륭하더구나. 책은 때로 큰 도움이 되지만, 선은 책에서 말하는 걸 넘어 직접 경험하는 것이 더 중요하단다. 선이 대체 무엇인지 너 스스로 경험하는 것 말이야.
선과 불교는 '내가 누구인지 아는 것'을 목표로 해. 그러면
너는 이렇게 말하겠지. "내가 누구냐고요? 당연히 알죠!
나는 케이틀린이고 열한 살이에요." 과연 그럴까? '케이틀
린'은 네가 세상에 태어났을 때 부모님이 붙여준 소리에
불과해(이 소리를 '이름'이라고 하지. 물론 아주 아름다운
이름이구나). 또 '열한 살'이라는 건 네가 세상에 태어난
뒤 지구가 태양을 열한 바퀴 돌았다는 의미야. '케이틀린'
이라는 이름을 받기 전에도 너는 지금의 너였을까? 그리
고 열한 살이 아니라 다섯 살이나 두 살 때도 지금과 같은
너였을까? 물론 그때도 너는 너였지. 하지만 그때의 너는
네가 아니기도 해. 무슨 말이냐고? 잘 봐. 우리는 끊임없
이 성장하고 변화하고 있어. 그래서 네가 다섯 살 때 생각
하고 느끼던 것과 열한 살인 네가 생각하고 느끼는 것이
같지 않아. 물론 생각과 느낌의 아래에 있는 '너'는 너가
맞아. 그리고 너는 앞으로도 언제나 '너'일 거야.

이렇게 보면 '나는 누구인가'라는 질문은 정말 신비스러
운 질문이 아닐까? 선은 자기가 누구인지 알려는 거야.
그런데 우리의 앎에는 말과 생각을 넘어선 앎도 있어. 그
래서 누구도 네가 '누구인지' 말해줄 수 없어. 선에서 말하
는 자기에 대한 앎은 말과 생각을 넘어선 개인적이고 직
관적인 앎이야. 그래서 선에는 시(詩)나 불가사의한 수수
께끼가 많이 등장하지. 시나 수수께끼는 생각을 잘라내

그 너머에 있는 자유롭고 근본적인 어떤 것을 가리켜 보여. 그렇다고 생각이라는 활동이 잘못되었다는 의미는 아니야. 생각은 위대해. 매우 중요하지. 어떻게 하면 잘 생각할까 배울 필요도 있어. 하지만 생각이 전부는 아니란다. 자칫 생각이 우리의 삶을 온통 덮어버리면 생각보다 깊고 직관적이며 예술적인 네 존재의 일면을 못 볼 수도 있어. '참 자아'라고 하는 것 말이야. 선불교에서는 이걸 '본래 모습'이라고 해. 너의 이름과 나이, 의견, 좋아하고 싫어하는 것을 넘어선 곳에 있는 너를 말해.

좀 어리둥절하지? 이건 말 너머에 존재하는 것을 아저씨가 말로 전달하려고 하기 때문이란다. 실은 아주 단순해. 지극한 단순함이야말로 선의 아름다움이지. 너무 간단하다 보니 신비스러울 정도야. 무엇보다 선이 가리키는 것을 아는 것이 중요하단다. "달을 가리키는 손가락을 보지 말고 달을 보라"는 말처럼 선에서 내놓은 수수께끼 같은 화두는 달을 가리키는 손가락이야. 손가락은 달을 가리킬 뿐 달 자체는 아니지. '뉴욕'을 가리키는 방향 표지판에 올라 뉴욕에 왔다고 여긴다면 얼마나 우스울까. 선에서 말하는 수수께끼 같은 화두는 특정한 무엇을 가리키는 게 아니야. 그저 마음에 계속 품은 채 스스로에게 질문하는 거야. 평소 생각하는 대로 답하거나 이해하려면 되지 않아. 명상도 그래. 살아 있음의 신비와 아름다움을 마음에 품은 채 이 몸의 신비와 아름다움을 그저 느끼는 거야. 가족, 친구, 자연, 지구에 연결되어 있는 신비와 아름다움을 느끼는 거지. 이 질문에 반드시 정답이 있는 건 아니야. 내가 어디로 가고 있는지 항상 아는 것도 아니고. 그래도 괜찮아. 중요한 건 마음이 깨어있는 거야. 느낌, 직관, 상상, 몸, 생각 등 너의 모든 경험과 함께 지금 이 순간에 오롯이 깨어있는 채로 존재하는 것 말이야. 느낌, 생각, 몸 등은 모두 너를 이루는 요소이지만 너는 이 모든 걸 넘어선 존재이기도 해. 너 자체로 온전한 존재지. 끊임없이 성장하는 존재이기도 하고. 너는 이미 '된 존재'인 동시에 '되어가는 존재'이기도 해. 알면서 알지 못하기는 존재이기도 하지. 너 자체로 이미 온전해. 더 나아지지 않아도 돼. 그냥 너 자신이면 돼. 스스로의 길을 가로막지만 않으면 돼. 불행히도 많은 사람이 자신의 길을 가로막고 있단다. 그들에게는 명상이 큰 도움이 될 거야.

이제 명상의 방법에 관한 너의 질문으로 넘어가 보자. 명상을 통해 너는 네가 누구인지, 다른 존재와 함께 산다는 게 어떤 건지 깨닫게 돼. 조금 있다 말할 테지만 중요한 건 다양한 명상법은 달을 가리키는 손가락에 불과하다는 거야. 최종 목적이 아니라 너의 경험을 가리키는 표지판일 뿐이지. 물론 도움이 되는 도구는 맞아. 자전거의 보조바퀴라고 할까. 매순간 현재에 존재하는 것이 어떤 건지 '감'을 잡기까지 사용하는 보조바퀴 말이야.
사실 걸을 때 단지 걷고, 앉을 때 단지 앉는 게 쉬운 일은 아니야. 어떤 일이든 그걸 할 때 '단지' 그것만 한다는 게 결코 쉽지만은 않아. 네가 지금 걷고 있다고 해봐. 그러면 너는 걷는 동작 외에도 네가 어디로 가고 있는지 생각할 거야. 그곳에 늦지 않을까 걱정도 하고, 거기 도착해 무얼 할지 계획도 세울 거야. 이런 생각과 걱정, 계획에 빠지다 보면 걸을 때 발과 손, 허리, 호흡에서 일어나는 일을 알아차리기 쉽지 않아. 그래서 걸을 때 '단지' 걷는 일이 쉽지 않다고 해. 연습을 해야 하지. 이것을 수련 또는 명상 수련이라고 한단다. 명상은 우리가 무엇을 하건 생각과 느낌에 사로잡히지 않으면서 매순간 깨어있도록 연습하는 거야. 그 생각과 느낌이 아무리 흥미롭고 즐겁다 해도(또는 즐겁지 않다 해도) 말이야. 명상은 지금 일어나는 일을 지금과 다르게 바꾸지 않고 현재 경험하는 그대로 알아차리는 거야.

어렸을 때 이걸 배우면 평생토록 네 삶의 방식이 되어 두고두고 커다란 힘이 될 테지. 더 지혜롭고 행복한 사람, 더 배려하는 사람, 더 유쾌한 사람이 될 수 있어. 사실 사람은 누구나 이런 능력을 갖고 있어. 특히 아이들은 더 그래. 그런데 나이가 들고 스트레스에 시달리면서 자신이 지혜와 연민, 창조성을 지닌 기적의 존재라는 걸 잊고 살지. 명상은 이 사실을 잊지 않는 방법이기도 해. 온전히 너 자신이 되는 법이기도 하고 말이야. 꾸준히 명상을 하면 네 주변의 일들이 어떤 식으로든 차츰 변화할 거야. 물론 힘들 때도 있겠지만 명상으로 키운 지혜와 알아차림으로 삶의 방향을 잡아나갈 수 있어. 더 바람직한 선택을 내릴 수 있고, 스트레스로 힘든 상황에서도 지혜롭게 헤쳐 나갈 거야.

이제 위에 잠깐 말한 명상의 방법을 얘기할 차례구나. 명상을 시작할 땐 호흡에 주의를 기울이는 연습을 하는 게 좋단다. 왜냐하면 호흡을 '집에 두고' 나갈 수는 없거든. 걷거나 이야기하거나 밥 먹는 동작은 하루 종일 하지 않지만, 숨은 하루 종일 쉬잖니. 하루 중 언제라도 호흡에 주의를 기울여 친구가 될 수 있어. 화가 났을 때 호흡에 주의를 기울이면 마음이 편해지지. 그런데 더 중요한 건 호흡을 알아차리면 현재와 접촉하게 된다는 거야. 사실 우리의 삶은 지금 이 순간이 전부야. 과거는 지나갔고 미래는 오지 않았어. 우리가 '실제로' 가진 시간은 지금 이 순간뿐이지. 한번 가면 다시 오지 않을 시간이야. 이슬람의 시인 카비르는 "이 순간이 그냥 흘러가게 버려두지 말라"고 노래했어.

한 가지 더. 위에서 명상법이 그 자체로 명상의 본질은 아니라고 했어. 구체적인 명상법은 삶과 친밀해지는 체계적인 방법일 뿐이야. 매일 일정 시간 자리에 앉거나 누워 호흡에 집중하는 것만이 명상 수련은 아니야. 핵심은 매순간, 매일 네가 하는 모든 일에서 지금 순간에 존재하는 거야. 네 삶에 언제나 깨어있는 거야. 호흡은 항상 너와 함께 있으니까 언제라도 호흡을 이용해 네 몸으로(그리고 지금 이 순간으로) 돌아올 수(!) 있어. 그러면 걸을 때 걷고, 먹을 때 먹을 수 있게 돼. 동생을 도와줄 땐 단지 도와 줄 수 있고, 괴롭힐 땐 단지 괴롭힐 수(!) 있지. 전화할 땐 전화만 하고, 공부할 땐 공부만 하게 돼.

무슨 말인지 알았을 거야. 한 가지 덧붙이면 매순간 호흡(또는 다른 대상)을 알아차릴 때 판단이나 감정 반응을 많이 일으키지 않는 게 중요해. 물론 호흡을 알아차리다 보면 판단이나 감정이 올라올 거야. 당연히 그렇게 돼. 이때는 끊임없이 판단을 내리고 있는 네 마음을 알아차려 봐. 그런 다음 잠시 판단을 멈추고, 있는 그대로 놓아둔 채 있어봐. 명상하는 잠시만이라도 말이야. 사실 너는(그리고 우리 모두는) 주변의 모든 것에 대해 언제나 판단을 내리고 있어. 우리 마음은 수많은 생각과 판단, 좋아하고 싫어하는 것들로 가득 차 있어. 이렇게 되면 있는 그대로 분명하게 볼 수 없어.

재미있는 선 이야기를 들려줄까. 어느 대학 교수가 유명한 선사를 찾아가 선이 과연 무엇인지 물었어. 열심히 선을 공부한 대학 교수는 그에 만족하지 못해 선사의 대답을 직접 듣고 싶었던 거야. 선사는 교수를 테이블에 앉히고는 찻잔에 차를 따라주었어. 그런데 차가 찻잔에 가득 찬 뒤에도 선사는 계속 차를 따랐어. 결국 차는 찻잔을 넘쳐흘러 접시와 테이블, 바닥에까지 줄줄 흐르고 말았지. 놀란 교수가 소리쳤어. "지금 뭐하는 겁니까? 찻잔이 가득 찬 게 안 보여요?" 선사가 대답했어. "당연히 보입니다.

그런데 당신의 마음도 이와 똑같군요. 생각과 견해로 가득 차 있어 뭔가를 집어넣기가 불가능합니다."

모든 것을 끊임없이 판단하고 평가하며 완고한 의견을 갖는 데 주의해야 해. 물론 쉽지는 않아. 학교와 사회는 끊임없이 우리가 특정 의견을 갖도록 만들지. 하지만 네가 가진 의견이 곧 '너'인 것은 아니야. 그걸 알아야 해. 사실 네가 하는 생각도 네가 아냐. 너는 "내가 생각하고 내가 느끼며 내가 본다"고 하겠지. 하지만 앞에서 말했듯이 그 '나'는 도대체 누구일까? 내가 아는 내가 정말 나일까? 이걸 화두처럼 마음에 담아두렴. 무엇보다 항상 알아차리고 깨어있도록 노력하렴. 네 참 자아를 믿으렴. 너의 가슴과 직관을 신뢰하렴. 그렇다고 의견을 갖지 말라는 말은 아니야. 의견을 가질 때도 그것이 단지 하나의 '의견'에 불과하다는 걸 알라는 거야. 그러지 않으면 자칫 특정 의견에 집착해 세상을 보는 눈이 좁아질 수 있단다. 그러면 새로운 어떤 것을 배우기도 어려워지지.

너는 아저씨가 명상 수련을 삶의 길로 택한 이유도 물었지. 분자생물학을 공부하던 대학원 시절, 아저씨는 삶에 더 큰 어떤 것이 존재한다는 걸 마음 깊은 곳에서 느꼈단다. 한 번뿐인 인생을 그냥 보내고 싶지 않았지. 그래서 요가, 명상, 무예 같은 걸 배웠단다. 이 활동들은 무엇도 채우지 못했던 내 안의 어떤 것을 채워주었어. 그 결과 아저씨는 화가 줄었고 더 행복한 사람이 되었단다. 명상으로 더 평온하고 의식이 또렷한 사람, 더 큰 사랑을 나누고 더 많이 받아들이는 사람이 되었단다. 또 더 적절한 행동을 할 수 있었어. 30년 전 아저씨가 명상 수련을 시작하지 않았다면 결대 일어나지 않았을 일들이야. 아저씨는 지금도 매일 명상을 한단다. 그렇지만 기분이 좋아지기 위해 명상을 하는 건 아냐. 그저 삶을 사랑하고 삶의 소중한 걸 놓치지 않기 위해서란다. 아저씨는 명상을 하면서 고요와 침묵에 귀 기울이는 것이 참 좋아.

편지에서 너는 불교와 선이 세상을 어떻게 바꿀 수 있는지도 물었지. 아저씨가 보기에 불교와 선은 인간의 생존과, 사회와 개인의 행복에 중요한 삶의 보편적인 어떤 것을 가리키고 있어. 세상이 복잡해지고 빨라지면서 사람들은 시간 압박과 스트레스를 더 많이 받아. 이 상황에서 자신과 지구를 돌보는 일이 반드시 필요해. 아저씨는 여기서 불교의 지혜가 큰 도움을 줄 수 있다고 생각해. '불교 경제학'이라고 들어봤니? '작은 것이 아름답다'는 말과 일맥상통해.* 살아 있는 생명체에 해를 입히지 않겠다는 서원도 같은 맥락이야. 아저씨는 정치, 경제를 비롯한 인간 세상에 지금보다 더 큰 자각과 이타심이 필요하다고 생각해. 이 점에서 불교와 명상이 도움을 줄 거야. 지금은 수

---

* 에른스트 슈마허의 「작은 것이 아름답다」는 경제 성장이 환경 파괴와 인간성 파괴의 결과를 낳을 수 있다고 지적하며 이러한 경제 구조를 인간을 위하는 모습으로 탈바꿈시키는 방안으로 '작은 것'을 강조했다-옮긴이

백만 명의 미국인이 명상을 하고 있어. 20년 전만 해도 상상하기 어려웠던 일이지.

마지막으로 너는 선의 기이한 믿음과 수련법에 대해서도 물었지. 물론 그런 것들은 우리의 호기심을 자극하고 통찰을 줄 수 있어. 하지만 아저씨가 보기에 더 중요한 것은 자신의 마음을 스스로 관찰하는 거야. 특정 믿음을 갖는 건 좋지만 거기 집착하면 실재의 다른 면을 놓칠 수도 있어. 결국엔 온전한 너 자신이 되는 게 가장 중요한 일이지. 다양한 수련법들은 온전한 너 자신이 되도록 돕는 도구에 지나지 않아. 네가 지금 이대로 괜찮으며 소중하고 특별한 존재라고 일깨우는 도구 말이야.

혹시 아저씨의 답장이 너의 질문에 대한 동문서답이 아니었는지 모르겠다. 네 편지에 담긴 열정에 감동받아 긴 답장을 쓰고 말았구나. 너무 많은 말을 한 건 아닌지 모르겠다. 이해하기 어려운 부분은 제쳐두어도 상관없단다. 언제든 편지 주려무나. 학교 숙제 잘 되길 빌게.

따뜻한 마음을 담아

존 아저씨가

1996년 2월 11일

5

존재의 방식
A Way of Being

임신

임신은 마음챙김 수련을 시작하고 심화하기에 적합한 시기입니다. 임신을 하면 몸과 생각, 감정의 극격한 변화로 전에 없던 깨어있음과 경이로움을 경험하기 때문입니다. 생전 처음 자기 몸에 온전히 존재하는 경험을 하는 산모도 있습니다.

임신으로 일어나는 몸의 변화는 임산부뿐 아니라 주변 사람에게도 흥미롭습니다. 그래서 임산부에게 이것저것 질문하며, 청하지 않은 조언을 주기도 합니다. 임산부의 배를 가볍게 만져보기도 합니다. 사실 임신으로 인한 신체와 감정의 변화는 마음챙김 수련의 다양한 측면을 직접 경험하는 기회이기도 합니다. **임신은 자신의 경험에 주의를 기울이고, 온전히 자기 몸에 존재하며, 임신과 관련한 자신의 기대를 알아차리는 기회가 됩니다.** 자신과 아기에게 받아들임과 친절, 연민의 마음을 키우며 깊은 연결감을 느끼는 기회도 됩니다.

임산부뿐 아니라 아빠들도 임신이라는 특별한 시기에 마

음챙김을 연습할 수 있습니다. 임신은 임산부의 신체와 감정, 배우자와의 관계에 큰 변화가 생기는 시기입니다. 임산부의 배우자는 아이의 탄생이 가져올 삶의 변화에 따른 복잡한 감정을 마음챙김 할 수 있습니다. 배우자 역시 아이의 탄생과 관련한 계획에 참여하면서 내면과 외면에서 여러 일을 해야 합니다. 이제껏 하지 않던 돌봄을 주어야 합니다.

이때 열린 마음의 알아차림과 받아들임은 두 사람이 세 사람이 되고, 세 사람이 네 사람이 되는 임신이라는 특별한 과정의 기적과 신비를 축복하는 마음입니다. 그리고 아이가 태어나면 알아차림과 받아들임은 더욱 중요해집니다.

임신하기 전에 우리는 끊임없이 행동하며 삽니다. 더 빨리, 더 많은 일을 해내느라 정신없이 살다가 임신을 하면 갑자기 느리고 수용적인 '존재 모드'에 들어갑니다. 임산부는 종종 극도의 피로감으로 몸의 속도가 느려집니다. 아기를 생성하고 키우고 영양을 공급하기 위해 태반을 만들고 혈액 공급을 늘려야 하기 때문입니다. 만약 임신 시기를 임신 전과 다름없이 바쁘게 산다면 의식적이고 민감하게 세상을 경험하는 소중한 기회를 잃게 됩니다. 출산이 닥치면 산모는 앞으로 닥칠 일을 떠올리기도 합니다만, 끊임없이 변화하는 자신의 몸과 마음 때문에 지금 일어나는 기적 속으로 더 깊이 들어갑니다.

자연스럽게 내면에 집중하는 임신기에 임산부는 호흡으

로 중심을 잡고 현재 순간과 더 깊이 연결됩니다. 임신 전보다 자신의 생각과 감정, 자신의 몸과 아기의 몸을 더 자각합니다. 호흡이 느려지고 깊어지면서 몸의 긴장된 부분을 느낍니다. 숨을 내쉬면서는 몸의 긴장이 풀어집니다. 이제까지 분노와 두려움, 불안을 덮는 데 썼던 에너지를, 그 감정들을 받아들이고 순간순간 어떻게 변화하는지 관찰하는 데 씁니다.

임신기는 급격한 감정 변화를 겪는 시기입니다. 임신을 무척 원했던 산모도 일단 아기를 가지면 행복감뿐 아니라 두려움과 모호함, 후회와 불안을 경험합니다. '앞으로 나의 삶이 어떻게 변할까? 부모가 될 준비는 되었나?' 임신 기간 여자들은 감정적으로 취약해집니다. 몸의 감각이 열리면서 시각과 청각, 후각도 예민해집니다.

모든 임신이 다르고, 모든 임산부가 다르며, 모든 날이 다릅니다. 임신 전보다 건강하다고 느끼는 산모도 있고, 꼼짝 못할 정도의 통증으로 비참하다고 느끼는 산모도 있습니다. 실제 임신 경험이 임신 전의 기대와 맞지 않으면 실망하고 화를 내고 좌절합니다.

그런데 임신 중 마음챙김을 한다는 것은 '특정 방식대로' 느껴야 한다는 의미가 아닙니다. 임산부와 아기의 '이상적' 상태에 도달해야 한다는 의미도 아닙니다. **임신 중 마음챙김을 한다는 것은 임산부가 느끼는 모든 감정과 경험을 알아보고 받아들이며 최선을 다해 그것을 다룬다는 의미입니다. 알아차림과 받아들임으로 마음을 기울일 때 역설적으로 더 큰 평온과 이완, 안녕감에 이를 수 있습니다.**

누구나 정도는 달라도 가족 관계의 어려움이나 오랜 상처 등의 고통스런 경험이 있습니다. 부모가 되는 준비 과정에서 어린 시절에 경험한 주변의 판단과 비난, 조건적 사랑을 다시 떠올려보는 일은 중요합니다. 그중 한 가지 방법이 하루 중 자기를 비난하는 때를 알아차리는 것입니다. 이때 자신에게 일어나는 일을 잠시나마 친절의 마음으로 알아차림에 담아봅니다.

어린 시절의 상처를 치유하는 또 다른 방법은 하루 중 잠시 임산부 자신의 내면에 집중하면서 스스로에게 따뜻한 관심을 보내는 것입니다. 자연스럽게 자신과 아기를 사랑하고 받아들이는 임산부도 있지만, 그것이 힘들고 어색한 임산부도 있습니다. 이때는 좋아하는 사람이나 동물을 향한 사랑과 받아들임의 마음을 떠올려 자신에게 향하면 좋습니다.

현재 경험중인 변화를 알아차리며 내면에 집중하다 보면 임산부는 임신과 출산, 육아에 관한 뿌리 깊은(대개 감정의 무게가 실린) 자신의 신념들을 발견하기도 합니다. 누구나 자신의 경험과 미디어에서 보고 들은 것, 가족과 지인으로부터 형성된 의식적, 무의식적 신념을 갖고 살아갑니다. 제대로 살피지 않은, 뿌리 깊은 이 신념들은 임박한 출산에 관한 산모의 희망과 두려움에 영향을 미칩니다.

그러나 출산에 관한 산모의 신념이 그 자체로 '진실'은 아니란 점을 기억해야 합니다. 그것은 단지 생각에 불과합니다. 그 생각을 의도적으로 살피고, 최초에 생긴 맥락을 이해할 때 산모에게 미치는 부정적 영향을 줄일 수 있습니다.

친구나 가족이 무심코 던진 말로 임신과 출산, 육아에 관한 부정적 신념과 태도가 형성되기도 합니다. 특히 전문가의 말은 더 큰 영향을 미칩니다. 출산에 관한 자신의 신념을 자각하는 한 가지 방법은 어머니와 할머니, 다른 가족의 출산 경험을 들어보는 것입니다. 자연분만 경험이 풍부한 출산 도우미의 이야기도 좋습니다. 그들의 지식과 경험에 비추어 내가 들었던 끔찍한 출산 이야기를 해석해 볼 수 있습니다.

제왕절개술도 그렇습니다. 꼭 해야 하는 경우도 있지만 연구(Health Affairs, 2013년)에 의하면 자연 분만의 위험도가 낮은 산모가 제왕절개술을 받는 비율이 급격히 증가하고 있다고 합니다. 병원과 의료진에 따라 제왕절개술 비율은 크게 차이가 납니다. 모든 임산부를 따졌을 때 7.1~69.5퍼센트, 동일 집단의 저위험 산모만 따지면 2.4~36.5퍼센트로 편차가 매우 큽니다.

모든 걸 통제할 수 없지만 산모 스스로 얼마든지 긍정적인 출산 환경을 준비할 수 있습니다. 출산 준비 과정에서 전문가와 상담을 통해 그들의 권위에 대해 맹신하는 부분이 무엇인지 알 수 있습니다. 출산 교육가, 조산사, 산부인과의사 들은 그들의 교육 훈련과 경험에 따라 큰 차이를 보입니다. 이들 역시 출산에 관한 자기만의 신념을 갖고 있습니다. 우리 신체는 불필요한 의료적 개입 없이도 아기를 낳을 수 있다고 믿는, 경험이 풍부한 전문가는 출산 과정에 더 자신감을 갖고 임합니다. 그들은 산모를 존중하고 산모에게 용기를 주는 식으로 출산을 돕습니다.

조산사든 산부인과의사든 출산 도우미가 '좋은 사람'이라고 문제가 해결되지는 않습니다. 가능하면 여러 도우미를 만나 어디 소속이며 보험 관계는 어떠한지, 그들의 분만 원칙은 무엇이고 제왕절개술의 비율은 얼마인지 알아보는 것이 좋습니다. 그러면 분만에 대한 그들의 기본적인 접근 방식을 알 수 있습니다. 그들에게 출산 도움을 받은 다른 여성들의 경험을 들어보는 것도 도움이 됩니다.

이렇게 정보를 수집하다 보면 산모 자신이 중요하게 여기는 부분을 알 수 있습니다. 다양한 배경의 출산 도우미들의 분만 원칙을 듣는 과정에서 산모는 출산에 관한 다양한 관점이 존재함을 알게 되고 자신에게 맞는 도우미를 선택할 수 있습니다.

출산 준비에서 중요한 부분을 차지하는 것이 안전하고 편안하게 여기는 출산 장소를 선택하는 일입니다. 처음엔 병원이 안전하다 여겼다가 결국 집에서 출산하는 경우도 있고, 그 반대의 경우도 있습니다.

산모는 본인이 처한 건강관리 네트워크와 의료보험 여건에 따라 자신이 내릴 수 있는 선택이 매우 제한적이라고 여길 수도 있습니다. 그러나 열린 마음으로 자신이 처한 제약을 창의적으로 다루는 방법은 얼마든지 있습니다. 수집한 정보 외에 산모 자신에 대한 알아차림과 직관으로 자신과 아기에게 유익한 선택을 내릴 수 있습니다.

분만

산모는 분만의 고통을 지나며 순간순간과 마주하게 됩니다. 모든 분만이 다릅니다. 삶과 마찬가지로 당신의 분만도 어떻게 진행될지 알 수 없습니다. 각각의 분만에는 나름의 리듬과 속도가 있습니다. 고요하고 신성한 느낌을 자아내는 분만이 있습니다. 분만 참여자가 저마다의 임무를 수행하면서 순조롭게 분만이 진행되어 아기가 탄생하는 경우입니다. 그러나 북적대는 분위기에서 느닷없이 분만이 이뤄지는 경우도 있습니다.

분만은 온갖 것이 뒤섞인 경험입니다. 그래서 분만에 관한 특정한 기대와 판단은 큰 소용이 없습니다. 그저 분만 과정의 매순간에 열리는 수밖에 없습니다. 분만 전에는 분만 중 마사지를 받고 싶다가도 막상 분만이 시작되면 싫어지기도 합니다. 편안한 음악을 들으며 많은 친구가 지켜보는 가운데 분만하기를 원하다가도 정작 분만이 닥치면 조용한 분위기에서 가족과 분만하기를 원합니다. 평온한 모습으로 출산하는 모습을 그리다가도 실제 분만 시에는 화를 내고 저주하며 격한 소리를 지르기도 합니다.

분만은 우리 사회의 많은 여성이 쓰고 있는 조용하고 상냥하고 배려 깊은 '착한 여자' 이미지를 벗어던질 기회입니다. 지금 닥친 분만에 온힘으로 집중하는 과정에서 산모는 온전한 자신이 됩니다. 분만이라는 기적의 과정에서 주변 사람이 산모의 자주권을 존중해 줄 때 출산은 산모의 정신에 대한 강력한 확증이 됩니다. 그것은 치유와 새로운 존재 영역에의 초대장입니다.

만약 임신 기간 호흡 마음챙김을 수련해 왔다면 분만이 시작될 때도 호흡 마음챙김을 해보십시오. 그러면 현재에 존재하면서 이완하고 집중하는 데 큰 도움이 됩니다. 즉, 분만 통증이 점점 커질 때 몸에서 들고나는 호흡에 집중하면 통증 감각과 순간순간의 힘겨운 분만 작업에 열리게 됩니다. 당신의 분만이 실제로 고통스러워도 분만이라는 미지의 과정에서 순간순간 알아차림을 유지한다면 분만의 경험을 온전히 자기 것으로 받아들일 수 있습니다. 이런 분만 경험은 소중한 아기를 세상에 태어나게 할 뿐 아니라 산모에게 평생토록 귀한 경험이 됩니다.

분만 중 마음챙김을 하려면 진통이 시작될 때 호흡을 느리고 깊게 해보십시오. 숨을 들이쉴 때는 강한 통증 감각과 함께 머물고, 숨을 내쉬면서는 몸에서 느껴지는 긴장과 수축을 내보낸다고 상상합니다. 진통이 한 차례 끝날 때마다 짧은 휴식이 찾아오는데, 이때 자세를 살짝 바꾸거나 물을 마시거나 포옹을 하거나 웃음을 짓거나 그저 호흡에 계속 집중해 봅니다. 알아차림으로 현재에 존재하면 매순간 무엇을 해야 하는지 알 수 있습니다.

분만 중 호흡을 알아차리며 통증과 불편한 신체감각에 숨을 불어넣는 작업은 통증과 불편감을 회피하거나 맞서 싸우는 것보다 에너지가 적게 듭니다. 우리 몸은 내면의 지혜를 갖고 있습니다. 통증과 불편감에 저항하고 수축하면 산모의 몸이 열려야 하는 분만 작업이 더 힘들어집니다. 분만 중 온전히 현재에 존재하는 방법으로는 천천히 깊이 숨 쉬는 것 외에도 몸의 자세를 바꿀 때 일어나는 느낌 관찰하기, 출산 도우미의 지압을 받거나 온습포 붙이기, 좌절의 감정을 표현하기, 배우자와 가족의 손을 잡는 방법도 있습니다.

산모들은 종종 산통 자체보다 산통에 대한 두려움을 더 크게 갖습니다. 그런데 진통이 시작될 때 그것이 얼마나 오래 갈지 걱정하기보다 통증 자체를 의도적으로 경험할 수도 있습니다. 그러면 지금 해야 하는 일에 더 에너지를 쏟을 수 있습니다. 분만 중 이런 식으로 매순간 현재에 존재하려면 용기와 집중력, 주변의 사랑과 지지가 필요합니다.

우리는 통증을 '병'으로 인식하는 데 익숙합니다. 그러나 분만의 통증은 자궁이 수축하고 자궁 경관이 열리면서 아기를 밀어내는 격렬한 신체 과정에 따르는 건강한 통증입니다. 산모는 꽃이 활짝 피듯이 자궁 경관이 열리는 이미지를 떠올림으로써 분만 통증에 긍정적인 '믿음'을 가질 수 있습니다. 진통을 할 때마다 아기가 조금씩 아래로 내려오는 이미지를 떠올릴 수도 있습니다. 그리고 진통을 한 번 할 때마다 "우~" "아~" 같은 소리를 내면 목구멍이 열리는데, 이것을 자궁 경관과 질이 열리는 모습으로 상상해도 좋습니다. 이것은 분만 중 강렬한 신체 경험을 의도적으로 다루는 방법입니다.

분만도 이후의 양육 과정과 마찬가지로 각각의 상황이 (실은 매순간이) 다른 도전을 안깁니다. 어떤 때 산모는 이 도전을 제대로 다룹니다. 그러나 어떤 때는 뒤로 물러나 마음의 문을 닫고 자동 모드에 들어갑니다. 끔찍한 분만 경험에 대해 불평하고 욕하며 거부하는 경우도 있습니다.

분만 과정에서 마음이 위축되고 마음의 문이 닫힐 때는 부드럽게 호흡으로 주의를 향하는 것이 도움이 됩니다. 호흡에 주의를 기울이면 매순간에 집중할 수 있고, 그러면 있는 그대로 순간순간을 다룰 수 있습니다. **매순간은 언제나 새로운 시작입니다. 한 차례 진통으로 산모가 기진맥진할 때마다 가장 필요한 것이 새롭게 시작하는 것입니다. 매번 새롭게 시작한다는 의도야말로 가장 큰 시작입니다.** 이 모든 준비와 힘겨운 작업의 끝에 드디어 아이가 세상에 태어납니다. 그에 따라 엄마도, 가족도 함께 탄생합니다.

삶과 마찬가지로 분만 과정에서 일어나는 일도 모두 예측하거나 통제할 수 없습니다. 따라서 산모는 분만 과정에서 자신에게 부드러워질 필요가 있습니다. 어떤 이유에서든 실제 분만 과정이 산모의 기대와 다를 수 있습니다. 그렇다고 산모가 원하는 바에 계속 집착한다면 커다란 고통이 일어납니다. 자연 분만을 원했던 산모가 진통제를 먹거나 수술을 해야 하는 수도 있습니다. 이때 '완벽한' 출산에 대한 산모의 기대는 지금 실제로 일어나는 일에 대응하는 데 방해가 됩니다. **예측 불가의 일을 당해 마음챙김을 한다는 것은 수동적인 행위가 아닙니다. 힘든 상황에서도 자신의 느낌과 직관을 신뢰하며 그 순간 해야 하는 일을 최선을 다해 하는 것입니다.**

특정 방식대로 되길 바라는 마음을 내려놓고 지금 일어나는 일을 다루는 것이 쉬운 일은 아닙니다. 좌절, 분노, 실망, 두려움, 슬픔 등 어떤 감정이라도 그것을 온전히 느낄 수 있는 여유를 자신에게 주어야 합니다. 자신이 처한 어려움, 노력, 한계, 인간됨에 연민의 마음을 보내는 것은 자기 치유와 회복의 핵심입니다.

아기를 분만하는 과정에서 산모는 많은 에너지를 쏟습니다. 하지만 아기가 태어나고 나면 분만은 시작에 불과했음을 깨닫습니다. 그럼에도 임신과 분만 과정에서 행하는 내면 작업은 이후 마음챙김 양육을 위한 적절한 훈련이 됩니다. 이 기간 산모가 선입견을 내려놓고 현재와 접촉하는 연습을 한다면 이 자체가 마음챙김 수련입니다. 아이를 낳는 과정에서 산모는 자기 안의 새로운 가능성을 탄생시킵니다.

부모의 안녕 vs 아기의 안녕

부모는 삶과 자녀 양육에 마음챙김을 가져가는 과정에서 지금껏 당연시했던 생각들을 다시 살펴봅니다. 예컨대 아기가 태어나면 주변에서 아기가 밤에 잠을 잘 자는지 종종 묻습니다. 이 질문에는 부모를 걱정하는 마음도 있지만 '아기는 밤에 깨는 일 없이 자야 한다'는 전제가 은연중에 깔려 있습니다. 그래서 새로 부모가 되면 주변에서 이렇게 조언하고는 합니다. "아기는 베이비시터에게 맡기고 부부의 시간을 자주 가져요." 새로 부모가 되면 해야 하는 일이 많아집니다. 이 힘든 시기에 주변의 이런 조언은 이해합니다만 그 과정에서 아기의 욕구를 돌보지 못해서는 안 됩니다. 부모는 아기의 욕구를 저버리지 않으면서 자신을 돌보는 법을 찾아야 합니다.

양육의 방식과 우선순위를 정할 때 아기와 신뢰와 연결감을 형성하는 것이 무엇보다 중요합니다. 이것은 아기뿐 아니라 가족의 장기적 행복을 위해서도 필요합니다. 앞서 '공감'에서 말했듯이 영아 연구자들에 의하면 아기는 생애 초기에 부고와 작고 반복적인 교감을 통해 가장 기본적인 감정들을 학습한다고 합니다. 애착 연구자 대니얼 스턴에 따르면 부모가 아기의 감정을 공감으로 받아주고 응답하는 것이 가장 중요하다고 합니다. 이 과정을 **조율**(attunement)이라고 합니다. **감정 조율은 아이가 자라며 자신의 감정 능력을 형성하는 토대가 됩니다. 이 점에서 부모는 아이와 매순간 어떻게 상호작용하고 있는지, 아이의 돌봄과 관련하여 어떤 선택을 내리고 있는지 살펴야 합니다.**

아기가 밤에 잠을 안 잔다고 합시다. 지치고 짜증이 난 부모는 아기가 울도록 내버려두기도 합니다. 울다 지쳐 잘 거라고 여깁니다. 그러나 이때 아기의 경험을 아기 입장에서 생각해 보아야 합니다. 아기와 부모는 상호 연결된 하나입니다. 아기는 자신의 욕구를 스스로 채우지 못해 부모에게 의존합니다. 이때 아기를 부모와 접촉 없이 혼자 내버려두면 아기가 느끼는 불안은 매우 커집니다. 아기는 마음의 문을 닫는 것 외에 할 수 있는 게 없다고 느낍니다. 어른들도 상대의 반응이 없으면 마음의 문이 닫혀 상대와 단절됩니다. 대처 능력이 어른보다 떨어지는 아기는 왜 괜찮다고 생각할까요?

마음챙김 양육에서 부모의 욕구와 아기의 욕구는 서로 경쟁하는 관계가 아닙니다. 부모의 행복과 아기의 행복은 서로 연결되어 있습니다. 윌리엄 시어스와 마사 시어스는 이렇게 말합니다. "엄마와 아기가 주고받는 행위에는 생물학적인 면이 존재한다. 젖을 먹이는 엄마는 아기에게 영양분과 안락함을 주고, 엄마의 젖을 빠는 아기는 엄마의 호르몬 분비를 자극해 돌봄 행위를 촉진시킨다. … 엄마의 젖을 먹은 아기가 잠에 빠지는 이유는 엄마젖에 수면 유도물질이 들어 있기 때문이다. … 아기에게 젖을 먹이면 프로락틴이라는 호르몬이 분비되어 엄마도 마음이 안정된다. 엄마가 젖을 먹여 아기를 재우듯이, 아기도 엄마를 재우는 것이다." 엄마와 아기가 서로 연결되어 있음을 알면 젖을 먹이고 재우는 등의 육아 활동을 지금과 다른 관점에서 볼 수 있습니다.

마음챙김 양육을 한다고 해서 부모가 좌절 등의 강렬한 감정을 느끼지 않는다는 의미는 아닙니다. 마음챙김 양육을 하더라도 부모의 욕구와 아기의 욕구가 상충한다고 느끼는 때가 있습니다. 새벽 세 시에 잠을 깬 아기를 안고 걸을 때 부모는 짜증이 나고 화도 납니다. 그러나 이 상황에서도 부모는 의도적으로 마음챙김과 지혜로운 분별력을 낼 수 있습니다. 그렇게 자기 내면에서 일어나는 화와 짜증을 알아보는 동시에 부모 내면의 공감과 이해심도 발견할 수 있습니다. **육아에서 맞닥뜨리는 모든 일을 마음챙김 양육이라는 수련으로 본다면 그 순간 아기의 욕구를 거부하는 부모 자신의 마음도 알아볼 수 있습니다.** 나아가 이 상황에서 부모와 아기의 욕구 중 하나를 우선하기보다 지혜와 따뜻한 마음으로 응대할 수 있습니다. 이런 식으로 현재 순간을 품어 안을 때 부모는 아기의 행복을 외면하지 않는 창의적인 해법을 찾을 수 있습니다. 이렇게 부모 자신의 한계를 넓혀가는 과정에서 부모의 행복도 커집니다.

아기는 언제까지나 아기가 아닙니다. 아기가 부모에 전적으로 의존하는 시기는 아기 일생에서 상대적으로 짧은 소중한 시간입니다. 이 시기 아이가 느끼는 행복감은 부모가 아기의 느낌과 욕구에 매순간 어떻게 조율하고 반응하느냐에 달려 있습니다. 마음챙김 양육은 아이가 부모에게 필요로 하는 것을 존중하는 과정입니다.

영양

음식으로 영양을 섭취하는 행위는 많은 시간과 에너지, 생각을 요구하는 인간의 기본적 활동입니다. 그럼에도 우리는 먹는 행위의 의미를 자각하며 먹는 일이 많지 않습니다. 마찬가지로, 부모는 밤낮으로 아기를 먹이면서도 영양을 주는 행위의 의미를 인식하지 못하는 경우가 있습니다. **만약 부모가 먹는 행위의 인간적 연결성과 관계성을 이해한다면 먹기와 관련하여 내리는 일상적인(그러나 아기의 발달에 매우 중요한) 선택과 거기에 기울이는 주의의 질이 아기의 진정한 필요와 더 조화를 이룰 것입니다.** 그러면 그저 아기의 '배'를 채우는 것이 아니라 아기 '존재'의 더 많은 측면이 충만해질 것입니다.

배를 채운 아기는 축복에 잠겨 엄마와 눈을 마주치며 고요한 평화를 느낍니다. 만져질 듯한 연결감과 헌신의 마음을 엄마에게 느낍니다. 르네상스 회화에는 사랑스런 눈길로 아기를 바라보는 마돈나가 자주 등장합니다.

> 북미 원주민 오지브와 족 언어에서 '거울'에 해당하는 와비무지차그완(wabimujichagwan)은 '당신의 영혼을 바라본다'는 의미라고 합니다. 이것은 이미지와 실체에 깃든 신비를 포착하는 개념입니다. 부모는 아기를 비쳐주는 거울입니다. 아기는 부모라는 거울을 들여다보며 자아를 형성한다는 점에서 이 말은 진실입니다. 아기는 부모와 사랑의 눈길을 가만히 주고받으며 정신적 자아를 형성합니다. 이때 시간은 멈추고 공기는 희박해지며 땅은 시원해집니다. 그러면서 깊은 연결감이 우리의 존재를 휘감습니다.
>
> — 루이스 어드리크, 『청어치의 춤』에서

분유든 모유든 부모는 아기가 전하는 배고픔의 신호에 반응해 먹여야 합니다. 아기가 정말 먹어야 하는 때에, 부모의 품에 안겨 부모의 몸이 전하는 온기와 안락함을 느끼며 먹어야 합니다. 부모는 폰과 인터넷, 텔레비전을 끄고 책과 신문은 내려놓고 눈을 마주한 채 온전히 주의를 기울이며 먹여야 합니다. 이 모든 것이 명상입니다.

아기가 전하는 배고픔의 신호가 아니라 어른이 정한 '밥시간'에 기계적으로 먹이는 것은 바람직하지 않습니다. 그럴 경우 아이는 자신이 전하는 배고픔의 신호에 부모가 반응해 배고픔이 해소되는 과정을 경험하지 못합니다. 그러면 먹는 행위가 먹이는 사람뿐 아니라 아이 자신과도 단절되는 경험이 되고 맙니다. 이때 아이는 자기 조절력을 인정받지 못하는 수동적인 위치에 놓입니다. 먹는 행위가 부모 자녀의 신뢰와 연결감을 키우는 생기 넘치는 경험이 아니라 서로 멀어지는 경험이 되고 맙니다.

분유든 모유든 아기가 느끼는 배고픔의 신호에 반응해 먹여야 합니다. 그렇게 먹일 때 아이의 **행위주체성**(agency)이 자라납니다. 주변의 반응을 유도해 필요한 것을 스스로 얻는 능력을 경험합니다. 이것을 **자기효능감**(self-efficacy)이라고 합니다. 이런 내면의 자신감은 원하는 결과를 얻어내는 반복 경험을 통해 만들어집니다. 많은 연구를 통해 자기효능감이 건강과 치유, 스트레스 조절, 바람직한 생활양식의 변화를 예측하는 가장 중요한 요인임이 밝혀졌습니다. 튼튼하고 폭넓은 자신감의 토대는 어린 시절 양육자가 보이는 친밀하고 반응적인 상호작용에서 만들어집니다.

어떤 이유에서든 모유를 수유하지 못하는 경우가 있습니다. 이때 엄마는 좌절감, 부적절함, 죄책감 등 여러 가지 힘든 감정을 느낍니다. 그러나 특정한 분만 방식에 대한 집착과 마찬가지로 이 경우도 부모 자신과 상황에 친절함과 받아들임을 가져가는 기회입니다. **모유를 먹이느냐 분유를 먹이느냐보다 중요한 것은 부모가 '어떻게' 아기를 안고, '어떻게' 바라보며, '어떻게' 아기에게 반응하느냐입니다.**

모유를 먹인다면 경험이 풍부한 사람들의 도움을 받는

것도 좋습니다. 처음엔 아기와 엄마의 돈 상태에 따라 모유 수유가 힘들 수 있지만, 모유 수유에 관한 정보와 주변의 도움, 문제 해결의 의지로 몇 주를 지내면 엄마는 자기 몸에 대한 자신감을 가질 수 있습니다. 그러면 어느 순간, 젖을 먹이는 행위가 자연스러워집니다. 아기와 엄마에게 깊은 양분을 주는, 아기 중심 양육의 토대가 마련됩니다.

최근에는 모유 수유의 건강상 이익에 대한 인식이 높아졌습니다. 정서적 안정, 엄마와의 유대, 엄마와 아기의 생체리듬 조율, 장기적인 뇌 발달 등 모유 수유의 중요한 차원에 대한 이해도 커졌습니다.

나(마일라)는 우리 집 아이들이 엄마젖을 먹고 깊은 이완 상태에 들어가는 걸 보았습니다. 그 순간 무슨 문제가 있든 젖을 먹이면 아이들은 편안해지며 생기를 찾았습니다. 젖을 먹는 순간, 아이들은 세상의 자극에서 잠시 거리를 두고 아늑함과 돌봄, 회복이라는 고요하고 평화로운 상태에 들어갔습니다. 걸음마를 시작하던 무렵 우리 집 아이들은 이미 젖 아닌 다른 음식을 먹고 있었습니다. 그럼에도 멀찍이 놀다가 내게 와 젖을 먹고는 했습니다. 아이들은 배고픔을 해소하려고 엄마젖을 먹지 않았습니다. 젖을 먹은 아이들은 새로운 '존재'로 다시 태어났습니다.

모유 수유가 가진 또 하나의 장점은 아이가 엄마의 젖을 빨기 위해 집중된 노력을 기울여야 한다는 점입니다. 젖은 엄마 가슴에서 아기 입으로 저절로 흐르지 않습니다. 아이 스스로 빨아야 합니다. 처음 빨 때는 젖이 잘 나오지 않을 수 있습니다. 하지만 가만히 관찰해 보면 어느 순간 아기가 길고 느린 리듬으로 젖을 빠는 것을 볼 수 있습니다. 엄마젖이 흐르고 있다는 증거입니다. 이제 아기는 만족스러운 리듬으로 편안하게 젖을 뺍니다. 젖을 빠는 아기는 집중된 노력을 기울이면서도 편안하게 이완된 상태입니다. 더 이상 젖이 나오지 않아도 아기가 계속 젖을 빠는 것은 편안함, 평온, 이완, 연결감 등의 욕구를 충족하기 위해서입니다.

몇 년 전, 나(마일라)는 모유 수유에 관한 정보와 지원을 제공하는 국제수유연맹(라레체리그)에서 주관한 컨퍼런스에 참가했습니다. 커다란 강당은 아기를 품에 안고 젖을 먹이는 엄마들로 가득했습니다. 아기들은 엄마에게 온전히 집중해 있었습니다. 정말 멋진 장면이었습니다. 사회학자 로비 포이퍼칸이 쓴 『출산의 의미Bearing Meaning』는 엄마와 아기의 이런 체화된 관계가 중요하다고 말합니다.

모유를 먹는 아기는 엄마를 안전과 돌봄의 원천으로 여깁니다. 아기는 세상을 탐험하다가 엄마에게 돌아와 균형을 찾습니다. 엄마와 튼튼하게 연결된 채 엄마의 널따란 모성에 안깁니다. 엄마의 몸에 터를 잡고 주변을 탐색합니다. 젖을 먹이는 엄마들로 가득한 강당에서 나는 고요해지고 충만해졌습니다.

소울 푸드

우리 아이들이 어렸을 때 볼이 발그스레하다는 말을 자주 들었습니다. 나(마일라)는 모유를 먹어 그렇다는 걸 알고 속으로 미소를 지었습니다. 모유 수유를 시작한 처음 몇 주는 내 몸이 적응하느라 무척 힘들었습니다. 젖이 너무 적게 나오거나 너무 많이 나와 균형을 잡지 못했습니다. 그런데 그 시기를 지나자 젖먹이기가 훨씬 편해졌습니다. 젖이 나오는 게 느껴지면서 기분 좋은 몽롱함이 밀려왔습니다. 젖먹이는 것 외의 모든 일은 중요해 보이지 않았습니다. 나는 계획했던 일을 내려놓고 아기와 함께하는 순간으로 깊이 끌려들었습니다. 젖먹이는 시간은 아기와 나에게 깊은 명상의 시간이었습니다.

　젖을 먹이며 엄마의 역할에도 자신이 생겼습니다. 언제 어디서든 나의 몸으로 아이를 먹일 수 있다는 걸 알았습니다. 품에 안아 젖을 먹이려고 하면 아이들은 기쁜 표정을 지었습니다. 처음엔 젖을 먹으려 빨지만, 젖이 더 이상 나오지 않아도 아이들은 편안함을 느끼려고 계속 빨았습니다. 그러는 중에 지극한 이완 상태에 들어갔습니다. 몸이 피곤했다면 이내 잠에 떨어졌습니다. 낮잠이 필요하거나 한밤중에 깼을 때도 내 침대에 데려와 젖을 물리면 깨지 않고 푹 잤습니다.

걸음마를 시작하면서 아이들은 젖을 떼고 다른 음식을 먹었습니다. 그때도 엄마젖은 계속해서 아이들에게 안락의 원천이었습니다. 피곤한 날이면 아이들은 엄마젖을 빨며 생기를 찾았습니다. 장소를 불문하고 아이들은 엄마의 무릎에 오르고 팔에 안기는 것만으로 고요한 공간을 만들었습니다. 아이들은 말없이 엄마의 체온과 호흡을 느끼며 마음을 모아 젖을 빨았습니다. 이 과정에서 긴장을 풀었습니다. 젖 먹임을 통한 지속적인 연결감은 엄마인 나에게도 깊은 안정감과 자신감을 주었습니다. 아이들의 모든 면에서 그것을 느꼈습니다. **아이들은 몸에 터를 잡고 세상을 경험했습니다. 아이들은 엄마의 몸과 관계 맺으며 세상과 만났습니다. 엄마 품에 안겨 젖을 빨며 세상을 만났습니다.** 아이들은 자신이 느끼는 충만감과 새로 태어나는 느낌이 어디서 오는지 알았습니다. 그것은 눈에 보이고 손에 만져질 듯 생생하며 의지할 만한 느낌이었습니다. 아이들은 몸에 터를 잡고 호기심과 차분함으로 세상과 만납니다. 젖 먹는 시간은 엄마 품에 편히 안겨 돌봄을 받으며 잠시나마 '아기'로 대우받는 시간입니다. 이런 시간을 충분히 가진 우리 아이들은 비교적 이른 시기에 기저귀를 뗐습니다.

말을 하기 시작하자 아이들은 엄마젖을 먹는 데 재미를 붙였습니다. 아들이 18개월 때 처음으로 농담을 했습니다. 엄마젖을 먹던 아들은 장난스런 표정으로 나를 보더니 "앗, 뜨거!" 하며 젖꼭지를 식히듯 후 하고 불었습니다. 30개월 무렵의 어느 날 아침엔 젖을 먹인 뒤 아래층에 내려가 아침을 먹자고 했습니다. 그랬더니 아들은 "젖 줘!"라고 했습니다. 젖을 그만 먹이려 해도 녀석은 계속 고집을 피웠습니다. 아들에게 "이런 괴짜(nut) 같으니!"라고 했더니 녀석은 나를 쳐다보며 이렇게 말했습니다. "아뇨. 난 건포도예요."(nut에는 '괴짜' 외에 '견과류'의 뜻도 있다-옮긴이) 우리는 껴안고 웃으며 아래층에 내려가 아침을 먹었습니다.

　아이들에게 엄마의 몸은 필수적이며 친밀한 환경의 일부였습니다. 아이들은 엄마의 젖과 가슴에 자기 식대로 누크(Nuk), 누니(Noonie) 같은 별명을 지어 붙이기도 했습니다. 진균 감염으로 내 한쪽 가슴의 피부가 벗겨졌을 때 아들은 그쪽을 '아야 하는 젖'으로, 다른 쪽을 '아야 안 하는 젖'으로 불렀습니다. 막내 딸은 엄마 젖을 먹을 때면 노래 부르듯 운을 붙이길 좋아했습니다. 어느 날 아침 젖을 먹기 전 아이가 이렇게 말했습니다. "오, 엄마 젖은 내가 제일 좋아하는 주스!"

　젖먹이기는 우리 아이들에게 큰 영향을 주었습니다. 그 때문인지 엄마가 자리에 없어도 마법 같은 일이 일어났습니다. 큰딸이 두 살 무렵 조산사로 일하던 나는 하루 종일 밖에 있었습니다. 어느 날 오후에 집에 전화를 걸었더니 남편(존)이 큰딸아이가 엄마를 몹시 찾는다고 했습니다. 나는 순간 걱정이 되었습니다. 엄마 목소리를 듣자마자 오라고 할 것이 틀림없었습니다. 딸아이는 전화를 받자마자 울면서 집으로 오라고 했습니다. 나는 되도록 빨리 가겠다고 했지만 아이는 막무가내로 "젖 줘!"라고 했습니다. 집에 가서 주겠다고 했더니 당장 달라고 조릅니다. 나는 아이를 달래려고 전화상으로 "그래, 지금 젖 줄게." 하고는 가만히 있었습니다. 그러자 아이가 조용해졌습니다. 남편의 말로는 아이가 눈을 감고 자리에 편안히 앉아 있다고 했습니다.

아이들이 화가 나거나 지쳤을 때 젖을 먹이면 평화와 만족감이 찾아왔습니다. 아이들은 젖이라는 형식으로 엄마의 사랑을 받을 때 가장 사랑스러운 존재가 되었습니다. 딸아이를 재우려고 젖을 먹이던 어느 날 밤, 아이가 문득 나를 보며 사랑스러운 목소리로 말했습니다. "엄마가 너무 좋아." 그 순간 우리 둘은 사랑의 달콤함에 푹 젖었습니다.

젖을 뗀 뒤에도 우리 아이들에게 엄마의 몸은 안락과 행복의 원천이었습니다. 아이들은 엄마 가슴에 손을 얹은 채 사랑스럽고 평화로운 표정으로 잠에 빠졌습니다. 이것만으로 아이들에게 깊은 양분을 주는 축복의 상태에 빠졌습니다. 이것은 아이들에게 소울 푸드, 그야말로 영혼의 음식이었습니다.

같이 잘까, 따로 잘까

우리 부부가 아이를 갖던 시절엔 아이 혼자 자는 것이 미국의 일반적인 문화였습니다. 그런데 이 방식은 다른 나라 또는 과거 미국 가족의 수면 습관과 매우 달랐습니다. 어렸을 때부터 아이 혼자 자는 관행은 '발전된' 사회의 아이들이 돌봄이 아닌 박탈감을 느끼는 방식입니다. 이때 부모와 자녀 모두 어떤 것을 잃습니다.

  우리 부부의 첫아이가 태어나자 소아과의사는 처음부터 아이를 자기 방에 혼자 재우라고 했습니다. 그런데 우리는 이 방식이 옳지 않다고 느꼈습니다. 우리는 갓 태어난 아기는 밤에도 부모 곁에 있어야 한다고 생각했습니다. 부모 곁에서 잘 때 아이는 부모의 몸이 지닌 부드러움과 온기에 편안해집니다. 부모가 곁에 있을 때 아이는 안전감과 안락함을 느낍니다. 우리는 아이가 부모에게 몸을 붙이고 부모 사이에서 자는 것이 아이와 부모 모두에게 더 좋다고 느꼈습니다.

아기를 곁에 두고 잘 때의 만족감은 매우 큽니다. 아이의 소리를 듣지 못할까 걱정할 필요가 없었습니다. 이불은 잘 덮고 자는지, 춥지 않은지, 바람과 비 소리에 깨지 않는지 걱정하지 않아도 되었습니다. 아이가 부모 곁에 있는 한, 이런 걱정은 할 필요가 없었습니다.

세상에 막 태어난 아기는 자기 조절력이 충분히 발달하지 않은 상태입니다. 이때 부모가 신체적으로 곁에 있어주면 아이의 신체 작용이 안정됩니다. 예컨대 아이는 부모의 호흡을 느끼며 숨을 고릅니다. 부모의 몸이 지닌 온기가 아이의 몸을 따뜻하게 데워줍니다. **이것은 작은 규모의 생태계와 다르지 않습니다. 젖먹이기와 마찬가지로, 신체 접촉은 부모 자녀라는 생태계의 자연스러운 역동에서 중요한 부분을 차지합니다.**

우리 부부는 첫아이가 태어난 뒤 몇 년간 아이와 같은 침대에서 함께 잤습니다. 혼자 자고 싶어 할 때는 아이가 잠든 후에 자기 방에 데려갔습니다. 첫아이는 자라면서 점점 자기 방의 자기 침대에서 자고 싶어 했습니다. 나이 터울이 적은 두 여동생도 한동안 엄마아빠 침대에서 함께 자다가 언제부터인가 자기들끼리 2인용 대형 침대에서 잤습니다.

아이들과 함께 자면서 우리 부부는 잠을 충분히 못 잤습니다. 아이들은 밤에 수도 없이 깼습니다. 아이들은 젖을 먹거나 이를 갈거나 몸이 아파 잠을 깼습니다. 수면 패턴도 아이마다 달랐습니다. 일찍 잠들어 아침까지 자는 아이도 있었고 쉽게 깨는 아이도 있었습니다.

아이가 혼자 잠들 시간에 우리 부부가 곁에 붙어 있거나,

젖을 먹이느라 의도치 않게 아이가 자지 않는 경우도 있었습니다. 의심의 순간도 있었지만 우리 부부는 아이들과 함께 자는 일을 그만두지 않았습니다. 함께 잘 때 이로움이 많다는 생각은 바뀌지 않았습니다. 우리 부부는 여느 어려움을 다룰 때처럼 수면 문제에서도 적절한 균형을 찾으려 했습니다. 아이들이 걸음마를 시작할 무렵엔 아이들과 함께 자면서 자주 잠을 깼습니다. 피곤하고 힘들 때면 잠깬 아이에게 젖을 먹이기보다 남편인 존이 아이들을 안고 잠시 걸었습니다.

    우리 부부는 방해받지 않는 충분한 수면보다 중요한 게 있다고 느꼈습니다. 부모 곁에서 느끼는 안전감과 평화가 아이를 온전한 존재로 키운다고 느꼈습니다. 그 효과는 손에 만져질 듯했습니다. 호기심 가득한, 생생하고 사랑스러운, 활짝 열린 아이들의 얼굴에서 그것을 확인할 수 있었습니다. 부모가 잠자리에 있어줄 때 아이들은 자신의 몸과 세상에 든든히 터를 잡습니다. 이렇게 자기 몸에 터를 잡을 때 아이들은 낮에도 세상을 차분히 관찰합니다. 호기심을 갖되 소란을 떨지 않고, 활동적이되 통제 불가의 상태에 빠지지 않습니다. 이런 아이들에게 뿜어 나오는 행복감과 기쁨은 전염력을 갖습니다. 아이들은 기뻐 웃을 때, 화가 나 소리 지를 때, 사랑스럽게 품에 안길 때 온전히 거기에 존재합니다.

    물론 아이가 이를 갈거나 감기에 걸리거나 배탈이 나면 우리 부부는 거침없이 잠을 깼습니다. 부부가 교대하며 아이의 빈 침대에서 모자란 잠을 보충하기도 했습니다. 그런데 이 과정에서 우리 부부는 얼마나 자야 하느냐는 수면 시간에 관한 기준을 새로 세웠습니다.

이렇게 할 수 있었던 이유는 수면 시간보다 중요한 어떤 것을 아이들에게 준다는 확신이 있었기 때문입니다. 당시 우리 부부는 언젠가 아이들이 밤에 깨지 않고 아침까지 잘 거라고 믿었습니다. 때가 되면 자기 침대에서 혼자 잘 거라고 믿었습니다. 아이들은 실제로 그렇게 했습니다.

밤에 젖을 먹이는 일은 가족의 잠을 방해합니다. 좋은 점보다 안 좋은 점이 더 많다고 느끼기도 합니다. 하지만 모든 가족이 다르고, 모든 아이가 다릅니다. 부모와 아이가 함께 자는 것이 가족 각자의 안녕에 어떤 영향을 주는지 살펴야 합니다.

우리 가족의 수면 경험을 소개하는 이유는 어렸을 때 부모와 함께 자는 경험의 중요성을 우리 부부가 느꼈기 때문입니다. 지금도 그 생각에는 변함이 없습니다. 아이가 부모와 함께 자는 것은 오늘날 미국의 지배적인 수면 문화는 아니지만, 동양의 많은 나라에서는 일반적인 관행입니다. 이런 방식도 있다는 걸 젊은 부부들이 알았으면 합니다. 때로 힘들 수 있지만 깊은 만족감을 주는 방식입니다. 아이가 부모 침대에서 같이 자는 데는 불편함도 따르지만 이로움도 분명히 있습니다. 부모와 자녀가 어려운 시기를 함께 헤쳐 가는 신뢰와 연결감이 형성됩니다. 최근 연구에 의하면 어린 시절 부모와 같이 잔 아이들이 장기적으로 더 높은 수준의 자신감과 독립성을 보였습니다. 부모와 아이가 함께 자는 방식은 현재 활발한 토론과 연구가 진행되는 분야입니다. 노트르담 대학교의 제임스 맥케나는 부모가 아이와 함께 잘 때 필요한 유용한 지침을 제공합니다(다음 링크를 참조 https://cosleeping.nd.edu/safe-co-sleeping-guidelines/)

❀

누구나 어린 시절의 특수한 개인사와 개인적 경험을 갖고 있습니다. 자신의 느낌을 자각하고 그것이 어디서 유래하는지 이해할 때 부모는 자신과 가족을 위한 바른 선택을 내릴 수 있습니다. 예를 들어, 부모가 어린 시절 돌봄과 사랑을 받지 못했다면, 그리고 부적절한 신체접촉으로 자신의 경계를 침범 당했다면 아이와 함께 자는 것을 주저할 수도(심지어 두려워할 수도) 있습니다. 그러나 이때도 그 느낌과 생각에 대한 자동 판단을 잠시 보류할 수 있습니다. 그러면서 느낌과 생각을 알아차림에 담아 조금 더 분명하게 볼 수 있습니다. 그러면 느낌과 생각에 떠밀려 자기도 모르게 결정을 내리는 데서 조금은 자유로워집니다. 또 부모 자신이 느끼는 불편감과 그 이유를 존중할 수 있습니다.

아기의 욕구를 충족하는 동시에 부모가 편히 여기는 방식을 찾으려면 열린 마음과 유연한 태도, 사려 깊음이 필요합니다. 부모 자신이 가진 경직되고 제대로 살피지 않은 전제를 내려놓고 성장하려는 의지도 필요합니다. 마음챙김 양육이 쉽지 않듯이 이것도 쉬운 일은 아닙니다. 이런 마음을 내자면 부모 자신의 한계점에 도달합니다. 그러나 이때도 부모는 자신의 한계점을 부드럽게 알아차림에 담아 새로운 방식으로 다룰 수 있습니다. 특히 양육에 관한 부부의 의견이 다르면 새로운 양육법을 시도하는 것이 더 어렵습니다. 깨어있는 마음으로 의사소통하는 것은 이런 상황에서 더욱 중요합니다.

알아차림으로 양육하는 방법은 매우 많습니다. 마음챙김 양육에 전념한다고 해서 반드시 아이와 함께 잠을 자야 한다는 의미는 아닙니다. 언제나 친절하고 세심한 부모가 되어야 한다는 의미도 아닙니다. **마음챙김 양육은 부모가 내리는 선택을 포함해 지금 하고 있는 일에 주의를 기울이는 것입니다. 그러면서 부모의 선택이 자녀와 자신에게 어떤 영향을 주는지 지속적으로 관찰하는 것입니다. 부모가 무엇을 하고 있고, 왜 하는지 끊임없이 질문하는 것입니다.**

온기와 안락함, 친밀함과 먹기에 관한 부모의 결정은 중요합니다. 가족 구성원 각각의 건강과 행복에 도움이 되도록 경계와 한계를 정하는 것도 매우 중요합니다. 그런데 계속해서 바뀌는 아이와 부모의 요구에 민감하게 반응하는 의식적 양육에서 반드시 필요한 것이 있습니다. 그것은 마음챙김, 즉 깨어있는 마음으로 결정을 내리는 것입니다. 단 하나의 '옳은 양육법'은 존재하지 않습니다. 건강한 자녀와 사랑이 넘치는 가족을 만드는 방법은 매우 다양합니다.

한동안 통하던 수면 방식이 갑자기 바뀌는 수도 있습니다. 낮에 아이를 볼 시간이 없는 부모라면 밤에 아이와 함께 자는 것은 아이와 다시 연결하며 아이에게 돌봄을 주는 기회입니다. 그런데 밤에 잘 자지 않는 아이는 이 방법도 어려울 수 있습니다. 부모가 잠을 못자 예민해진 나머지 낮에 제대로 활동할 수 없다면 다른 방법을 찾아야 합니다.

부모는 아이가 밤에 잠을 깨지 않고 자길 바랍니다. 어떤 때는 이것이 가장 중요한 일로 느껴지기도 합니다. 부모가 잘 자야 아이도 좋은 영향을 받습니다. 이때 부모가 조금만 신경을 쓰면 수면 의식(儀式)에 변화를 주어 아이의 신뢰와 안전감을 키우는 방법을 찾을 수 있습니다. 밤에 아이 곁에서 자는 걸 포기한다면 낮 시간에 의도적으로 아이를 더 많이 안아줍니다. 부모 방에 마련된 아이 침대에 잘 때도 아기의 몸은 같은 방에 있는 부모의 숨소리에 반응합니다. 하나의 양육 선택이 모든 차이를 만들지는 않습니다. 중요한 것은 부모의 수많은 선택으로 자연스럽게 만들어지는 전체적인 질감입니다. 이것은 각 가정의 다양한 요구를 알아차림과 확고함, 친절의 마음으로 조화시키는 문제입니다. 수면 문제의 딜레마에 관한 유일한 해법은 존재하지 않습니다.

다행히 부모가 가진 선택권은 여러 가지입니다. 같은 침대에서 가족 모두가 자는 게 서로 불편하다면 부모 침대 옆에 아이 침대를 두거나, 아이가 옆방에 자게 할 수도 있습니다. 아이가 좋아하는 수면 의식을 만들어도 좋습니다. 책을 읽어주거나 이야기를 들려주거나 조용한 음악을 틀어주거나 잠에 빠지는 동안 부모가 곁에 있는 것입니다. 혼자 자도 안전하다는 믿음을 아이에게 심어주는 것도 좋습니다. 수면 문제와 관련한 구체적인 선택보다 중요한 것은 부모가 나름의 방식으로 아이의 신뢰감과 안전감, 연결감, 회복력을 키워주는 일입니다.

무엇이 아이의 최선의 이익을 위한 행동인지, 부부는 계속 질문해야 합니다. 그러면서 잠자리 문제에 대한 해결책을 함께 찾아가는 것이 중요합니다. 수면 문제와 관련하여 부부가 각자 알게 된 바를 나누고, 감정적인 반응을 했다면 찬찬이 돌아봐야 합니다. 또 아이와 상대의 입장에서 보려고 노력해야 합니다. 이 모든 것이 인생의 절반을 차지하는 수면 문제에 새롭게 접근하는 방법이 됩니다.

6

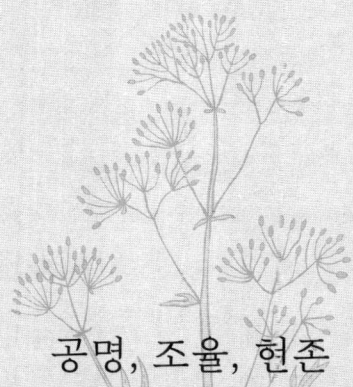

공명, 조율, 현존
Resonances, Attunement, and Presence

공명

소리굽쇠(일정한 진동수의 소리를 내는 U자형의 기구)를 울리면 주변에 있는 같은 진동수의 소리굽쇠도 함께 울립니다. 하나의 물체가 진동할 때 다른 물체가 따라 공명하는 현상을 **동조**(同調, entrainment)라고 합니다. 예컨대 바이올린의 '가' 음을 켜면 같은 방에 있는 피아노의 '가' 줄이 따라 울리는 현상입니다.

마찬가지로 부모와 자녀도 끊임없이 서로 공명하는 관계입니다. 부모의 삶은 자녀의 삶과 신체적, 정서적, 정신적으로 궤를 같이합니다. 우리는 알게 모르게 끊임없이 서로 영향을 주고받으며 삽니다. 과학자들은 곁에 있는 두 사람의 뇌가 서로 공명한다는 사실을 발견했습니다. 대뇌 피질에 분포하는 거울뉴런(mirror neuron)은 특정 움직임을(특히 감정이 개입된 경우에) 하고 있는 상대를 보았을 때 활성화되는 신경 세포입니다. 거울뉴런은 상대에게 공감하는 능력의 신경학적 토대입니다. 거울뉴런이 활성화되면 특정 사건을 경험할 때 상대방뇌와 같은 부위에서 유사한 패턴이 작동합니다.

호흡은 생명체의 기본적인 리듬입니다. 우리들 각자는 호흡을 통해 생명과 공명합니다. 부모가 자신의 호흡 리듬에 조율하면 아기와 공명하게 됩니다. 나(존)는 우리 아이들이 아기였을 때 그들과 함께 호흡하는 방법으로 현재 순간에 마음챙김을 가져가고는 했습니다. 해먹에 누워 내 팔에 안겨 잠들 때, 늦은 밤 아기를 품에 안고 걸을 때 나는 아기와 함께 호흡을 느꼈습니다. 해먹에서, 걸으면서 우리는 함께 호흡했습니다. 노래를 부르고 부드러운 자장가를 부르며 서로에게 공명했습니다.

부모가 호흡을 통해 아기와의 공명을 의도적으로 자각할 때 지속적으로 에너지를 주고받는 관계가 됩니다. 이 에너지는 어떤 때 조화롭고 어떤 때 조화롭지 못합니다. 그럼에도 부모와 자녀가 지속적으로 에너지를 주고받을 때 요리든 빨래든 일상의 순간이 더없이 풍요로워집니다. 이것이 어느 순간에도 호흡이라는 춤에 발을 들여야 하는 이유입니다.

동조화는 가족의 다양한 차원에서 일어납니다. 동조화는 우리를 원치 않는 곳으로 데려가기도 하며, 어떻게 그곳에 이르렀는지 모르게 만들기도 합니다. 현재 순간의 에너지를 자각하지 못하면 거기에 쉽게 걸려듭니다. 우울, 분노, 불안 등의 감정에 빠집니다. 가족은 변화무쌍한 에너지를 서로 주고 받는 관계입니다. 가족은 생각, 느낌, 표정, 몸짓, 행동, 사건과 타인의 행동에 대한 감정 반응 등의 형태로 다양한 영역의 주파수를 주고받으며 서로의 에너지에 상호작용 합니다. 가족이 다양한 방식으로 공명한다는 사실을 알 때 각자의 균형을 유지하는 동시에 그 리듬과 조화로운 관계를 맺을 수 있습니다.

아이들은 때로 강렬한 감정에 빠지며 이것이 부모에게도 영향을 미칩니다. 부모가 이것을 자각할 때 부모 자신과 더 많이 접촉하며 아이에게도 의식적으로 응대할 수 있습니다. 그럴 때 아이와 같은 주파수로 반응할 수 있으며, 부모와 아이에게 해로운 반응을 피할 수 있습니다. 물론 조화와 경이로움을 경험하는 아이와 공명하는 것은 순수한 기쁨의 순간입니다.

어느 여름날의 야외 식당입니다. 젊은 부부가 두 아이를 데리고 나왔습니다. 세 살과 4개월 정도 되어 보이는 여자아이들입니다. 엄마는 작은 아이를 품에 안아 젖을 먹입니다. 아기의 얼굴은 엄마의 블라우스 아래 가슴에 폭 파묻혀 있습니다. 하지만 아기의 손은 엄마의 손을 계속 만지작거립니다. 이윽고 아기가 얼굴을 드러냅니다. 그러고는 엄마의 무릎에 누워 엄마의 얼굴을 빤히 쳐다봅니다. 엄마는 나지막이 속삭이며 아기의 머리를 살짝 들어줍니다. 아기는 입을 활짝 열어 하품을 하고는 파란 눈을 크게 뜨더니 엄마의 얼굴을 한껏 담습니다. 이 순간 아기는 순수한 현존의 화신입니다.

엄마는 아기의 이마에 머리를 맞추고는 뗍니다. 아기가 미소를 짓습니다. 엄마와 아기를 연결하는 에너지 공간이 만들어졌습니다. 지금 이 순간, 아기와 엄마는 같은 궤도에 있습니다. 두 사람이 닿은 몸과 둘 사이의 공기를 통해 수천 개의 파장으로, 수천 가지 방식으로 서로 이야기를 나누고 있습니다.

조금 뒤 아빠가 아기를 안아듭니다. 아기는 아빠에게 든든히 안긴 채 아빠의 어깨 너머로 바라봅니다. 아기의 눈이 크게 열립니다. 무엇이든 받아들일 태세입니다. 아기의 시선이 나(존)의 얼굴과 마주칩니다. 나는 미소를 짓습니다. 아기가 내 미소를 알아본다는 걸 즉각 알 수 있습니다. 아기도 미소를 짓습니다. 아기는 새로운 것에 열려 있습니다. 이것은 순수한 세상에서 내려주는 축복의 기도입니다. 언니의 얼굴도 활짝 열려 있습니다. 식탁에 앉아 있지만 아이는 자기 몸에, 그리고 가족이 만들어놓은 에너지 장에 편안한 상태입니다. 이것을 느낄 수 있습니다. 이 가족은 겉으로 활발한 상호작용을 하고 있지 않지만 분리할 수 없이 하나가 되어 있습니다. 이 전체 속에서 아이는 지극히 편안한 상태입니다. 아이의 현존에서 그것이 드러납니다. 평범한 식사이지만 이 아이들은 부모와 사랑의 끈으로 주고받는 경험을 하는 중입니다. 세상이 자애의 마음으로 어린 생명들을 안아주고 있습니다.

조율

[조율하다: 조화로운 응답의 관계로 들어가다]

아이에게 조율한다는 것은 아이가 말고- 자신의 존재로 부모에게 전하는 메시지를 알아보는 것입니다. 동네 커피숍에 갔더니 나(마일라)의 이웃이 테이블에 앉아 있습니다. 이웃은 친구를 기다리며 9개월 된 아기에게 젖을 먹이는 중입니다. 알은체를 하니 젖을 먹던 아기가 나를 쳐다보며 활짝 웃고는 다시 엄마 젖을 빱니다. 내가 커피를 기다리는 동안에도 아기는 젖을 빨다 나를 쳐다보기를 반복합니다. 엄마는 아기가 장난치는 걸 알고는 몸을 쉽게 움직이게 해줍니다. 비오는 수요일 아침의 동네 커피숍에서 아기는 축복에 잠겨 있습니다.

나(마일라)는 우리 아이들이 아기였을 때 10개월 된 친구 아들을 돌본 적이 있습니다. 아기를 안고 걸으며 아기의 반응을 느낍니다. 나는 아기를 위아래로 부드럽게 움직여 줍니다. 리드미컬한 소리도 내줍니다. 마침내 적절한 균형을 찾습니다. 나는 호흡의 템포를 늦춥니다. 아이의 몸이 부드러워지며 내 몸에 편안해하는 걸 느낍니다. 아이는 자기가 원하는 것을 말이 아니라 몸으로 전하고 있습니다. 내가 자리에 앉으면 아이는 온몸으로 이렇게 말합니다. "아니요. 앉지 마세요. 나를 안고 걸어주세요." 그러다 아이가 무슨 소리를 냅니다. 나는 이 소리를 포착해 비슷한 소리를 내줍니다. 이제 아이가 내 어깨에 머리를 기댑니다. 아이의 몸이 부드러워지며 점점 무거워집니다. 이윽고 아이는 깊은 잠에 빠집니다. 나는 아이의 온기와 부드러움, 피부의 달콤한 향을 즐기며 가만히 소파에 눕습니다. 이 조율의 과정은 우리 둘에게 멋진 선물입니다. 이 봄날에 아이는 주변 사람에게 의지해도 좋다는 걸 확인합니다. 아이는 자기가 원하는 것이 존중받고 있다는 메시지를 받았습니다. 자기가 원하는 것을 얻은 아이는 만족합니다. 안전하고 평화롭다고 느낍니다. 이 모든 것이 한 번의 작은 만남에서 시작됩니다.

아기 때 아이의 신체 활동이 점점 활발해지면 엄마는 거실 카펫에 누워 아이가 엄마 몸에 올라타 놀게 합니다. 아기는 엄마 머리카락을 가지고 놀기도 합니다. 한동안 엄가 품에서 놀고 나면 행동이 점점 느려지다 마침내 엄마 품에서 휴식을 취합니다. 그러면서 엄마의 편안한 호흡에 리듬을 맞춥니다. 아이는 엄마의 평화로운 에너지에 조율합니다. 엄마는 아이가 독립과 분리를 원하는 동시에 곁에서 엄마와 연결되고 싶어 하는 걸 압니다. 이 모든 일이 거실이라는 한정된 공간에서 일어납니다.

그러다 아이가 자라면 부모 자녀 사이의 조율은 더 복잡한 양상을 띱니다. 열 살 딸아이가 학교를 마치고 집에 들어옵니다. 얼굴에 신경질이 가득한 아이는 "배고파!" 하며 소리를 지릅니다. 나(마일라)는 아이가 학교에서 힘들었음을 알아봅니다. 하루 종일 사람들에게 부대꼈나 봅니다. 이럴 때면 간식을 차려줍니다. 아이에게 이것저것 묻지 않습니다. 아이가 자기만의 공간을 갖도록 배려합니다. 지금은 버르장머리를 고치기에 적절한 때가 아닙니다. 잠시 한숨 돌리고 나면 아이는 다정한 눈길로 나를 보며 안아달라고 다가옵니다. 아니면 조용히 자기 방에 들어가 음악을 듣습니다.

십대 자녀의 경우, 부모가 아이에게 조율한다는 것은 혼자 있으려는 아이의 욕구를 민감하게 알아보는 것입니다. 아이와 같은 공간에 있다면 아이가 하던 일에 계속 집중하게 해주는 것입니다. 또 언제 아이에게 다가가야 하는지 아는 것입니다.

나(마일라)는 친구네 부엌에 앉아 이야기를 나누고 있었습니다. 친구의 열여섯 살 딸아이가 갑자기 들어오더니 뒷목

이 뭉쳐 아프답니다. 친구는 딸아이에게 아픈 곳을 짚어보라고 합니다. 친구는 나와 대화하면서 아이의 목을 마사지 합니다. 간혹 대화를 멈추고는 아이에게 뭉친 부위가 풀어지는지 물어봅니다. 이렇게 15분이 지난 뒤 아이가 부엌을 나갑니다. 친구는 내게 말하기를 이제 딸과 함께하는 이런 시간도 드물답니다. 나는 이 일에서 친구가 가진 엄마로서의 민감성을 느꼈습니다. 친구는 느닷없는 딸의 요구에 기꺼이 마음을 열고 응대했습니다. 다시없을 그 순간의 소중함을 알아보았습니다.

아이에게 조율한다고 해서 언제나 문제가 순조롭게 풀리는 것은 아닙니다. 불화와 갈등의 순간도 있습니다. **그러나 갈등의 와중에도 부모는 자신의 에너지와 통찰을 이용해 마음챙김을 할 수 있습니다. 그러면서 이 아이가 '누구인지', 그 순간 아이가 부모에게 무엇을 원하는지 알 수 있습니다.** 그러려면 먼저 부모 자신의 두려움과 걱정을 기꺼이 인정해야 합니다. 호흡과 몸, 전체 상황과 접촉하며 부모 스스로 평정을 유지해야 합니다. 그럴 때 아이의 감정 상태를 적절하고 창의적인 방식으로 알아볼 수 있습니다. 물론 이렇게 해도 갈등과 단절의 순간이 없지 않지만, 이것조차 부모와 자녀가 새롭게 시작하며 회복하는 기회입니다.

접촉

접촉(touch)은 옥스퍼드 영어사전에 수록된 단어 가운데 설명이 가장 긴 단어에 속합니다. 그만큼 접촉은 인간의 경험에서 가장 근본적인 경험입니다. 문화인류학자 애슐리 몬터규는 이미 오래 전에 접촉이 건강과 연결성의 근원이라고 말했습니다. 아기 원숭이가 어미 원숭이의 온기와 부드러움을 느끼지 못하면 제대로 자라지 못한다고 합니다. 인간도 다르지 않습니다. 접촉은 생명의 근원입니다.

접촉은 둘이 하나 되는 경험입니다. 내가 상대를 만진다는 것은 상대가 나를 만진다는 의미입니다. 접촉을 통해 우리는 혼자가 아님을 깨닫습니다. 또 접촉하는 방식에 따라 사랑, 수용, 존중과 무시, 결시, 악의 등 다양한 감정을 느낍니다.

접촉은 알아차림을 일으켜 우리를 세상과 닿게 합니다. 보고 듣고 냄새 맡고 맛보고 피부로 닿는 감각을 통해 우리는 세상과 만납니다. 그 밖에 자신의 몸이 공간의 어디에 위치하는지 아는 자기위치감각(proprioception)이나 자기 몸을 하나의 전체로 느끼는 감각(interoception)도 있다고 합니다.

상대가 나를 안아줄 때 우리는 자기 몸에 터를 잡으며 상대와 연결된 감각을 느낍니다. 이 연결의 감각은 나를 나 자신과 상대에게 일깨웁니다. 부모가 알아차림과 민감성, 존중으로 몸을 닿을 때 아이는 자신의 온 존재에 대해 축복을 받습니다. 아이들은 안전하다는 느낌, 돌봄을 받는다는 느낌을 통해 자신의 지금 느낌과 '접촉하는' 법을 자연스레 배웁니다. 부모와 아이는 안아주고 흔들어주고 노래를 불러주고 눈을 맞추는 동작으로 자신과 상대를 경험합니다. 접촉이 부리는 마술입니다.

차량등록소에서 기다리던 중 나(마일라)의 눈에 들어온 장면입니다. 덩치 큰 여성이 세 살 정도로 보이는 빨강머리의 남자아이를 안고 있습니다. 여자는 대기석에 앉아 등록증 발급을 기다리는 중입니다. 아이는 엄마의 몸을 침대와 베게, 정글짐 삼아 구르고 있습니다. 아이는 몸과 머리와 팔을 끊임없이 엄마에게 밀쳐댑니다. 엄마 손가락을 가지고 장난을 칩니다. 엄마는 긴 손톱으로 아이의 손가락을 톡톡 두드려 재미를 더합니다. 엄마는 아이를 완전히 받아주고 있습니다. 가만히 있으라거나 바로 앉으라고 훈계하지 않습니다. 이 장면에는 다정함과 평화가 깃들어 있습니다. 여자의 억양에 액센트가 있습니다. 그녀가 어디서 자랐는지, 어떤 어린 시절을 보냈는지 궁금해집니다. 어떤 영향으로 여자가 그토록 인내심 있는 받아들임과 자연스러운 접촉의 능력을 가졌는지 궁금합니다.

요즘은 이런 장면을 쉽게 보지 못합니다. 대신에 부모들은 많은 경우 아이에게 얌전히 있으라고 소리 지릅니다. 두세 살 또는 서너 살 아이가 그 연령대 '아이처럼' 행동하면 화를 냅니다. 울면서 부모 뒤를 힘없이 좇아가는 아이들을 자주 봅니다. 아이를 안아주기만 해도 될 텐데 부모는 이런 간단한 해결책도 사용하지 않습니다. 요즘은 사랑스런 태도로 아이들의 활기와 생동감에 관대한 어른을 보기가 쉽지 않습니다.

우리는 줄곧 접촉이 없는 사회, 몸에서 멀어진 사회에 살고 있습니다. 몸으로 사랑을 표현하는 일이 줄고 있습니다. 어깨동무하는 친구, 포옹하는 연인을 보기가 어려워졌습니다. 부모가 접촉이라는 필수적 자양분과 의사소통의 중요성을 인식할 때 자녀와 함께하는 순간에 자기 몸에 더 가까워집니다. 자녀와 더 많이 접촉할 수 있습니다.

접촉은 언제나 둘 사이의 경계에서 일어납니다. 이 점에서 둘 사이의 경계를 알아차리는 일은 매우 중요합니다. 둘 사이의 경계를 알아차리지 못하면 부모가 아무렇게나 자녀의 신체와 접촉하게 됩니다. 그러는 중에 자녀를 배려하지 못하고 존중하지 못하게 됩니다. 부모와 자녀 사이의 경계는 순간순간 바뀝니다. 경계를 고정된 것으로 받아들여서는 안 됩니다. 매순간이 새로운 순간입니다. 모든 순간이 다릅니다. 부모가 밤 인사로 자녀에게 뽀뽀를 할 때 아이가 "싫어" 한다면 아이는 지금 뽀뽀가 아니라 안아주길 원하는지 모릅니다. 부모가 자녀에게 조율하며 아이의 활력과 느낌이 어떤 상태인지 알아차릴 때 아이가 사랑의 접촉과 포옹을 원하는지, 혼자 있길 원하는지 알 수 있습니다.

    부모가 생각 없이 충동적으로 자녀와 몸을 닿을 때 누구를 위한 접촉인지 자신에게 물어야 합니다. 어릴 적에 친척들이 내(마일라) 볼을 꼬집으며 뽀뽀했던 기억이 아직 또렷합니다. 친척들은 내가 그런 행동을 어떻게 느낄지 알지 못했습니다. 어른들이 온기와 애정을 느끼고 싶은 나머지 아이의 느낌과 경계를 무시한 채 안고 뽀뽀하는 일이 얼마나 많습니까?

    나(마일라)는 우리 아이들이 다가와 나를 안아주는 드문 순간에 감동과 놀라움, 고마움을 느낍니다. 내가 놀라는 이유는 엄마를 안는다는 '사실' 때문이 아닙니다. 아이들이 엄마를 안아주는 '방식'에 놀랍니다. 아이들은 천천히, 편안하게, 말없이, 사랑스러운 접촉으로 나를 안습니다. 아이들이 안을 때 나는 그들이 그 순간 너무도 자연스럽게 내어주는 자양분을 마음껏 흡수합니다. 이때 나는 사랑의 원이 완성되는 느낌을 받습니다.

걸음마를 시작할 때

아이가 각 연령과 발달 단계에 따라 거치는 모든 순간은 끊임없이 변화하는 아이의 발달상 욕구와 정서적 욕구를 알아보는 기회입니다. 또 아이에게 공감하고 공명하는 방법을 찾는 기회가 됩니다. 아장아장 걷기 시작할 때 부모는 아이가 소속감과 안전감을 느끼도록 분명한 경계와 기대를 정해 그 안에서 마음껏 놀게 해야 합니다. 이제 막 걸음마를 배우는 아기는 매우 활동적이며 기분도 급격히 변합니다. 한순간 이랬다가 다음 순간 완전히 달라집니다. 이 점에서 부모는 아기의 상태에 조율하는 기회를 수도 없이 갖습니다. 아기는 아직 말을 못 하고, 원하는 걸 행동으로 얻지도 못해 쉽게 불만을 터뜨립니다. 부모가 이런 변화를 민감하게 감지할 때 아기는 그 순간을 잘 지날 수 있습니다.

그러기 위해서는 아이만큼 잘 변하는 부모 자신의 감정도 알아차려야 합니다. 아이의 불만에 부모가 불만으로 대응한다면 아이의 기분에 동조되는 것입니다. 긴장된 상태로 자동 반응하기보다 그런 자신을 알아차리며 이해와 친절, 열린 현존으로 응대해야 합니다.

어느 날 나(존)는 식당에 있었습니다. 어느 젊은 아빠가 세 살 정도 딸아이와 저녁을 먹으러 왔습니다. 식사가 나오기까지 시간이 꽤 걸렸습니다. 식사가 나올 즈음 아이는 자리에 가만있지 못하고 난리를 폈습니다. 아이 아빠는 배가 고프고 지쳤지만 도저히 식사를 할 수 없었습니다. 가만히 있지 못하는 아이와 늦게 나온 식사에 화가 날만한 상황이었습니다. 그러나 젊은 아빠는 이 상황에서 어떻게 해야 하는지 침착하게 헤아렸습니다. 한두 입 음식을 먹더니 점원에게 포장을 부탁하며 자리에서 일어났습니다. 그런 다음 아이를 어깨에 메고 계산을 했습니다. 나는 우리 딸들이 아기였을 때가 떠올라, 내가 앉은 테이블을 지나는 그에게 미소를 지었습니다. 우리는 부모 노릇의 고단함에 대해 짧게 이야기를 나눴습니다. 우리 딸들은 이제 참을성 있게 음식을 기다리는 나이이지만 어렸을 때는 종잡을 수 없어 무척 힘들었습니다. 당시에는 절대 끝나지 않을 것 같았지만 이제는 모두 지난 일이 되었습니다. 아이들이 거치는 각각의 연령과 발달 단계에는 나름의 드라마가 있습니다. 이 또한 지나간다는 점을 떠올리며 지금 해야 하는 일에 전념한다면 이 순간이 예상치 못한 선물이 될 수 있습니다. 이 젊은 아빠가 지혜롭고 관대하게 응대하는 모습이 보기 좋았습니다.

❀

나(존)는 당시 아기였던 우리 아이들과 일대일 데이트를 하려고 일찍이 일을 끝내고 귀가하고는 했습니다. 그럴 때면 아이들을 놀이터나 썰매장에 데려가거나 강변에서 산책을 했습니다. 시내에 나가 사람 구경을 하며 세상의 역동성을 보여 주었습니다. 주말엔 아이들과 친구들을 박람회, 농장, 호수에 데려가 놀았습니다. 바닥에서 아이와 뒹굴거나 장난감 차에 태워 밀어주거나 공을 가지고 놀거나, 잠깐이라도 집중해 놀아준다면 아이와 함께하는 모든 순간이 유대를 형성하는 기회가 됩니다.

아들이 어렸을 때 우리 부자는 '꼼지락 탈출' 게임을 자주 했습니다. 바닥에 누운 채 팔로 아들의 허리를 감싸 안으면 아들은 몸을 꼼지락거리며 내 팔을 빠져나가야 합니다. 나는 적당히 힘을 주어 아들이 저항을 느끼며 온몸을 사용하게 합니다. 아들이 내 팔을 빠져나가는 전략을 짜도록 적당한 난이도로 감싸 안습니다. 이런 식으로 힘과 기지를 이용해 구속된 상태를 빠져나가는 놀이는 아이들이 앞으로 맞닥뜨릴 삶의 역경을 헤쳐 가는 멋진 비유입니다. 이 말없는 씨름으로 우리 부자는 더 가까워졌습니다. 함께 숨 쉬고 서로 밀치며 물고물리는 탈출 게임에 우리는 웃음을 터뜨렸습니다. 이 놀이를 통해 서로의 몸이 조율했습니다. 게임이 끝나면 공명과 기쁨이 가득한 고요의 시간에 빠져들었습니다.

일요일 아침이면 아이들은 나를 불러 거실에서 요가를

하자고 했습니다. '요가 선생'을 자처하는 아이들은 다양한 동작을 취하며 나더러 따라해 보라고 했습니다. '2인 요가'도 했습니다. 내가 흔들의자 자세를 취하면 아이들이 내 위에 올라와 몸을 흔듭니다. 어깨 선 자세를 취하면 내 위에 올라타고, 교각 자세를 취하면 내 밑으로 파고듭니다. 등을 대고 바닥에 누우면 하늘을 나는 새처럼 내 발 위에서 수평으로 균형을 잡습니다. 끝이 없는 재미입니다.

그런데 아이들이 자라면서 부모와 함께 활발히 몸을 움직이는 시간과 그에 이은 고요의 시간을 갖기가 점점 어려워졌습니다. 그래도 우리는 캐치볼이나 함께 달리기, 춤추기를 할 수 있었습니다. 형식은 달라도 부모 자녀 사이의 공명은 아이들이 어릴 때와 다르지 않았습니다.

시간

항상 시간에 쫓기는 부모들은 시간이 부족하다는 생각에 쉽게 빠집니다. 어느 날 아침 그날 입을 옷을 고르는 네 살 딸아이에게 나(존)도 모르게 이렇게 말했습니다. "서둘러라. 아빠가 시간이 없구나." 이때 아이는 아빠에게 어떤 메시지를 받았을까요?

　시간을 벌고 같은 시간도 최대한 활용하기 위해 부모가 할 수 있는 일은 얼마든지 있습니다. 조금 일찍 일어나 아이들을 깨우면 여유 있는 아침시간을 가질 수 있습니다. 다음 날 입을 옷을 전날 미리 골라두는 방법도 있습니다. 어떤 일이든 시간에 쫓겨 하지 않도록 해야 합니다. 이때 호흡을 의식하며 미래에 관한 걱정은 단지 '생각'에 불과함을 기억하면 도움이 됩니다. **현재는 지금의 일이 일어나고 있는 순간입니다. 현재는 서둘러 뭉개야 하는 시간이 아니라 다시 오지 않는 소중한 기회입니다.** 아이와 헤어지며 눈을 맞추는 잠깐, 아이를 품에 안는 잠깐 동안에 부모는 현재에 깃든 영원성을 목격합니다. 작은 행동이라도 '그냥' 하는 것이 아니라 부모의 현존과 열림에서 나오는 것이 중요합니다. 서두를 때 부모 자신의 목소리 톤에 귀를 기울이는 것도 도움이 됩니다. 의도적으로 목소리를 낮추고 자신의 몸과 호흡으로 깊이 들어가 보는 것입니다.

또 시간에 쫓기지 않으려면 자녀의 스케줄을 너무 빡빡하게 잡지 않아야 합니다. 스케줄을 촘촘하게 잡으려는 부모의 욕심을 자각해야 합니다. 아이들은 빡빡한 스케줄이 아니라 지금 이대로 존재할 시간이 필요합니다. 느긋한 시간을 가질 때 아이들은 혼자 또는 친구와 창의적인 놀이를 할 수 있는 여유가 생깁니다. 아이들에게는 지루한 시간도 필요합니다. 부모의 안내를 받으며(때로 받지 않으며) 한동안 지루함에 머물다 나오는 경험도 필요합니다.

시간 압박이 가정에 미치는 영향을 부모가 자각하지 못하면 끊임없는 가속도와 멈춤 없는 행위의 삶을 살게 됩니다. 또 그런 식의 삶을 자녀에게 물려주고 맙니다. 24시간 디지털 기기를 달고 사는 오늘날의 우리는 현재 순간에서 계속 멀어지고 있습니다. 현재를 방해하는 디지털 기기는 지금보다 '좋은 순간'을 선사한다며 우리의 주의를 분산시킵니다. 마이크로소프트의 연구원 린다 스톤은 이런 현상을 두고 '지속적인 주의력 분산'이라고 말했습니다. **부모는 끊임없는 주의 분산이라는 사회적 질병에 맞서 멈춤과 현존의 능력을 가정에 들여야 합니다. 무위(無爲)를 통해서만 접촉할 수 있는 존재의 측면을 회복하고 키워야 합니다.**

MBSR에 참가한 많은 이들이 아침 일찍 일어나 고요 속에 명상하는 시간이 그날 하루에 큰 영향을 준다고 말합니다. 그들은 잠을 더 자는 것보다 명상하는 것이 훨씬 가치가 있다고 합니다. 그날의 중요한 일을 차분하고 의도적으로 준비할 수 있다고 합니다. 가족들도 명상으로 변화한 자신을 느낀다고 합니다. 가족 중 한 사람만 마음챙김을 수련해도 가족 전체의 스트레스가 줄어듭니다.

때로 더 많은 돈을 버는 것이 아니라 더 많은 시간을 함께하겠다는 선택이 가족에 건강한 선택일 수 있습니다. 가족과 많은 시간을 함께하는 일이 항상 가능하지는 않지만, 생각보다 가능한 경우가 많습니다. 가족이 함께하는 시간이 부족하면 삶의 가장 중요한 것을 잃게 됩니다. 생계를 유지하느라(make a living) 바쁜 나머지, 삶(living)을 사는 이유를 살피지 못하는 것은 비극적인 역설입니다.

현존*

"엄만 내 말을 안 듣고 있어요." 나는 딸 옆에 있었지만 잠시 딴 생각을 하고 있었습니다. 속으로 생각의 나래를 펴고 있었습니다. 과거와 미래에 관한 강박적이고 부적절한 생각에 떠밀리고 있었습니다. 이런 일은 누구에게나, 그것도 매우 자주 일어납니다. **기본적으로 마음챙김은 방황하는 마음과 끊임없는 주의 분산에 맞서 매순간의 깨어있는 현존을 계발하는 것입니다.** 사실, 잠깐이라도 스스로에게 현존하기란 쉽지 않습니다. 부모는 양육 과정에서 깨어있는 마음으로 자신과 자녀에 조율하고 현존하도록 의도적으로 상기해야 합니다.

살면서 생각에 휩쓸려 주의가 분산되는 일은 무수히 많습니다. 사람이라면 누구나 그러합니다. 생각할 일은 언제나

---

* 현존(presence): 현재에 존재함. 곁에 있음. 부모가 신체적으로 자녀 옆에 있는 것이 아니라 관심과 공감, 사랑으로 자녀의 곁에서 함께함을 의미한다-옮긴이

존재합니다. 문제는, 생각에 빠져 주의가 분산되는 순간을 관찰할 수 있느냐는 것입니다. 현재 순간에서 멀어진 자신을 자각할 수 있을까요? 생각에 사로잡혀 무엇을 못 보고 있는지 알 수 있을까요? 알아차림은 현재 순간으로 돌아오는 선택권을 부여합니다. 예컨대 부모는 지금 집에 들어오는 아이를 있는 그대로 알아보고 인정할 수 있을까요? 지인에게 그렇게 하면서도 가장 가까운 자녀에게는 그렇게 하지 않는 부모들이 많습니다. 꼭 말로 해야 하는 것은 아닙니다. 부모가 침묵 속에 현존감을 몸소 보여준다면 가능한 일입니다.

아이 곁에 현존한다고 해서 반드시 아이에게 24시간 주의를 기울여야 하는 것은 아닙니다. 이것은 가능하지도 바람직하지도 않습니다. 아이들은 자기만의 경험을 가질 필요가 있습니다. 부모가 자신의 본래적 자율성을 인정해 준다고 느껴야 합니다. 다음챙김 양육에서 부모가 현존을 계발한다는 것은 아이 주변을 맴돌며 이래라 저래라 지시하는 것이 아닙니다. 아이 곁에서 칭찬과 격려를 퍼붓거나, 닥친 어려움을 즉각 해결해 주는 것도 아닙니다. 지나치게 아이에게 집중한 나머지 부모 자신을 잃어버린다면 아이와 부모 모두에게 바람직하지 않습니다.

분명한 것은 부모가 아이 곁에서 체현해 보이는 존재의 질, 현존감의 질이 부모 자녀 관계에 큰 영향을 준다는 것입니다. 현존감을 향상하려면 현재로 돌아와 지금 일어나는 일에 의도적으로 주의를 기울이는 노력이 필요합니다. 이것은 참되려는 의지, 깨어 있으려는 의지, 현재에 조율하려는 의지입니다.

참되다는 것은 거짓이 없는 것입니다. 어떤 것을 숨기거나, 없는 것을 있는 척하지 않는 것입니다. 부모 자신과 아이에게 지금 일어나는 감정을 외면하지 않는 것입니다. 불편한 감정이라도 알아차림으로 알아보고 기꺼이 마주하는 것입니다. 그런데 부모가 성장 과정에서 그런 감정을 숨기거나 다른 감정으로 대체했다면 불편한 감정을 알아보고 마주하는 일이 두렵고 힘들 수 있습니다. 여태껏 가본 적 없는 미지의 영역이기 때문입니다.

우리는 몸으로 많은 것을 드러냅니다. 생각에 빠졌을 때, 걱정과 불안에 휩싸였을 때, 스트레스를 받았을 때 그것은 우리의 몸을 통해 드러납니다. 부모가 긴장하고 위축되면 아이들도 그것을 알아챕니다. 이때 부모는 현재로 돌아와 지금의 느낌을 알아차리도록 스스로 상기해야 합니다. 현재 순간 자신의 몸이 경험하고 있는 것을 알아차리는 것입니다. 이 점에서 호흡을 알아차리는 것은 유용한 방법입니다. 의도적으로 호흡 감각에 의식을 모으면 몸이 이완되어 지금 일어나는 일에 부드럽게 열릴 수 있습니다. 알아차림에 머무는 연습을 자주 할수록 부모는 참된 현존을 더 크게 체현할 수 있습니다. 이런 식으로 부모는 자기 자신과 사랑하는 사람 곁에 더 온전히 존재할 수 있습니다.

부모가 지금보다 조금 더 마음챙김을 할 때 자녀는 부모를 다르게 경험합니다. 부모가 경험하는 부모 자신도 크게 달라집니다. 끊임없이 자신으로 돌아오는 연습을 통해 부모의 현존감이 향상됩니다.

〈잭과 콩나무〉 이야기

아이들은 친구와 놀거나 디지털 기기에 빠져 있다가도 어떤 때는 부모의 전적인 관심을 원합니다. 그런데 어른들은 아이에게 계속해서 관심을 주기가 쉽지 않습니다. 어른들은 매우 바쁩니다. 해야 하는 일이 한두 가지가 아니며 머릿속의 수많은 생각들이 끊임없이 방해합니다. 아이가 놀아주고 책을 읽어주길 원할 때 어른들은 거기에 마음을 제대로 기울이지 못합니다. 아이들은 그걸 쉽게 알아봅니다. 나(존)는 잠자리의 아이에게 책을 읽어주면서도 조금 뒤에 걸어야 하는 전화를 생각한 적이 한두 번이 아닙니다. 건성건성 책을 읽느라 정작 이야기가 무슨 내용인지 알지 못한 경우도 있습니다. 한번은 무척 피곤해 눈이 절로 감기는 상태로 잠자리의 딸아이에게 이야기를 들려주었습니다. 사자가 나오는 이야기였는데, 5분이 지나 사자가 토끼로 바뀌었습니다. 이걸 눈치 챈 딸아이와 한참을 웃었습니다.

아들은 네 살 무렵에 〈잭과 콩나무〉라는 전래 동화를 좋아했습니다. 아들은 하룻밤에도 이 이야기를 일고여덟 번씩 들려달라고 졸랐습니다. 나도 이 이야기를 좋아했지만 이건 너무하다고 여겼습니다. 그런데 그때 깨달은 사실이 있었습니다. 내가 이야기를 들려줄 때마다 아들 녀석은 마치 처음인 듯 이야기에 귀를 기울였다는 사실입니다. 젖소를 시장에 내다 판 의미, 거인의 성(城)에 숨어 탐욕스러운 거인을 몰래 지켜보는 짜릿함, 거인의 금돈 자루와 황금알을 낳는 암탉, 노래하는 하프를 훔친 일, 콩나무를 타고 거인에게서 도망치는 스릴감, 엄마에게 얻은 도끼로 콩나무를 잘라 거인을 떨어뜨려 죽이는 일이 이야기를 들려줄 때마다 아들에게 실제처럼 생생히 다가갔습니다. 거인이 잡으러 오면 아들은 몸을 꽉 조였고, 잭이 거인을 속여 넘길 때마다 신나는 미소를 지었습니다.

아이의 눈으로 이 이야기를 바라보자 나 역시 이야기를 읽어줄 때마다 거기에 온전히 존재할 수 있었습니다. 완강히 저항하는 '어른의 마음'을 내려놓자 이야기는 무한 변주가 가능한 한 편의 음악이 되었습니다. 줄거리는 그대로인데 아이에게 들려줄 때마다 '다른' 이야기가 되었습니다. 이걸 깨닫자 나의 세계가 넓어졌습니다. 〈잭과 콩나무〉는 조용한 시간에 하는 나의 명상이 되었습니다. 내가 현재에 존재하길 거부할 때마다 이 이야기는 현존하는 법을 가르쳐 주었습니다. 이렇게 아이는 부모의 교사가 됩니다.

잠자리에 드는 시간

아무 일도 일어나지 않는 고요한 시간을 가정에서 갖는 것도 좋습니다. 잠자리에서 잠을 청하는 시간이 그런 때입니다. **이 고요의 시간에 종종 성장이 일어납니다. 해결책이 보이고 창의력이 자라며 나눔과 연결이 발생합니다. 이 순간, 세상이 잠시 멈춥니다.** 어느 날엔 딸아이가 잠자리에서 스케치북을 꺼내더니 가만히 무언가를 그렸습니다. 어느 날 밤엔 상상력을 자극하는 짧은 이야기를 읽어주던 중 아이와 눈을 마주한 채 감동적인 이야기에 함께 미소를 지었습니다. 잠자리의 딸아이가 그날 학교에서 힘들었던 일을 슬며시 꺼내는 날도 있었습니다. 평소 묻혔던 이야기가 밤의 고요함 속에 세상으로 나왔습니다.

아이들이 어렸을 때 우리 부부는 잠자리에서 노래를 불러주고 이야기를 들려주며 책을 읽어주었습니다. 십대가 되어도 아이들은 잠자기 전에 책을 읽어주면 좋아했습니다. 잠자리에서 음악을 들으며 스르르 잠에 빠지는 것도 좋아했습니다. 잠자리에 드는 시간은 그날 있었던 많은 일이 한데 수렴하는 시간입니다.

아이들은 모두 다릅니다. 쉽게 잠드는 아이가 있는가 하면 그러지 않는 아이도 있습니다. 아이들이 어렸을 때 우리 부부는 잠자리에 드는 시간을 하루를 평화롭게 마무리하는 시간으로 삼았습니다. 하지만 너무 피곤할 땐 그러기가 어려웠습니다.

아이들의 취침 시간을 엄격히 지키는 일도 쉽지 않았습니다. 해야 할 일이 남았거나 다음날 약속을 잡아야 하는 때도 있었습니다. 아이가 칭얼대기도 하고, 아이들이 자라면서 요구하는 것이 바뀌기도 했습니다. 작은아이를 돌보느라 큰아이를 챙기지 못할 때도 있었습니다. 끊임없이 균형을 잡아야 했습니다. 이러는 와중에 평화로운 취침 시간은 온데간데없이 사라졌습니다. 그러나 가족이 온전히 존재하는 고요한 밤 시간에 우리는 서로의 관심사를 나누었고 잠자리에서 잠에 빠져드는 아이를 지켜보았습니다. 고요한 밤 시간은 우리 부부에게 무엇보다 소중한 시간이었습니다.

게송과 축복

명상 수련회와 일상 마음챙김 수련에서 짧은 시구나 격언을 읊는 경우가 있습니다. 이것은 우리가 알지만 잊어버리고 당연시하는 것들을 일깨우는 목적입니다. 이런 시구나 격언을 불교에서 게송(偈頌)이라고 합니다(산스크리트어로는 가타(gatha)라고 합니다). 아침에 일어나 읊는 게송이 있고, 식사하고 차 마실 때 읊는 게송이 있습니다. 들숨날숨을 알아차릴 때 읊는 게송도 있습니다. 일상의 어떤 일에도 그 일을 할 때 부르는 게송이 있습니다. 어느 게송이든 실재하는 현상과 접촉하기 위한 것입니다. 자기만의 생각에 빠지지 않으려는 목적입니다.

게송은 생각 없이 습관처럼 읊으면 소용이 없습니다. 희귀한 새를 품어 안듯이 소중히 읊어야 힘을 발휘합니다. 짧은 구절이지만 게송에는 우리가 나아갈 방향을 가리키는 힘이 있습니다. 게송은 우리를 치유하고 다독이며, 우리가 기억해야 하는 것을 가리켜 보입니다. 다음은 우리 아이들이 학교에서 배운 짧은 게송입니다.

내 가슴 속의 해님 / 해님은 내 몸을 따뜻하게 해
새와 동물과 꽃의 / 생명과 사랑을 일깨워

우리 집 아이들이 다닌 유치원과 초등 저학년에서는 매일 아침 학급 전체가 이 게송을 소리 내어 불렀습니다. 아이들은 게송을 부르며 팔 동작도 함께 했습니다. 머리 위로 팔을 둥그렇게 만들어 해를 만들었다가 팔을 내려 가슴을 감싸 안습니다. 손바닥을 하늘로 뻗어 온기를 품은 다음 가슴으로 가져와 양손을 살포시 포갭니다. 그리고는 새와 동물의 생명력으로 활짝 꽃을 피웁니다. 손으로 꽃잎 모양을 만들어 동작을 마무리합니다.

우리 부부는 아이들이 이 짧은 게송을 자주 부르는 것이 좋았습니다. 아이들의 몸과 마음에 유익하며, 어떤 배움보다 중요하다고 생각했기 때문입니다. 매일 이 시구를 부르면 아이들 내면의 어떤 것이 보호받고 양육 받는다는 느낌이 들었습니다. 이 시구는 아이들에게 생명이 가진 힘과 소중함을 일깨웠습니다. '사랑'이라는 가슴속의 강력한 힘을 매일 일깨웠습니다. 아이들은 교실에서 하는 간단한 아침 명상으로 만물의 상호연결성을 깨달았습니다. 태양, 심장, 생명, 새, 동물, 꽃, 아이들, 사랑 등 모든 것이 서로 뗄 수 없는 전체라는 걸 가슴으로 느꼈습니다.

우리 부부는 아이들에게 이 밖에도 많은 게송을 배웠습니다. 다음은 우리 집 아이들이 학교에서 점심식사 전에 부르는 게송입니다. 우리 가족에게 이 게송은 분주한 일상에서 잠시 거리를 두고 저녁 식탁에서 손을 잡고 고요히 연결하는 방법이었습니다.

음식을 나눠준 지구야 / 먹기 좋게 익혀준 태양아
고마워 지구야, 고마워 태양아 / 너희 때문에 우리가 살아
있어

게송을 읊은 뒤 우리 가족은 잠시 침묵 속에 서로를 바라봅니다. 그런 다음 식탁에 차린 음식을 눈에 담으며 말합니다. "우리가 먹는 식사에 축복을, 우리 가족에 축복을." 만약 손님이 있으면 이런 말도 덧붙입니다. "손님에 축복을."
자라면서 가정에서 축복의 기도를 해본 적이 없던 우리 부부는 이런 의례를 하는 가정을 보면 조금 어색했습니다. 하지만 나이가 들면서 우리 두 사람은 생명의 온전함과 선함을 잊지 않고 의도적으로 축복하는 일이 중요함을 깨달았습니다.
아이들이 가르쳐준 알아차림과 감사의 게송은 우리 부부의 마음에 쏙 들었습니다. 그 게송들이 축복하는 것은 결국 마음챙김이었습니다. 게송들은 모든 것을 포괄하며 무엇이든 깊이 보는 마음챙김을 축복하고 있었습니다. 우리 가족은 게송을 읊고 그것이 일으키는 느낌에 머물면서 가슴속의 씨앗에 물을 주었습니다. 그 씨앗은 지금도 우리 아이들의 내면에 꽃

을 피웁니다. 아이들은 자신의 가슴속에 태양이 있다는 것을 압니다. 게송들이 아이들의 가슴에 심어준 씨앗은 겉으로 드러난 외양의 이면을 사랑하는 마음이었습니다. 위대한 시인은 이것을 신비스런 언어로 표현하고 축복합니다.

위대한 사랑이 가슴으로 흘러드네
웃고 노래하는 수밖에
우리에겐 모든 것이 축복
눈에 보이는 모든 것이 축복

- 윌리엄 버틀러 예이츠, 〈자아와 영혼의 대화〉에서

7

선 택
Choices

치유의 순간

나(마일라)는 삶의 많은 것을 부모가 되어 배웠습니다. 우리 아이들은 내가 알아야 하는 것을, 알아야 하는 때 가르쳐 주었습니다. 나는 아이를 키우며 아이들의 관점에서 보는 법을 배웠습니다. 그 과정에서 내 어릴 적의 제한적이고 해로운 관계 패턴도 보았습니다. 그때 나에 관하여 알게 된 불편한 진실이 있습니다. 어린 시절의 부족한 부분을 메우려고 반대쪽 극단으로 치달았다는 사실입니다. **자녀를 키우며 내리는 많은 결정이 부모 자신의 어린 시절 가족 역동에 영향을 받습니다. 그러나 아이가 지금 경험하는 가족 역동과, 부모가 성장하며 경험한 가족 역동이 다를 수 있음에 유념해야 합니다.** 그럴 때 지금 무엇이 필요한지 알고, 그에 따라 결정을 내릴 수 있습니다.

 부모가 어릴 적 자신의 경험을 떠올리며 이해하는 것은 자녀 양육의 지침일 뿐 아니라 부모 자신의 과거에서 벗어나는 기회입니다. 부모는 아이를 키우며 어린 시절 자신이 경험한 유해한 관계 패턴이 재연되는 것을 종종 목격합니다. 예컨대 목소리와 표정으로 아이의 감정을 무시하는가 하면 "넌 왜 그 모양이니?" 같은 말로 아이를 책망하며 마음의 상처를 주기도 합니다. 이때야말로 부모가 다른 선택을 내릴 기회입니다. 부모가 반사적으로 매정하게 행동하는 이유는 본인의 성장 과정에서 그런 대우를 받았기 때문입니다. **그러나 부모는 이 순간 잠시 멈추어 자신의 격한 반응의 이면을 들여다볼 수 있습니다. 강하게 조건화된 마음의 습관에 맞서 새로운 눈으로 질문할 수 있습니다.** "내가 왜 이렇게 반응하지? 계속 이런 식이면 앞으로 어떻게 될까? 아이가 지금 부모에게 필요한 건 뭐지? 이것 말고 다른 선택은 없을까?"

물론 평생토록 형성된 강력한 마음의 습관에 떠밀리는 순간, 열린 마음으로 이런 질문을 던지기란 쉽지 않습니다. 부모는 이 순간에 잠시 멈추어 현재 순간을 알아차림에 담을 수 있을까요? 마음에 일어나는 충동을 즉각 행동으로 옮기지 않고 관찰할 수 있을까요?

아이가 다양한 발달 단계를 거치는 동안 부모는 자신의 어린 시절에 입은 마음의 상처를 다시 경험하기도 합니다. 그래서 특정 상황에서 두려움, 불안, 불편함 등의 격한 반응을 보입니다. 이렇게 보면 이것은 아이의 문제가 아니라 부모 자신의 문제입니다.

불편한 감정이 일어날 때는 잠시 멈추어 거기에 가만히 귀를 기울이는 것이 도움이 됩니다. 물론 불편한 감정일수록 마음을 모으기가 어렵습니다. 불편하기 때문에 즉각적으로 피합니다. 어린 시절 자신의 감정을 존중받지 못했다면 그것을 알아차림에 담기가 더 어려울 것입니다. 그대로 덮어두는 편이 훨씬 편할 것입니다.

그런데 그 감정을 의식적으로 알아차림에 담을 수도 있습니다. 이것은 부모 내면의 깊은 곳을 드러내는 단서입니다. 의식적으로 알아차려도 당장 소용이 없다고 생각될 수 있습니다. 하지만 잠시 멈추어 호흡하며 자신의 긴장된 몸과 감정을 알아차리면 과거에 매여 있는 자신을 보게 되고 거기서 깨어나 새롭게 응대할 수 있습니다. **내면에 일어나는 격한 감정을 알아차릴 때 지금과 다른 선택을 내릴 수 있습니다. 아이가 부모에게 필요로 하는 것에 더 부합하는 선택을 내릴 수 있으며 부모의 내면에도 변화와 치유가 일어납니다.**

아이의 욕구를 존중하는 것은 충족되지 못한 부모 자신의 어린 시절의 욕구를 존중하는 것이기도 합니다. 아이에게 냉혹하기보다 친절로 대할 때 부모는 친절이 어떤 것인지 직접 경험합니다. 어린 시절 폭력을 당한 부모라면 아이를 때리려는 충동이 일어날 때 폭력보다 바람직한 해결책이 존재함을 알고 깊이 안도합니다. 어릴 적에 제대로 돌봄을 받지 못한 부모라면 자녀를 정성스럽게 돌보는 데서 안정감을 느낍니다.

부모는 지금껏 입고 있던(그것이 아무리 쓸모가 있었더라도) 감정의 갑옷을 벗고 연민과 이해, 열린 마음으로 자녀에게 다가갈 수 있습니다. 이 과정에서 부모 자신의 어린 시절을 들여다볼 뿐 아니라 지금 이 순간이 지닌 자유로움과 연결성을 아이와(그리고 부모 자신과) 나눌 수 있습니다. 지금까지 빠져 있던 부정적인 감정의 악순환에서 벗어나겠다고 결심할 때 부모는 무조건적 사랑이라는 마법과 접촉합니다. 그러면서 전체성에, 그리고 부모 자신의 자유에 한 발 더 가까워집니다. 어느 젊은 엄마가 들려준 이야기입니다.

> 둘째가 태어난 뒤 부모님이 우리 집에 놀러 오셨던 기억이 생생해요. 당시 세 살이던 딸아이가 주변의 관심으로 다소 버릇없는 행동을 했어요. 부모님은 '착하게' 굴어야 한다며 손녀를 나무랐죠. 그 순간 나는 알았어요. 나의 어릴 적에도 부모님은 '착하게' 구는 나만 인정했다는 걸요. '용납 가능한' 행동에서 벗어나 '부정적인' 감정을 표현하는 순간 부모님은 나를 평가의 대상으로 삼았죠. 이 사실을 깨달은 나는 부모님으로부터 아이를 지켰어요. 그 순간은 아이와 나에게 치유의 순간이었어요. 아이에게 공감하며 아이 편에 섰어요. 아이를 배반하지 않았어요. 겉으로 '착하게' 구는 것보다 중요한 건 그 순간 딸아이의 행복이었어요.

어린 시절 우리는 감정을 무시당하는 경험을 종종 합니다. 대수롭지 않게 여길지 몰라도 그런 경험이 계속되면 아이는 자신에 대한 믿음을 잃습니다.

부모가 자신의 어릴 적 양육 경험을 자녀에게 똑같이 물려주고 있음을 알아차릴 때 지금까지의 해로운 관계 패턴에서 벗어날 수 있습니다. 어느 엄마가 아홉 살 아들이 친구와 놀도록 방과 후에 차에 태워 집으로 오고 있었습니다. 차에서 친구는 아들에게 무언가를 계속 떠들어댔습니다. 하지만 아들은 관심이 없는 듯 심드렁했습니다. 엄마는 놀러오는 친구를 그렇게 대하면 안 된다며 아들에게 핀잔을 주었습니다. 집에 도착해 마지못해 친구와 한 시간을 놀고 난 아들은 화가 났던지 떼를 쓰며 소리를 질러댔습니다. 당황스러운 엄마도 화가 났습니다. 나중에 곰곰이 생각해본 엄마는 자신이 자란 가정에서 공손한 행동을 매우 중시했음을 알았습니다. 엄마는 친구에 대한 예의 바른 행동을 우선하느라 아들의 감정을 무시했습니다. 아들과 엄마 자신의 감정을 돌보기보다 친구의 감정만 고려했습니다.

사실, 엄마는 차에서 아들의 느낌을 알아볼 수도 있었습니다. 그랬다면 두 아이가 차에서 말없이 있게 할 수도 있었을 겁니다. 두 아이가 집에서 다르게 노는 방법을 제안할 수도 있었을 겁니다. 그러나 엄마는 무례한 태도는 '잘못'이라는 어릴 적 믿음을 무의식적으로 행동에 옮겼습니다.

한 번은 이 어머니가 아들을 외할머니 댁에 데려갔습니다. 손자는 태어나 외할머니를 본 적이 두세 번밖에 없었습니다. 그날 우연히 외할머니의 친구 한 분이 놀러왔습니다. 할머니는 친구와 이야기를 나누느라 손자는 안중에 없었습니다. 지루해진 손자는 집안의 가구 위를 뛰어다니며 쿵쾅거렸습니다. 제멋대로 행동하는 아들에 화가 난 엄마는 아들을 잡아끌고 집으로 데려갔습니다. 그리고는 아들의 무례한 행동에 단단히 훈계를 주었습니다. 그러자 아들은 애원하는 표정으로 엄마를 보며 말했습니다. "하지만 엄마, 할머니는 내게 한마디도 말을 걸지 않았다고요!"

그 순간 엄마의 눈에서 꺼풀이 벗겨졌습니다. 엄마는 자신의 어릴 적 상황에 아들을 똑같이 밀어 넣었음을 알았습니다. 엄마는 자신의 엄마(외할머니)가 딸의 감정과 욕구를 무시해도 늘 공손하고 다정하며 사려 깊은 딸이어야 했습니다. 그리고 자신의 엄마(외할머니)가 아들(손자)에게 다가가려는 노력을 하지 않았다는 걸 알았습니다. 그럼에도 엄마에게 화내지 못하고 오히려 아들에게 역정을 내고 말았습니다. 어린 시절의 익숙한 장면을 아들에게 그대로 재연한 것입니다. 엄마는 아들이 말을 꺼내기 전에는 외할머니가 손자를 무시한다는 걸 전혀 인식하지 못했습니다. 이렇게 부모는 아이들에게 배움을 얻기도 합니다.

나중에 엄마는 이 일을 두고 자신의 어머니가 바뀌기를 기대하기는 어렵다고 말했습니다. 그러나 다음 번 외할머니 댁을 찾을 때는 아들이 좋아하는 놀이를 가져가기로 했습니다. 아니면 공원에서 할머니와 만나거나 그녀의 집으로 초대할 수도 있다고 했습니다. 엄마는 힘들어하는 아들에게 화낸 것을 사과했습니다. 아들은 자신의 힘든 경험을 엄마가 이해하고 받아들인다는 걸 알고 엄마에 대한 믿음이 생겼습니다. 그 과정에서 자신의 감정에 대한 믿음도 튼튼해졌습니다.

사랑을 듬뿍 주는 최고의 부모가 되려 해도 부모 자신의 무의식적 행동으로 아이와 불협화음이 생기거나 관계가 일시 단절되기도 합니다. 그러나 이것은 피할 수 없는 삶의 일부입니다. 부모가 하루 24시간 내내 깨어있는 마음으로 마음챙김을 할 수는 없습니다. 중요한 것은 아이와의 관계에서 일어나는 어떤 어려움이든 헤쳐갈 수 있다는 믿음입니다. 부모가 이런 믿음을 가질 때 아이는 부모와의 관계가 일시 단절되어도 얼마든지 회복할 수 있다고 느낍니다. **이 점에서 마음챙김은 부모가 도달해야 하는 이상적인 상태가 아닙니다. 마음챙김은 언제나 과정입니다. 마음이 깨어있지 못할 때에도 매순간 일어나는 일과 관계 맺는 한 가지 방식입니다.** 우리는 마음이 깨어있지 못하고 무의식적인 행동에 빠지면 그런 자신을 비난하거나 한심하게 여깁니다. 그러나 매순간은 자신의 무의식적인 반응과 두려움, 기대를(또 그것이 나에게 미치는 영향을) 친절로 대하며 그로부터 배움을 얻는 새로운 기회입니다.

아이를 키우다 보면 부모의 행동으로 자녀에게 상처를 주었음을 인정하고 사과해야 하는 경우도 있습니다. 그런데 이런 사과조차 건성건성 하는 부모가 있습니다. 이 때는 지금 일어난 일을 인정하면서 깨어있고 열린 마음으로 지금 경험하는 어려움에 응대하겠다는 결심을 새롭게 해야 합니다. 잠시 멈추어 호흡을 알아차리며 돔에 다시 터를 잡고 속으로 이렇게 말해야 합니다. "처음부터 다시."

부모가 자신의 성장 과정에서 형성된 제한적이고 해로운 행동 패턴과 그에 따른 슬픔과 분노, 소외의 경험을 알아차리는 것은 고통스러운 일이지만 그것은 부모에게 소중한 배움을 선사합니다 이 알아차림으로 부모는 더 현명한 양육 선택을 내릴 수 있습니다.

누가 부모이고 누가 자녀인가

인간으로 태어난 이상 피할 수 없는 고통이 있습니다. 그런데 자기도 모르게 자신과 타인에게 고통을 안기는 경우도 있습니다. 어린 시절의 충족되지 못한 감정상 욕구 때문에, 그리고 평생 만들어진 무의식적 습관 때문에 사랑하는 자녀에게 불필요한 감정의 짐을 씌우는 부모가 있습니다. 이때는 부모의 성장 과정에서 형성된 눈에 보이지 않는 '감정의 룰'을 살펴야 합니다.

어느 여학생은 과학자인 아버지의 뜻에 따라 의대 입시를 준비했지만 자신의 길이 아님을 알고 미술 쪽으로 방향을 바꾸려 했습니다. 그러나 아버지의 강한 반대에 부딪혔습니다. 이 학생의 가정에서 통용되는 암묵적인 감정의 룰은 '아빠가 원하는 일을 해야만 인정받을 수 있다'였습니다.

암묵적인 감정의 룰은 가정마다 다릅니다. 부모의 감정 욕구를 우선시하는 가정도 있고, 감정 욕구 자체를 무시하는 가정도 있습니다. 그런데 눈에 보이지 않는 이런 관계 패턴은 많은 경우에 가정의 권력자(대개는 부모)의 감정 욕구를 충족하기 위한 것입니다. 부모가 죄책감, 수치심, 의무감으로 자녀에게 이런저런 요구를 하는 중에 특정한 관계 패턴을 강요한다면 자녀는 자신의 감정과 욕구를 표현할 기회를 갖지 못합니다.

부모들은 자신이 겪은 상처와 고통을 통해 자녀와 관계를 맺기도 합니다. 이런 부모는 자녀가 자신의 고통에 공감해 주길 무의식적으로 바랍니다. 이때 부모가 의식하지 못하는 채로 부모 자녀 사이에 미묘한 동조 현상이 일어납니다. 즉, 부모가 말하지 않아도 아이는 부모의 감정 욕구에 주파수를 맞춥니다. 부모가 자녀의 감정에 공감하는 것이 아니라 반대로 자녀가 부모의 감정과 어려움, 스트레스에 공감하는 역할을 합니다. 이때 아이의 중심은 자신이 아닌 부모에 있습니다. 부모의 친구이자 공감하는 경청자로 행동할 뿐, 아이의 감정과 욕구는 묻히고 맙니다. '착한 아들, 착한 딸'이 되는 대가로 자신의 감정과 내면의 자아를 돌보지 못합니다. '착한 아이'라는 정체성을 지키기 위해 자기 파괴적인 행동에 빠지거나 자신의 감정과 멀어집니다.

아이 본연의 정서 지능이 발달하려면 자신의 모든 감정을 알아차리고 받아들이는 시간이 필요합니다. 아이가 어릴 때는 부모가 아이의 감정을 알아봐 주어야 합니다. "지금 짜증이 났구나. 화가 났구나. 피곤하구나." "조이가 슬퍼 보여. 왜 슬픈 걸까? 생각해 봤니?" 등으로 말입니다. 그리고 부모가 느끼는 감정도 알려줄 필요가 있습니다. 이 과정에서 아이는 자기 감정을 효과적으로 표현하면서 자신에게 지금 무엇이 필요한지 알게 됩니다. 주변 사람의 공감적 정서 반응으로 타인의 감정을 알아차리는 법도 배웁니다. **내가 말하면 상대가 들어주고, 상대가 말하면 내가 들어줍니다. 이런 대화에 참여하는 과정에서 아이는 '상대방'의 존재를 느낍니다. 상호 관계성을 직접 경험합니다. 자신의 감정과 욕구에 반응하는 상대방을 신뢰하며 온전한 상호적 관계를 맺습니다.** 물론 여기에는 시간이 필요합니다. 어른도 평생이 걸리는 일입니다.

자녀가 자신의 느낌과 생각을 자유롭게 이야기할 때 부모는 불편한 느낌을 받을 수도 있습니다. 자기 행동에 책임지는 법을 익히기까지는 시간이 걸립니다. 이 과정에서 부모가 인내하는 일은 결코 쉽지 않습니다.

어느 남자가 아버지와 관계에서 힘든 부분을 솔직히 적은 편지를 썼습니다. 편지를 받은 아버지는 이렇게 답장을 했습니다. "그 끔찍한 편지를 용서하마." 아버지는 아들의 편지에 담긴 일말의 진실을 외면했습니다. 그러면서 아들에게 용서를 구하기는커녕 솔직한 감정을 털어놓은 아들이 죄를 지은 양 자신이 용서를 베푼다고 여겼습니다. 만약 아버지가 아들의 고통을 이해하지 못해도 귀를 열고 연민을 보냈다면 아들은 (치유는 아니더라도) 마음의 부담을 크게 덜었을 것입니다.

'완벽한 결혼'을 외면하고 동성애자로 커밍아웃을 한 어느 여성의 말입니다. "어머니를 잃고 싶지 않지만 어쩔 수 없었어요. 어머니를 잃지 않으면 나를 잃게 돼요. 나를 잃을 수는 없어요." 또 성인이 된 두 딸이 어머니에 대해 이렇게 말했습니다. "우리 엄마는 '엄마 같지' 않아요. 오히려 우리가 엄마 같아요. 엄마는 끊임없이 두 딸이 무언가 부족하다고 느끼게 해요. 우리가 엄마를 충분히 사랑하지 않고 인정하지 않는다고 행동으로 말하죠."

당신의 부모님은 당신에게 무엇을 기대했나요? 당신이 자란 가정에서 당신은 감정상 무엇을 해야 했나요? 부모님은 당신을 어떻게 위해 주었나요? 기본적인 감정상 욕구를 어떻게 충족했나요? 가족 관계가 나빠졌을 때 누가 책임지고 개선했나요? 누가 누구를 키웠나요?

우리는 어른이 되어서도 어릴 적 경험했던 감정의 짐을 지고 살기도 합니다. 이런 감정의 짐에는 (실제로 내 것이 아님에도) 성장 과정에서 내 것이 되어버린 부모의 고통, 부모의 기대와 실망, 부모의 비밀, 부모의 분노와 상처가 있습니다. 그런데 이런 감정의 짐을 내려놓는다는 생각만으로 우리는 죄책감에 빠집니다. 부모에게 물려받은 감정의 짐을 내려놓으면 '나쁜 아들' '나쁜 딸'이 된다고 생각하는 것입니다. 그러면 어떻게 해야 할까요?

성장 과정에서 죄책감과 두려움 때문에 습관적으로 떠맡았던 역할을 내려놓는 노력이 필요합니다. 성장 과정에서 떠맡은, 눈에 보이지 않는 오래된 규칙을 따르지 않겠다고 다짐할 때 문제 해결의 가능성이 보입니다.

부모는 자신이 자란 가정의 익숙한 관계 패턴에서 벗어나 감정의 독립에 이르는 과정에서 이에 저항하며 자기를 비난하기도 합니다. 용기와 인내가 필요합니다. 그렇지만 늦은 때란 없습니다. 부모는 지금껏 짊어온 감정의 짐을 언제라도 내려놓을 수 있습니다. 그런 다음 적절하고 조화로운 관계 패턴을 형성할 수 있습니다. 이 과정에서 자녀와 맺고 있는 무언의 관계 패턴과, 자녀에게 거는 기대가 드러납니다. 그러면서 불필요한 감정의 짐에서 벗어납니다. 부모와 자녀는 더 가벼워지고 더 여유가 생기며 각자에게 더 충실해집니다.

따라서 부모는 이런 질문을 스스로에게 던져야 합니다. "지금 나는 아이의 감정 욕구를 충족하고 있나? 혹 거꾸로 아이가 부모의 감정 욕구를 돌보지 않는가?" 어릴 때는 부모가 아이의 여러 욕구를 직접 챙겨야 합니다. 아이가 자라면 아이 스스로 자신의 욕구를 알아보고 충족하도록 곁에서 도와야 합니다. 자신의 감정 욕구를 알아보고 충족하는 일은 건강한 감정을 지닌 성인으로 발달하는 데 반드시 필요합니다. 한편 부모 자신의 감정 욕구도 돌봐야 합니다. 부모가 자신의 감정을 자각하고 그것을 자녀에게 효과적으로 전해야 합니다. 이것은 건강한 부모 자녀 관계에 매우 중요합니다.

자녀가 성인이 되어도 부모의 지지와 이해, 도움이 필요합니다. 의견이 다르거나 관계가 잠시 틀어져도 부모는 용기를 내어 자녀에게 다가가 치유하는 법을 찾아야 합니다. 언제나 가능하지는 않지만 자녀와의 건강한 관계를 포기하지 않는다는 의지를 다지며 노력할 수 있습니다. 물론 자녀가 다가오기를 마냥 기다려야 하는 때도 있습니다.

부모가 자신의 감정 욕구를 자신의 부모에게 충족하지 못했다면 자녀의 감정 욕구를 충족하는 일도 어려워집니다

(많은 심리학 연구가 이 사실을 보여줍니다). 이런 감정의 악순환은 세대를 이어 대물림됩니다. **부모는 자신의 감정과 맺은 관계, 자녀와 감정상 맺고 있는 관계를 매순간 자각해야 합니다. 그럴 때 이 악순환에 작은 틈을 낼 수 있습니다.**

자녀가 성인이 되어도 부모의 도움은 지속적으로 필요합니다. 마찬가지로 부모도 나이가 들면 자녀의 돌봄이 필요해집니다. 서로가 서로를 돌보는, 끊임없이 변화하는 부모 자녀의 주고받음 속에 생명의 순환이 이어집니다.

> 나의 두 손이 화가 나 떨리고 있습니다. 그러나 칭얼대는 아이에게 닿은 내 손은 아이를 거칠게 다루지 않습니다. 부드러운 속삭임처럼 아이의 몸에 닿습니다. 몸이 커진 듯, 나는 깊이 숨을 쉬며 아이를 끌어안습니다. 이 순간, 나는 얇고 너덜너덜해진 인내심이 아니라 모성의 끈기로 아이를 안습니다. 이 끈기는 오래 전 우리 엄마가 내게 준 선물이었습니다. 엄마는 나에게 끈기를 불어넣었습니다. 엄마는 깊은 고요의 시간에 동생들을 안아주고 젖을 먹이고 달래주었습니다. 그것이 눈에 보이지 않게 내 안에 스며들었습니다. 이 선물은 평생토록 내 안에 자리 잡고 있습니다. 내 손은 둥지의 새처럼 부드럽고 힘찬 날개가 필요한 때를 기다리고 있습니다.
>
> - 루이스 어드리크, 『청어치의 춤』에서

가족이 중시하는 가치

각 가정에서 중시하는 가치는 시간이 흐르며 바뀌기도 합니다. 하지만 가족 구성원을 보호하고 양육하며 각자를 인정하고 수용하는 사랑의 공동체라는 가치는 변하지 않습니다. 그밖에도 가족이 중시하는 가치에는 정직과 존중, 헌신, 힘든 시기를 함께 극복하는 의지도 있습니다.

그런데 이런 가치들은 절로 생겨나지 않습니다. 가족 구성원이 내적이고 외적인 노력을 기울여야만 만들고 유지할 수 있습니다. 가족 문화의 외형은 가족의 규모가 변하고 자녀가 성장하면서(또 부모가 인간으로서 성장하면서) 계속 바뀝니다. 가족에 영향을 미치는 사회 변화에 따라 바뀌기도 합니다. 가족을 떠난 자녀들이 나름의 가족 문화를 만들기도 합니다.

모든 가족에는 의식하든 못하든 고유한 가족 문화가 있습니다. **마음챙김 양육에서 부모는 자기 가족이 어떤 문화를 지녔는지 자각해야 합니다. 그러면서 부모가 중시하는 가치를 의**

식적으로 반영하고 실천하는 선택을 내려야 합니다.

가족이 중시하는 가치에 대해 흔히 '올바른 가정'이라는 정치적, 도덕적 관점에서 접근하고는 합니다. 그러나 가치란 우리가 중요하게 생각하는 무엇입니다. 어떤 가치를 중시하느냐에 따라 가족 문화도 달라집니다. 가족이 중시하는 가치는 이론적 개념이 아니라 실제 가족생활에서 실천되어야 합니다.

우리가 개인적, 집단적으로 중시하는 가치는 일상의 삶에서 알게 모르게 드러납니다. 부모는 자신이 일상에서 어떤 가치를 추구하고 있는지 자각해야 합니다. 평가가 아닌 탐구와 수용의 마음으로 그것을 인식해야 합니다. 실제 행동과 우선순위가 자신이 추구하는 가치와 어긋난다면 부모는 자신이 중시하는 가치에 부합하는 우선순위를 새로 매겨야 합니다. 이때 이런 질문이 도움이 됩니다. "부모인 내가 가장 중요하게 여기는 가치는? 우리 가족의 가치를 반영하는 기본 원칙은? 어떤 원칙에 입각해 우리 가족의 행동을 선택할까?"

우리(저자) 가정에서 중시하는 가치는 자주권, 공감, 받아들임 그리고 알아차림입니다. 이것 모두 사랑과 돌봄을 표현하는 근본적인 마음 자세입니다. 이 근본적인 가치에서 존경, 친절, 정직, 책임, 유연성, 자율성, 프라이버시 등의 가치가 나옵니다. 우리 두 사람은 이 가치에 부합하는 삶을 살고자 노력합니다. 유쾌한 일은 아닙니다만 그러지 못할 때도 있습니다. 하지만 그럴 때도 그것을 알아차리며 우리가 중시하는 핵심 가치에 더 부합하는 행동을 다짐합니다. 마음챙김을 체현하는 수행이란 이것을 말합니다.

우리 가족은 평화와 조화의 가치를 중시합니다. 하지만 많은 경우 실제의 가족생활이란 평화나 조화와 거리가 멉니다. 경험으로 볼 때 평화와 조화는 억지로 강제할 수 있는 가치가 아닙니다. 그것은 부모가 모범을 보임으로써 북돋고 계발해야 하는 가치입니다. 부모가 인내하고 신뢰할 때 가정 내에 평화와 조화가 조금씩 뿌리를 내립니다. 완벽한 부모가 되라는 얘기가 아닙니다. 중요한 것은 부모가 '매순간' 알아차림의 계발에 전념하는 것입니다. 부모도 인간이며 실수할 수 있음을 알 때 아이들은 가족이 중시하는 가치에 대해, 그리고 삶에 대해 중요한 교훈을 얻습니다.

가족의 정서적, 물리적 분위기는 가족이 중시하는 가치가 지속적으로 자라나는 토양입니다. 이때 마음챙김을 가족의 분위기에 가져간다면 가족이 중시하는 깊은 내면적 가치가 자녀 양육에 더 효과적으로 반영됩니다. 우리(저자)가 중시하는 가족 분위기의 한 가지 측면은 가정이 세상의 자극에서 휴식을 취하는 안식처가 되어야 한다는 것입니다. 또 우리 사회에 만연한 피상적이고 광적인 물질주의에 대한 완충 기능을 가정이 해야 한다는 것입니다.

가족의 의례도 중요합니다. 한 가정의 문화에서 가족 의례는 중요한 부분을 차지합니다. **가족 의례는 편안한 분위기에서 가족 구성원이 가족이라는 공간과 시간에 편안히 자리 잡게**

하며 구성원의 유대를 강화합니다. **가족 의례에 의미를 부여하는 핵심은 가족 의례에서 매순간 부모가 일으키는 의도성과 의식의 질입니다.**

아침에 아이들을 깨우고, 신발을 신기고, 머리를 빗기고 땋고, 목욕을 시키고, 저녁식사를 함께 하고, 식사 자리에 촛불을 켜고, 서로에게 축복을 보내고, 함께 노래를 부르고, 겨울에 화롯가에 함께 앉고, 침대에서 이야기를 들려주는 등 모든 행위가 가족 의례가 될 수 있습니다. 이 모든 것이 가족의 생활을 풍요롭게 합니다. 신비롭고 인간적인 아날로그 순간을 위해 일정 시간 디지털을 꺼둘 필요도 있습니다.

가정의 둘리적 환경을 정비하는 일도 가족 의례가 될 수 있습니다. 가정 환경을 하루 종일 깨끗하고 정돈된 상태로 유지할 수는 없지만 불결하고 어수선한 주변은 가족 구성원의 에너지에 부정적인 영향을 미칩니다. **가정의 물리적 환경을 가꾸는 목적은 단지 겉으로 깨끗해 보이는 것이 아닙니다. 가정 환경을 정돈하는 일을 마음챙김으로 한다면 일상의 집안일도 아이의 소속감과 유능감을 키우는 훌륭한 가족 의례가 됩니다.** 아이가 어려도 요리, 청소, 빨래 개기 등 부모형제와 함께 할 수 있는 간단한 일은 얼마든지 있습니다. 부모가 일관되고 분명한 기대를 정해 자녀가 집안 정돈과 청소를 하게 한다면 가족 모두가 함께하는 의례가 됩니다. 이렇게 가정은 새로운 시작을 준비합니다.

부모는 가정을 전체적으로 보는 눈도 필요합니다. 가족 구성원 각자의 요구를 알아보듯이 가정 전체도 의식에 담아야 합니다. 그럴 때 '가족 자체'가 자양분을 얻으며 성장합니다. 가족 구성원 각자의 문제를 알아보고 해결해야 할 때가 있습니다. 그저 안부를 묻거나 마냥 즐기는 시간도 필요합니다. 하지만 크게 보면 이 모두가 가족을 한데 모으는 과정입니다. 이렇게 시간이 지나면 가정에 대한 아이들의 소속감이 자라납니다.

아이들은 언젠가 가정을 떠나 세상과 교류하며 자기만의 사회적 가치를 만들어 갑니다. 그런데 그 바탕에는 자라온 가정의 분위기와 문화가 깔려 있습니다. 부모가 가정에서 평화와 조화를 강요할 수 없듯이 관대함, 연민, 배려, 평등, 다양성 존중의 가치도 도덕적 교화로 강제할 수 없습니다. 부모의 행동과 태도에 자연스럽게 묻어나야 합니다. 그럴 때 아이들은 그것을 직접 경험합니다.

친구가 들려준 이야기입니다. "지금 스물세 살인 우리 아들은 뉴욕의 외곽 동네에서 자랐어요. 아이가 어릴 적에 우리 부부는 이혼했어요. 하지만 내가 중시하는 삶의 가치를 아이에게 심어주는 게 엄마의 도리라고 여겼어요. 그런 가치에는 모든 사람을 재산이나 상황과 무관하게 존중하라는 것도 있었죠.

뉴욕시는 아들이 어렸을 때와 많이 변했어요. 지금 아들이 사는 동네를 비롯해 많은 구역에 노숙자들이 살아요. 노숙자들은 지나는 행인에게 구걸하고 문간에 누워 자기도 해요. 그러던 어느 추운 겨울날 저녁, 나는 아들이 사는 아파트로 찾아갔어요. 근처 식당에서 함께 저녁을 먹을 계획이었어요. 오랜만에 아들과 함께하는 저녁식사는 내게 무척 소중한 시간이었어요.

아들이 사는 아파트에 들어서는 순간, 아파트 출입문에 노숙인 여자가 구걸하고 있는 게 보였어요. 순간 나는 몸을 움찔하며 여자를 못 본 척 시선을 피했어요. 아들과 즐거운 저녁 시간을 보내려던 차에 불편한 상황이 끼어드는 게 못마땅했어요. 아들과 승강기를 타고 내려와 아파트 출입문을 나서는 순간 조금 전의 노숙인 여자가 또 보였어요. 아들은 선뜻 여자에게 다가가더니 주머니의 동전을 건네며 말했어요. "우리 어머니예요." 내가 마지못해 바라보자 여자는 따뜻하고 밝은 미소로 인사했어요. "안녕하세요." 아들은 알고 있었어요. 노숙인을 그저 한 사람의 평범한 인간으로 볼 수 있다는 사실을요. 아들은 노숙인 여자를, 비록 비참한 상황에 처했어도 친절을 베풀어야 하는 대상으로 보았어요.

나는 아들이 모든 사람의 보편적인 인간성을 존중하도록 키웠어요. 그런데 엄마인 내가 오히려 그 교훈을 잊고 말았죠. 노숙인 여자를 만난 일로 아들은 오래 전 엄마가 가르친 그 교훈을 내게 다시 가르쳐 주었어요."

무한 소비문화

오늘날 소비문화의 광풍 속에 부모는 아이를 위해 많은 물건을 구매합니다. 그런 나머지 아이들은 살아 있는 인간이 아닌 물건(상품)과의 접촉을 통해 세상을 경험하는 일이 많습니다. 이런 상황에서 부모는 깨어있는 마음으로 무한 소비문화의 광풍을 지혜롭게 헤쳐가야 합니다. 재미와 조기교육을 명분으로 시장에 쏟아지는 수많은 제품이 실은 부모의 육아 수고를 덜어주려는 목적입니다. 부모가 이런 제품에 의존하는 경우, 아이들에게 필수적인 인간적 접촉이 물건과의 접촉으로 대체되기 쉽습니다.

예를 들어 부모는 아기를 유모차에서 카시트로, 마트의 카트로 손쉽게 이동합니다. 그런 다음, 집에 있는 아기 침대로 다시 이동합니다. 아기 입장에서는 하루 종일 생명 없는 물건과 수동적으로 접촉할 뿐입니다. 아기의 주변 소리도 전자 화면이나 전자 기기에서 나오는 기계음이 많습니다. **부모가 유의하지**

않으면 아기를 둘러싼 환경은 아기의 필요가 아닌 부모의 편의 위주로 형성되기 쉽습니다.

부모가 일을 보느라 바빠 아이를 달래는 제품에 의존하다 보면 아이는 주변 세계에 참여하지 않는 수동적 위치에 놓입니다. 부모의 육아 편의를 위한 이 '아이돌보미'들은 아이를 물건에 제약 당한 채 세상과 단절되어 살아가는 무력한 존재로 만듭니다.

물론 부모는 아이를 보는 중에도 다른 일을 해야 합니다. 아이도 육아 외의 다른 일을 하는 부모를 경험할 필요가 있습니다. 중요한 것은, 부모와 아기가 처한 구체적인 상황에 깨어 있는 알아차림을 가져가는 것입니다. 그러면 부모가 일을 하는 중에도 아이를 세상에 참여시키며 안전하게 돌보는 법을 찾을 수 있습니다.

갓난아기라면 아기 캐리어에 안은 채 다른 일을 볼 수 있습니다. 더 자란 아이라면 부모 눈에 보이는 곳에 일정한 공간을 마련해 안전하게 놀게 할 수 있습니다. 바닥에 안전 패드를 깔고 공과 블럭을 준비하면 됩니다. 위험하지 않게 오를 만한 간단한 구조물을 설치해도 좋습니다. 이런 열린 활동으로 아이들은 자신의 힘을 마음껏 표현합니다. 이런 환경에서 경험하는 좌절은 아이에게 꼭 필요한 경험입니다. 이때 부모는 아이가 좌절을 피하게 하기보다 닥친 도전을 스스로 극복하도록 지켜보아야 합니다. 부모 입장에서 어려운 일이지만 그만큼 가치가 있는 수련입니다.

아이는 지금 부모가 어떤 식으로 존재하고 있는지 직감

으로 압니다. '멀티태스킹 부모'도 필요하지만, 유연한 주의력으로 자각을 확장하는 것이 더 중요합니다. 부모는 아이의 상태뿐 아니라 자신의 몸과 마음의 상태도 알아차려야 합니다. 부모가 경직되어 화가 나 있으면 아이는 직감으로 그것을 알아봅니다. 부모가 나긋나긋하고 친절할 때도 아이는 그것을 압니다. **어느 순간에도 부모는 자기 존재의 질을 알아차리고 조절해야 합니다. 스트레스를 받을 때도 호흡 등 몸의 감각으로 돌아와야 합니다. 모든 순간에 깃든 풍요로움으로 돌아와야 합니다.**

　무한 소비문화에서 부모의 생각 없는 구매 결정은 자녀와의 소중한 교감을 잃게 하고 부모가 줄 수 있는 자양분을 주지 못하게 합니다. 부모는 육아의 편의를 위해 구매한 물건이 아이가 세상을 경험하고 부모와 맺는 관계에 어떤 영향을 미치는지 유의해야 합니다.

　예컨대 유모차를 타고 앞을 향한 아기는 주변 사물과 소리 등 세상의 자극에 무방비로 노출된 상태입니다. 이때 아기는 자신의 가장 든든한 의지처인 부모로부터 신체적으로 멀어졌다는 느낌을 받습니다. 부모는 아기가 세상과 접촉할 준비가 되었는지 늘 관심을 갖고 살펴야 합니다.

　부모의 몸에 밀착한 띠나 포대에 안으면 대부분의 아기는 안전한 느낌을 받습니다. 그러나 포대에 안아도 기질과 연령에 따라 전면의 과도한 시각 자극에 부담을 느끼는 아기도 있습니다. **하나의 정답은 없습니다. 마음챙김 양육은 끊임없이 관찰하는 과정입니다. 부모가 보고 느낀 것에 따라 상황에 적합한 것을 해나가는 지속적인 과정입니다.**

어떤 가정은 이제 막 걸음마를 시작하는 아기에게 부모와 가까운 거리에서 직접 걷게 합니다. 그런데 부모의 등에 맨 캐리어에 아기를 업는 방법도 있습니다. 이렇게 하면 아기는 부모의 신체 움직임과 온기를 직접 느낍니다. 부모의 얼굴과 머리카락을 만져볼 수도 있고, 부모의 어깨 너머로 사람들과 같은 눈높이에서 소통할 수도 있습니다. 부끄러우면 부모 품에 숨을 수도 있습니다. 이렇게 하면 아이는 수많은 감각 자극 속에서도 안전한 느낌을 받습니다.

이런 선택을 내리려면 부모가 신경 쓸 일이 많지만 그로부터 부모와 자녀 모두 멋진 선물과 기쁨을 얻습니다. 아이와 더 가까워지고 더 많이 접촉하며 더 많이 조율하게 됩니다. 아이의 미소, 아이가 내는 소리, 가벼운 손 접촉 등 미세한 신호 하나도 놓치는 일이 적어집니다.

많은 육아 제품이 어른들의 수고를 덜어주는 목적으로 생산됩니다. 그런데 이 제품들은 자칫 부모와 아이의 인간적인 교감을 대체할 위험이 있습니다. 육아 제품들은 아이를 부모에게서 분리시키고 아이의 감각을 둔하게 만들 수 있습니다. 아이가 부모의 관심과 신체 접촉, 인간적 온기, 지속적인 자극에 굶주린다면 육아 제품들로 '번' 자유시간의 몇 배를 되갚아야 하는 수도 있습니다. 부모의 무관심에 상처 입은 아이를 회복시키는 일은 애당초 아이의 요구를 충족시키는 일보다 훨씬 어렵습니다.

물론 부모에게 쓸모가 있고 아이가 재미있어 하는 육아 제품도 있습니다. 그러나 부모는 아이 입장에서 아이의 일상 경험을 전체적으로 살펴야 합니다. 핵심은 적절한 균형을 잡는 것입니다. 하루 중 아이를 캐리어에 안거나 베이비시트에 앉히는 때도 있지만 부모가 직접 몸에 안는 시간도 반드시 가져야 합니다. 차에서 아기에게 오디오 동화를 틀어줄 때도 있지만 직접 이야기를 들려주는 시간도 꼭 필요합니다. 부드러운 천 인형이나 동물인형, 노리개 젖꼭지, 아기 담요는 아기에게 편안함을 줍니다만, 이런 제품이 아기가 느끼는 아늑함의 주된 원천이 되는 것은 바람직하지 않습니다.

부모와 자녀의 인간적 교감을 대체하는 제품은 어떤 것이든 둘이 함께하는 풍요로운 순간을 앗아갈 위험이 있습니다. 육아 제품을 선택할 때 부모는 자녀와 함께하는 시간이 부모 자녀 관계의 바탕을 이룬다는 점을 기억해야 합니다.

디지털 광풍

지금 우리는 역사상 변화의 속도가 가장 빠른 시대에 살고 있습니다. 게다가 넘쳐나는 정보들 대부분이 꼭 필요한 정보가 아닙니다. 우리는 인간의 역사와 자연, 점진적 발전이라는 아날로그 세계로부터 디지털이라는 대담한 신세계로 들어가는 문턱을 이미 넘었습니다. 디지털 세계에서 우리의 삶은 지구적으로 연결된 무한 알고리즘으로 매개되고 있습니다. 과거 부모들이 자녀의 텔레비전 시청을 걱정했다면 요즘 부모들은 그보다 훨씬 작은 크기의 스마트폰을 염려합니다. 손에 쏙 들어가는 이 가공할 물건으로 아이들은 인터넷, 문자, SNS, 페이스북, 트위터, 인스타그램, 유튜브, 음악, 게임, 수많은 케이블 채널과 영화에 접속합니다. 무한 콘텐츠의 판도라 상자가 열렸습니다. 부모 역시 디지털 신세계를 충분히 이해하지 못한 상태입니다. 다만 디지털 세계가 그다지 건강하지 못하며 심지어 아이들에게 해로울 수 있다고 짐작할 뿐입니다. 부모는 디지털 세계에 무방비로 노출된 자녀를 위해 무엇을 해야 할까요? 아이의 건강한 성장을 위해 부모는 아이의 디지털 세계를 어떻게 관리하고 조절해야 할까요?

무엇보다 부모 자신의 디지털 습관을 돌아보고 조절해야 합니다. 부모가 디지털 기기에 빠져 있으면 아이는 자기가 받아야 할 관심을 디지털 기기에 '빼앗겼다고' 여깁니다. 심지어 '심심하지 않도록' 디지털 기기를 손에 쥐여주는 부모도 있습니다. 이런 추세에 맞춰 아이들의 주의를 잡아끄는 스마트폰 앱이 많이 개발되고 있습니다. 오늘날 아이들은 인간에 대한 애착을 형성하기도 전에 디지털 기기에 대한 애착이 먼저 형성되는 위험에 처해 있습니다. 이런 사정은 부모도 마찬가지입니다.

현재 우리가 경험 중이며 앞으로 맞닥뜨릴 디지털의 변화는 지금과 다른 세상을 만들 것입니다. 그리고 우리 아이들이 어른이 되면 디지털 세계에 더 익숙해지고 능숙해질 것입니다. 이런 상황에서 아이들은 몸과 마음, 영혼이 지금보다 건강하고 조화로워야 합니다. 아날로그 세계와 더 깊이 연결되고 그것을 이해해야 합니다. 그래야 디지털 세상에서 길을 잃지 않습니다.

24시간 접속되는 디지털 문화의 발달로 자녀 양육에서 부모가 적응하고 관심을 가져야 하는 영역도 많아졌습니다. 부모는 자녀의 디지털 사용에 유의해 사용량을 조절해야 합니다. 아이가 어떤 콘텐츠를 접하고 있는지도 살펴야 합니다. 언제 어디서나 사용 가능한 디지털의 중독성을 인식하고 디지털 활동고- 다른 활동 사이에 균형을 맞추어야 합니다 부모 자신이 디지털에 빠져 있다면 자녀가 이메일과 문자, 트위터보다 중요하지 않다는 메시지를 보내는 것과 다름이 없습니다.

첨단 디지털 기술만으로 아이를 온전한 인간으로 성장시키지 못합니다. 온전한 인간으로 성장하려면 느끼고 돌보는 인간이 직접 양육하는 체화된 경험이 필요합니다. 이 점에서 바쁜 부모의 육아를 돕는 '디지털 베이비시터'는 아이에게 필수적인 인간의 대면 접촉을 대체할 수 없습니다.

요즘은 자기 폰을 가진 아이들이 많습니다. 둘론 폰이 필요한 위급 상황도 있지만, 그에 따르는 부작용도 존재합니다. 그중 하나가 작은 문제도 스스로 해결하지 못하고 부모에게 전화해 도움을 구하는 행위입니다. 아이가 디지털 세계에 무한정 노출되는 문제도 있습니다. 부모는 디지털 콘텐츠가 아이에게 미치는 긍정적, 부정적 영향을 살펴야 합니다. 그러면서 긍정적 영향은 키우고 부정적 영향은 줄이는 방법을 고민해야 합니다. 디지털 세계에서는 답보다 질문이 닳습니다. 하지만 질문을 던지는 것 자체가 디지털 기술이 아이와 가정에 미치는 영향을 자각하는 방법이 됩니다.

디지털 기기가 아이에게 미치는 영향을 알아보려면 디지털에 빠진 자녀의 몸이 긴장하지 않았는지, 아이가 디지털 세계에서 어떤 이미지를 접하는지, 디지털 세계의 폭력성은 어느 정도인지 보아야 합니다. 디지털 세계가 아이의 인지력, 정서, 대인관계에 미치는 영향에도 유의해야 합니다. 아이들이 디지털 세계에서 어떤 가치를 받아들이고 있는지, 혹 디지털에 빠져 실제 인간과의 접촉을 놓치지 않았는지 관심을 가져야 합니다.

텔레비전 시청에도 유의해야 합니다. 미국 아이들의 텔레비전 시청 시간은 18세가 되기까지 평균 2만5천 시간에 이른다고 합니다. 그리고 1만6천 회의 살인을 포함한 20만 회의 폭력 장면에 노출된다고 합니다. 1996년 미국의학협회의 〈의사를 위한 미디어 폭력에 관한 지침〉에 따르면 미국 아동들이 텔레비전을 비롯한 전자화면 앞에서 보내는 시간은 수면 시간을 제외하고 아이들의 삶에서 가장 큰 비중을 차지한다고 합니다. 미국의 가정은 하루 평균 7시간 텔레비전을 켜두며, 60퍼센트의 가정이 식사 시간에도 텔레비전을 켜둡니다. 이 수치는 이후에도 줄지 않았습니다. 2009년 닐슨컴퍼니 조사에 따르면 2~5세 아이들이 텔레비전 화면 앞에서 보내는 시간은 주당 32시간을 넘는다고 합니다.

부모는 미디어가 자녀와 가족에 미치는 영향을 주의 깊게 살펴야 합니다. 부모 스스로 이런 질문을 던지면 도움이 됩니다. 텔레비전을 보는 아이들에게 무슨 일이 일어나는가? 텔레비전에서 아이들은 어떤 메시지를 받고 있나? 텔레비전 시청으로 아이가 수동적이 되지 않았나? 지나치게 집중한 상태는 아닌가? 하루 또는 일주일에 몇 시간을 시청하는가? 텔레비전을 보느라 놓치는 활동은 없는가? 폭력적인 장면에 얼마나 노출되는가? 텔레비전을 끄면 아이가 화를 내는가? 텔레비전 시청이 가정과 학교에서 아이의 태도와 행동에 어떤 영향을 주는가? 자신과 사회에 관한 아이의 생각에는 어떤 영향을 주는가? 주의 깊이 관찰하며 이런 질문을 던지는 것만으로 가족생활과 아이의 삶의 질이 개선됩니다. 텔레비전에 빠진 것이 어떤 느낌인지 아이 스스로 관찰하게 해 자기 자각력을 키우는 방법도 좋습니다.

많은 가정에서 거의 항상 텔레비전을 켜둡니다. 아이들은 뉴스 영상을 보며 세상은 무서운 곳이라는 왜곡된 시각을 갖기 쉽습니다. 뉴스가 주로 다루는 것은 세상의 끔찍한 사건들입니다. 반면, 인간의 생성력과 창의성은 잘 다루지 않습니다. 실제로 생성력과 창의성은 인간의 잔인함과 폭력성보다 더 중요하고 새로운(따라서 '뉴스' 가치가 더 큰) 것입니다.

아이들은 영화 등의 엔터테인먼트 산업에도 영향을 받습니다. 폭력적인 영화 장면에 무방비로 노출됩니다. 아이들은 그런 장면을 걸러내는 내면의 필터가 없습니다. 그것의 의미를 제대로 이해하지도 못합니다. 영화에 등장하는 끔찍한 장면들은 어른들도 감당하기 힘듭니다. 생리적 스트레스 반응을 일으키도록 만들어진 사운드트랙은 아이들의 신경계에 부담을 줍니다. 영화에 등장하는 많은 이미지가 상상하기 어려울 정도로 폭력적입니다. 아이들이 그런 이미지를 본다는 것은 더욱 상상하기 어렵습니다. 폭력 이미지에 노출되는 일이 잦아지면서 우리는 집단적으로 무감각해졌습니다.

영화와 텔레비전은 보는 사람에게 두려움과 불신을 심어줄 수 있습니다. 세상은 폭력적인 미치광이로 가득한 위험한 곳이라는 잘못된 인상을 안깁니다. 일상에서 일어나는 좋은 일은 뉴스에 잘 보도되지 않습니다. 이렇게 부모와 자녀는 세상에 대한 왜곡된 시각을 갖기 쉽습니다. 부모는 우리 사회에서 범죄를 저지르고 해를 입히는 사람이 실제로 소수라는 사실을 자신과 자녀에게 상기시킬 필요가 있습니다. 위험한 동네에도 주변 사람을 돕는 착한 이가 많다는 사실을 아이들은 알아야 합니다. 아이들이 세상을 안전한 곳으로 느끼게 하는 일은 어렵고도 지속적인 과제입니다. 그런데 폭력적인 미디어 장면을 많이 접할수록 이 과제는 더 어려워집니다.

물론 실제로 폭력이 난무하는 지역도 있습니다. 이런 곳에 사는 아이들은 가정과 거리에서 폭력을 경험한 채 학교에 옵니다. 이에 어떤 교사들은 학교에서 마음챙김 수련을 통해 자기 자각력과 진정 기술, 감정 조절, 자신과 타인에 대한 자애의 마음을 키우는 법을 가르칩니다. **마음챙김 수련은 기본적으로 자신의 생각과 감정을 알아차리는 것입니다. 끊임없이 변화하는 사물의 본성을 깨닫고, 자신의 몸과 호흡에 든든히 터를 잡는 것입니다.** 이것은 정서적 스트레스를 받는 아이들에게 큰 도움이 됩니다.

다시 미디어 이야기로 돌아오면 텔레비전은 가정의 분위기를 일변시킵니다. 끝없는 유혹으로 작동하는 텔레비전은 고요함과 지루함 등 하루의 자연스런 리듬을 끊어놓습니다. 사실 고요함과 지루함은 활동적이고 창의적인 놀이에 진입하는 준비 단계입니다. 텔레비전은 이런 시간을 방해합니다. 텔레비전은 자연에 몰입하는 시간, 사색하고 성찰하는 시간, 창의성을 발휘하는 시간, 친구나 가족과 격의 없이 즐기는 시간, 공동체에 참여하는 시간도 방해합니다. 아이들이 실제 사람이 아닌 텔레비전 캐릭터에 애착을 갖는 것도 문제입니다. 텔레비전 친구와 친해지는 중에 실제 세계의 경험은 뒷전으로 밀려나고 맙니다.

디지털 미디어는 아이들에게 꼭 필요한 대인관계와 정서 학습도 방해합니다. 아이가 디지털 미디어에 빠져 있느라 놓치는 것이 없는지 부모는 전체적인 균형을 잡아야 합니다. 우리 아들이 다섯 살 때 애벌레 한 마리를 병에 넣고는 풀을 먹이며 키운 적이 있습니다. 아들은 매일 같이 먹이를 주며 정성껏 돌봤습니다. 이윽고 애벌레는 나비가 되어 자유롭게 날아갔습니다. 아이들은 이런 통합적이고 참여적인 경험을 통해 세상을 배웁니다. 통합적이고 참여적인 경험은 이 세상과 산 생명의 의미와 질서, 상호연결성을 드러내는 살아있는 상징입니다. 이런 경험은 마술과도 같은 신비로 아이들의 상상력을 자극하며 기쁨을 안깁니다.

우리 부부는 우리 집 아이들이 그림과 노래 등 창의적인 활동을 하면서 눈이 반짝이고 얼굴이 기쁨에 넘치는 것을 보았습니다. 〈산적의 딸 로냐〉, 〈톰 소여의 모험〉, 〈호빗〉, 〈반지의 제왕〉, 〈아서왕 전설〉 등 여러 나라의 이야기를 읽어주면 아이들은 영감을 받습니다. 아름다운 언어와 생생한 인물들이 아이들의 마음에 살아납니다. 반면, 텔레비전이나 영화를 보는 아이들의 얼굴에는 그런 표정을 찾을 수 없습니다. **미디어는 보는 사람을 수동적으로 만듭니다. 아이들의 상상력을 요구하지 않습니다. 아이들의 시선을 잡아끄는 자극적인 이미지가 일방적으로 전달될 뿐입니다.** 자기 내면을 들여다보거나 성찰할 시간을 갖지 못합니다. 미디어의 이야기를 삶의 실제 경험과 의미 있게 연결 짓는 여유도 갖지 못합니다. 가슴을 건드리는 무엇을 옆 사람과 나눌 기회가 없습니다.

우리 부부는 아이들이 어렸을 때 집에 텔레비전을 치우기로 했습니다. 당시의 미국 가정에서 다소 별난 선택이었지만 결과적으로 좋은 선택이었습니다. 어떤 사물이 가정에 미치는 영향은 그것을 없앤 뒤에 비로소 알게 됩니다. 텔레비전을 없애고서야 우리 가족은 텔레비전이 가족의 평화로운 시간을 방해했음을 알았습니다. 텔레비전을 치우자 부모와 아이가 넋 놓고 지내는 시간이 줄면서 가족의 생기가 살아났습니다.

그런데 텔레비전보다 더 어려운 상대가 있습니다. 하루 종일 손에 들고 다니는 스마트폰입니다. 자녀의 과도한 스마트폰 사용을 조절하려면 부모가 먼저 스마트폰 사용 규칙을 정해 실천해야 합니다. 그래야 폰 사용을 막았을 때 아이가 화를 내더라도 부모가 이해심과 친절로 응대할 수 있습니다. 아이가 자라면 스마트폰 사용 규칙에 관하여 가족이 함께 논의하는 것이 바람직합니다.

친구의 십대 딸이 스마트폰과 SNS에 빠져 학교 공부를 제대로 하지 않았습니다. 친구와 딸은 실험 삼아 몇 주 동안 저녁에 스마트폰을 하지 않는 시간을 갖기로 했습니다. 몇 주가 지난 뒤 부모와 딸은 소셜미디어 휴식 시간의 긍정적이고 부정적인 면에 대해 이야기 나눴습니다. 딸은 그 시간이 더없이 귀한 휴식이었다며 더 많이 갖겠다고 했답니다.

마음챙김 양육은 부모 한 사람, 한 사람이 가정에서 일어나는 다양한 상황을 풀어가는 나름의 방법을 찾는 과정입니다. 물론 시간이 흐르고 상황이 변하면 그 방법도 바뀝니다. 사실, 삶에서 부딪히는 도전과 자녀의 요구에 응대하는 일은 그 자체로 부모 내면의 작업입니다. 절대적인 정답이나 완벽한 해결책은 없습니다. 이 내면 작업은 상당 부분 불확실성과 혼란, 긴장, 고통을 수반합니다. 이것은 자녀 양육에 마음챙김을 적용하고자 하는 부모라면 피할 수 없는 부분입니다.

그러나 마음챙김은 그저 상황을 알아차리고 받아들이는 데 그치지 않습니다. 복잡하고 힘겨운 상황에서 현명한 행동을 취하는 것도 포함합니다. 특정 상황에 처한 여러분에게 우리(저자)가 주는 조언이 적합하지 않을 수도 있습니다. 당신과 당신의 가족, 자녀에 대해 가장 잘 아는 사람은 당신입니다. 게다가 디지털 미디어는 하루가 다르게 발전하고 있습니다. 오늘 우리가 여러분에게 주는 조언이 1~2년만 지나면 적합하지 않을 수도 있습니다. 하지만 힘든 상황에 처해 그것을 회피하지 않고 다루겠다는 부모의 의지야말로(때로 어떻게 해야 할지 모르는 것 자체가) 마음챙김 수련의 핵심입니다.

역설적이게도 디지털 세계의 중심부인 실리콘밸리에서

희망적인 조짐이 보입니다. 디지털 세계의 젊은 기업가들이 마음챙김 명상에 관심을 갖는다는 사실입니다. 이들이 명상에 끌리는 이유는 여러 가지입니다. 삶의 만족감을 위해 명상을 하며, 젊은 나이에 거둔 성공에 대한 부담감을 덜고 디지털 산업의 무한 경쟁에서 벗어나려고 명상을 합니다. 이들 젊은 혁신가들은 일의 안팎에서 삶의 의미와 참된 경험을 추구합니다. 이들 중 일부는 아이를 둔 젊은 부모로서 디지털 세계가 부모들에게 안기는 도전에 우리와 똑같이 직면해 있습니다. 이들은 인간의 상호연결성과 더 나은 세상을 만드는 일의 중요성을 깨닫고 있습니다. 중요한 것은 첨단 디지털 기술을 새로 개발하는 것만이 아닙니다. 디지털 기술을 '어떻게' 사용하는가도 그만큼 중요하다는 것을 그들은 깨닫고 있습니다.

양육의 균형 잡기

자녀 양육에서 균형을 잡는 일은 끝이 없는 과정입니다. 또 각 가정에 따라 다른 문제이기도 합니다. 우리 가정에서 균형이라고 여기는 것을 다른 가정은 균형이 아니라고 여길 수도 있습니다. 게다가 우리 가정의 균형도 시간이 지나면 균형에서 멀어집니다. 균형을 잡는 것은 지속적인 과정입니다. 균형점이 시시각각 바뀌므로 어쩔 수 없는 일입니다.

각 가정의 균형이 무엇을 의미하는지 규정하고, 부모와 자녀의 균형을 찾으려면 생각과 성찰이 필요합니다. **균형을 잡는 일은 끊임없이 변하는 역동적인 과정입니다.** 균형 잡기란 언제나 이전의 균형점을 잃은 뒤 새로운 균형점을 찾는 작업입니다. 이 작업을 알아차림으로 할 수 있다면 균형점을 잃고 되찾는 과정에서 많은 배움을 얻을 수 있습니다.

아이들이 아기였을 때 우리 가정의 균형을 잡는 일은 우리 부부가 가진 내적, 외적 자원으로 아이들을 돌보는 것이었습니다. 가족과 친구의 지원도 절대적으로 필요했습니다. 당시 아이들의 균형은 우리 부부가 아이들의 욕구를 얼마나 잘 알아보고 반응하는가에 달려 있었습니다. 아이가 울거나 보챌 때 즉각 반응하면 이내 균형이 회복되었습니다. 아이의 배앓이가 당장 낫지 않아도 우리 부부는 계속해서 돌봤습니다.

그런데 아이가 자라자 우리 가정의 균형이란 아이들이 안전한 공간에서 마음껏 뛰어노는 자유를 주는 일이었습니다. 우리는 부모로서 아이들이 배고프거나 피곤하거나 과하게 흥분했을 때 보내는 신호를 포착해 균형을 회복시켰습니다. 활동적인 놀이를 통해 에너지를 발산할 기회를 주었고 아이를 품에 안아 아늑함을 선사했습니다. 이런 식으로 부모가 아이의 욕구에 적절히 반응해 주면 아이는 스스로 자기 조절력을 키웁니다.

아이가 스트레스를 받아 균형이 무너지면 아이의 하루 일상을 유심히 관찰할 필요가 있습니다. 활동적인 시간과 고요한 시간의 배분이 적절한지, 어떤 음식을 먹고 있는지(단백질과 유익한 지방, 복합 탄수화물, 신선한 과일과 야채를 섭취하고 있는지, 아니면 설탕과 정크푸드를 많이 먹는지), 잠은 충분히 자는지 살펴야 합니다. 생활의 리듬을 일정하게 유지할 때 아이들은 건강하게 자랍니다. 무엇을 하든 충분한 여유를 갖고 해야 하며, 하나의 활동에서 다른 활동으로 넘어갈 때 적절한 간격을 두어야 합니다. 부모가 관심을 갖고 아이의 일상을 살필 때 아이는 불필요한 스트레스가 줄어 일상의 균형을 회복합니다. 아이가 아직 어릴 때는 '적은 것이 낫다'는 원칙을 적용하는 것이 바람직합니다. 아이의 일과를 단순하게 조정해 자기만의 시간을 갖게 합니다. 바쁜 일상에서 조용하게 보내는 시간은 더욱 소중합니다.

아이에게 자양분을 주는 회복의 시간은 다양한 형식으로 가질 수 있습니다. 조용하고 편안한 목욕도 좋고, 함께하는 활동적인 놀이도 좋습니다. 이야기를 들려주거나 함께 노래를 불러도 좋습니다. 같이 그림을 그리거나 머핀을 구워도 좋고 물수제비를 같이 떠도 좋습니다. 팔에 안거나 무릎에 앉히는 간단한 동작만으로 아이들은 새롭게 태어납니다. 이때 부모가 호흡을 알아차리면 깊고 느린 부모의 호흡에 아이도 편안해집니다. 아이의 호흡이 부모의 호흡과 리듬을 맞춥니다.

> 우리의 마음을 물처럼 고요하게 하자. 그러면 주변 존재들이 우리 곁에 다가와 물에 비친 자신의 모습을 비춰볼 테지. 그들은 우리의 고요함으로 잠시나마 더 또렷한 삶을, 더 생생한 삶을 살 테지.
>
> - 윌리엄 버틀러 예이츠, 《켈트의 여명》에서

부모가 처하는 모든 상황이 다르며 모든 순간이 새롭습니다. 어제 했던 일이 오늘은 소용이 없기도 합니다. 아이에게 지금 무엇이 필요한지 알려면 아이가 보내는 신호를 민감하게 살펴 직감적이고 창의적으로 응대해야 합니다. 부모가 평온한 상태가 되어야 마음의 거울이 맑아져 아이에게 필요한 것을 더 잘 알아볼 수 있습니다.

더 자라 아이가 학교에 가면 친구와 사귀고 특별한 활동을 하며 자기만의 옷을 입는 등 자율성과 개성을 더 많이 표현합니다. 십대들은 고유한 관심사와 재능을 발견하며 자신의 힘과 주체성을 더 크게 경험합니다. 이때 아이들은 프라이버시와 자기만의 심리적 공간이 필요합니다. 그러나 그들의 세계가 확장되는 과정에서 부모의 지도와 지원도 여전히 필요합니다. 십대 아이들은 어느 정도 자기 조절력을 갖추지만 부모가 일정한 한계를 정해 균형을 회복해야 하는 때도 있습니다. 십대 자녀의 균형을 잡는다는 것은 그들이 자유와 분리를 추구하는 과정에서 부모와 의미 있는 관계를 이어가는 것을 말합니다.

어느 지인이 들려준 이야기입니다. 열한 살 딸아이가 친구의 생일파티에 초대받았습니다. 아이들은 케이크와 아이스크림을 먹고 영화를 보러 가기로 했습니다. 그런데 그 영화는 폭력성이 커 부모는 딸이 영화를 보지 않았으면 했습니다. 아이는 즉시 항변했습니다. "다른 아이들은 가는데 왜 나만 안 돼요?" 부모는 다른 부모들과 상의하던 중 어느 부모가 영화가 끝난 뒤 아이를 데리러 오기 힘든 상황임을 알았습니다. 두 부모는 묘안을 떠올려 두 아이가 파티는 가되 영화는 보지 않고 둘이 함께 지인의 집에서 하룻밤을 보내기로 했습니다. 두 딸과 부모는 이 결정에 만족했습니다. 부모의 창의적인 생각으로 해피엔딩이 가능했습니다.

"친구들은 맘껏 텔레비전을 본단 말예요." "그걸 꼭 먹어야 해요?" "로렌은 밤까지 친구들과 SNS를 해요. 나는 왜 안 돼요?" "친구들은 다 스마트폰이 있어요." 아이들이 행사하는 이런 압박에 맞서려면 부모는 내면의 힘이 필요합니다. 힘들고 지칠 때면 그냥 들어주고 싶지만 중요한 문제에서 이중적인 메시지를 전하면 아이들은 원하는 걸 갖기 위해 부모를 더 압박할 것입니다. 이것은 부모와 자녀 모두에게 바람직하지 않습니다.

우리는 소유물에 힘을 싣는 문화에 살고 있습니다. 자기에게 힘이 없다고 느끼는 아이들은 물건을 갖는 데 집착합니다. 물건을 소유하면 기분이 좋아졌다고 느끼며 친구보다 위상이 높아졌다고 여깁니다. **그러나 멋진 신상품 운동화만으로 아이의 내면이 성장하지 않습니다. 소유한 물건으로 고유한 존재 감각을 키울 수 없습니다.** 아이들은 무예나 춤, 운동, 악기, 연극, 그림, 물건 고치기, 일기 쓰기, 노래 등 자기만의 고유한 존재 감각을 키우는 생동감 있는 활동이 필요합니다. 이런 활동은 오늘날 소비문화가 제공하는 피상적인 처방에 대한 훌륭한 대안입니다.

이 과정에서 부모는 자녀가 창의성과 재능을 발산하는 다양한 통로를 찾게 하되, 아이의 일상을 너무 많은 활동으로 채우지 않도록 유의해야 합니다. **빡빡한 스케줄과 지나친 방임**

사이에 균형을 잡아야 합니다. 아이의 스케줄이 너무 촘촘해 부모와 함께하는 시간이 없거나 아이의 생활에 불균형과 스트레스가 초래된다면 자녀를 방치하는 것과 다름이 없습니다.

어떤 아이들은 스스로 균형을 찾습니다. 관심 있는 활동을 찾아 하는 동시에 조용히 자신을 관찰하는 시간도 갖습니다. 한편 새 활동을 하려면 일정한 자극이 필요한 아이도 있습니다. 지나치게 활동적이어서 속도를 늦추고 조용한 활동에 집중해야 하는 아이도 있습니다. 어느 경우든 아이가 적절한 균형을 찾으려면 부모의 지속적인 노력과 격려, 행동이 필요합니다.

한번은 열한 살인 우리 집 막내딸이 학교 미술 수업에서 30대 여성의 얼굴을 그려온 적이 있었습니다. 아이는 얼굴 그림에 잘 쓰지 않는 노랑과 파랑, 올리브그린 색으로 그림을 그렸습니다. 그림은 딸아이의 독특한 개성을 그대로 보여주었습니다. 평소 그림 실력을 과장하지 않는 아이였지만 이 그림만큼은 자부심이 대단해 보였습니다. 그런데 몇 주간 그림을 두고 보던 아이는 두 눈을 너무 다르게 그렸다며 불만을 표시했습니다. 그러고는 내 생각을 물었습니다. 나는 다르게 그린 두 눈이야말로 이 그림이 매우 사실적이며 그림의 흥미로운 포인트라고 말했습니다. 사람 얼굴이 완벽한 대칭인 경우는 잘 없다는 말도 덧붙였습니다. 아이는 지난 몇 주간 불편했던 마음이 사라지며 안도하는 듯 보였습니다. 그 순간 아이는 자연스럽게 감정의 균형을 되찾았습니다.

※

아이가 청소년기를 지나면서는 부모와 맺는 관계의 실이 더 팽팽해지는 한편으로 아이가 어렸을 때보다 더 헤어지기도 합니다. 이때 부모는 자녀와 관계의 실이 끊어지지 않도록, 더 튼튼해지도록 살펴야 합니다. 부모의 걱정과 불안, 의심과 반감에도 불구하고 더 많은 자유를 자녀에게 허락해야 하는 경우가 있습니다. 여유롭고 평화로웠던 지난날이 그리워도 아이가 고유한 자아를 발견하도록 더 많은 자유를 주는 것이 십대 자녀와 관계의 실을 튼튼히 하는 방법일 수 있습니다.

부모는 아이가 갖게 된 자유에 일정한 한계를 정해 균형을 맞춰야 합니다. 아이가 갖게 될 자유와 한계 사이에서 적절한 균형을 잡아야 합니다. 이 과정에서 자녀에게 어느 정도의 자유를 줄지, 무엇이 해롭고 해롭지 않은지 질문해야 합니다.

십대 자녀가 생활의 균형이 틀어졌다면 부모는 우선 자녀 스스로 문제점을 살펴 해결책을 찾게 해야 합니다. 이 과정에서 부모의 도움이 필요하다면 도와줍니다. 학교 프로그램을 조정한다던가, 학교 밖에서 에너지와 창의성을 발산할 통로를 찾는다던가, 지역 공동체와 연결해 소속감과 목적의식을 느끼게 합니다. 십대 자녀가 자신의 힘과 내면 자원에 대한 자신감이 위축되지 않으려면 부모의 기술과 민감성이 필요합니다. 특히 아이를 간섭하고 지배하려는 부모의 욕망이 일어나는 순간을 알아차려야 합니다.

십대 자녀의 생활이 균형에서 벗어났을 때 부모와 자녀가 할 수 있는 일이 없다고 느끼는 경우도 있습니다. 이때 부모는 아이가 느끼는 감정에 공감하며 장기적인 시각을 가져야 합니다. 지금 상황을 인내하면서 아이를 위해 해줄 수 있는 것이 없다는 깨달음에 단순히 머물러야 합니다. **바꿀 수 없는 일이 있다는 깨달음은 궁극적으로 부모와 자녀에게 힘을 주는 원천이 됩니다. 피할 수 없는 난관에 맞닥뜨리는 과정에서 배우고 성장한다는 깨달음은 아이에게 큰 도움이 됩니다.** 부모가 이런 관점을 유지할 때 아이는 난관에 적응하고 견뎌내며 마침내 받아들일 수 있다는 믿음의 메시지를 전달받습니다. 이 주제는 9부의 '제한과 열림'에서 더 깊이 다루겠습니다.

청소년기 자녀를 둔 부모는 감정의 균형과 명료함을 유지하기가 더 어렵습니다. 십대 자녀를 통제하는 일은 어린 자녀를 돌보는 일보다 까다롭습니다. 걱정해야 하는 일도 많고, 좋은 의도로 노력해도 십대 자녀와의 소통은 틀어지게 마련입니다. 이때 부모는 혼란과 두려움, 좌절을 경험합니다. **그러나 십대를 양육한다는 것은 그런 힘든 감정 '안에' 머무는 것입니다. 그렇게 느끼는 자신에 대해 판단을 내리지 않고 받아들이는 것입니다. 부모 자신이 느끼는 힘든 감정을 알아차리며 단순하게 받아들이는 것입니다.** 힘든 감정을 알아차림에 담아 받아들일 때 부모는 감정의 균형과 전체적인 시야를 회복합니다. 이것은 이후에 닥치는 힘든 시기에 예상치 못한 열림과 통찰

을 가져옵니다

늦은 밤 큰딸아이를 데리러 차를 몰고 학교에 갔습니다. 열다섯 살 아이는 그날 하루 꽉 찬 수업을 들은 뒤 힘들게 노를 저으며 조정 연습까지 했다고 합니다. 또 영어 수업에서 배운 연극을 보러 친구들과 보스턴에 갔다 왔다고 합니다. 평소 일찍 일어나는 딸아이는 밤 10시만 되면 잠들었지만 그날만은 밤늦도록 활기가 넘쳤습니다. 노를 젓느라 손에 물집이 잡혀도 대수롭지 않게 여겼습니다. 그날 관람한 연극을 떠올리기도 했습니다. 다음 날 학교 스케줄을 잡으며 내년 수업 계획에 관한 아빠의 의견도 물었습니다. 딸아이의 학교 계획에 관해 이야기 나누면서 나는 아이의 생활이 조금씩 균형을 잡아가고 있다고 느꼈습니다. 자정이 다 되었지만 봄날의 그 순간, 아이의 삶은 균형을 찾아가고 있었습니다.

부모는 종종 사회의 전반적인 문화가 가정에 미치는 영향에 맞서거나 그것을 완충해야 하는 위치에 섭니다. 아이가 원하거나 아이 또래에 허용되는 것과 상충되는 결정도 내려야 합니다. 부모는 학령기 아이들이 상업문화와 영화, 인터넷 등의 유해한 중독 문화에 노출되는 것을 일정하게 제한할 필요도 있습니다. 이때 아이들은 반감을 드러내지만 중요한 문제에서 부모가 자기에게 관심이 있음을 알고는 안정감을 느낍니다.

사회의 유해한 문화에 맞서는 과정에서 아이들이 건강하게 에너지를 발산하려면 부모가 시간과 노력을 들여야 합니다. 부모가 납득하면서도 아이들이 별로 여기지 않는 방법을 찾아야 합니다. 어른과 아이 모두 또래 문화의 압력을 받는 상황에서 쉽지 않은 일입니다. 부모는 또래 문화의 압력을 마냥 무시하기보다 가능한 한 적절히 다루어야 합니다. 또래 문화에 속하고 싶고 '다른 사람과 같아지길' 바라는 아이의 마음을 이해하고 존중해야 합니다. 동시에 아이만의 개성을 표현하도록 격려해야 합니다. 부모는 자녀가 자기 정체성을 찾아가는 과정에서 안정된 프레임을 제공해야 합니다. 건강한 한계를 설정하되 지나치게 엄한 기준으로 아이가 부모로부터 멀어져서는 안 됩니다.

아동기는 순진무구함의 시기입니다. 부모는 아이들의 순진무구함을 지켜주어야 합니다. **하지만 부모는 아이가 자라며 세상과 접촉하는 과정에서 세상의 잠재적 위험성을 깨닫게 할 필요도 있습니다.** 부모는 사람들이 자기에게 어떻게 행동하는지 아이가 알게 해야 합니다. 또 그 상황에서 아이가 자신의 느낌과 직감을 믿도록 해야 합니다. 사람들이 무시하고 속이는 행동을 할 때 어떻게 해야 하는지 부모의 행동으로 보여주어야 합니다. 그런 상황에서 아이가 어떻게 느끼는지 물어보며 아이의 느낌을 지지해 주어야 합니다. 주변 사람의 곤란한 행동을 알아보는 것은 반드시 필요한 삶의 교훈입니다. 다른 사람이 나에게 어떤 식으로 대하는지 알아보는 눈은 후천적으로 익혀야 하는 삶의 기술입니다. 이런 식으로 아이들은 상황에 필요한 적절한 경계심을 갖춥니다. 물론 주변 사람에 대한 경계심은 평소 가족, 친구와 다진 신뢰와 존중, 정직과 수용, 사랑의 관계과 균형을 이루어야 합니다.

특히 엄마들은 언제 아이들을 너그럽게 보살피고, 언제 엄하게 대해야 하는지 균형을 잡기 어려워합니다. 적절한 균형을 위해서는 가족들의 요구를 챙기느라 엄마 자신의 요구를 놓치는 일이 없어야 합니다. 지치고 힘들 때면 엄마 자신의 요구를 돌보기가 더 어려워집니다. 역설적이게도 엄마가 가장 힘들 때 아이들은 엄마에게 더 많은 것을 원합니다.

이때는 우선 아이가 지금 엄마에게 무엇을 필요로 하는지 알아봐 줍니다. "그러니까 너는 지금 … 하고 싶구나."처럼 아이가 필요로 하는 것을 먼저 알아봅니다. 그런 다음 지금 엄마도 필요한 것이 있다는 것을 아이가 알게 합니다. "조금 있다 해줄게. 지금은 엄마 하던 일을 끝내야 해."처럼 말입니다. 아니면 "이건 너 스스로 했으면 좋겠어." "15분만 쉬었다가 어떻게 할지 말해 보자꾸나." 이때 엄마의 목소리 톤에 유의해야 합니다. 목소리를 높이지 않되 단호한 태도를 유지하는 것이 핵심입니다. 이 모든 것이 연습이 필요합니다.

부모들이 균형을 잡기 어려워하는 것이 또 있습니다. 의미 있는 방식으로 세상에 참여해 가정 경제를 유지하는 것과, 곁에서 돌봐주길 바라는 아이의 요구 사이에 균형을 잡는 일입니다. 이것은 부모가 내면과 외면의 균형을 찾아가는 끊임없는 과정입니다. 어떤 때는 잠시 멈추어 지금 가정에서 일어나는 일을 찬찬히 살필 때 지금껏 안 보이던 창의적인 해결책이 나타나기도 합니다.

부모가 스스로 균형을 잡을 때 아이에게 집착하지 않은 상태로 아이를 알아볼 수 있습니다. 아이 고유의 모습을 지속적으로 알아보는 것과, 아이에게 과도하게 집중한 상태는 다릅니다. 부모가 균형을 잡으면 겉으로 보이지 않는 아이의 좋은 면을 알아볼 수 있습니다. 균형을 잡은 부모는 튼튼하게 내면에 중심을 잡은 채로 아이와 관계를 맺습니다. 부모 자신의 온전함에 닿아 세상과 연결된 채로 기쁨과 연결을 경험하며 아이와 관계를 맺습니다.

우리 주변에는 자신의 어린 시절, 시대와 규범의 제약을 극복하고 새로운 양육 방식을 스스로 만든 부모들이 있습니다. 우리는 그들을 보며 감동과 용기를 얻습니다. 그들은 자녀 양육에 더 큰 균형을 이루었습니다. 자신은 어린 시절 냉혹한 대우를 당했어도 자녀는 사랑으로 돌보고 배려했습니다. 자신은 무시와 학대를 당했지만 아이들에게는 지지와 용기를 주었습니다. 이들을 보면 희망이 생깁니다. 그들은 매순간 우리가 가진 선택지에 주의를 기울여 알아본다면 의식적이고 균형 잡힌 양육이 가능하다는 희망을 줍니다.

부모는 자유와 제약, 신뢰와 불신, 활동과 멈춤, 본질과 껍데기, 연결과 분리 사이에서 끊임없는 줄타기를 해야 합니다. 자녀 양육에서 추구하는 균형 잡기는 몸의 균형을 잡는 요가와 비슷하지만 그보다 훨씬 도전적이며 가치 있는 균형 잡기입니다.

8

현실
Realities

남자아이들[*]

남자아이들은 타고난 활기와 세상에 대한 무한 호기심, 탐험과 놀이의 에너지를 가졌습니다. 이 에너지는 아버지가 자기 내면의 에너지와 다시 만나는 도전이자 기회입니다. 남자아이는 성장하면서 아버지를 현실의 구체적인 남성 존재로 받아들입니다. 아들이 아버지와 비슷한 기질, 능력, 관심사를 가질 수도 있고 그러지 않을 수도 있지만, 중요한 것은 아버지가 아들의 삶에 현존하며 아들을 있는 그대로 보고 받아들이는 것입니다. 아동기와 청소년기, 청년으로 성장하는 동안 창의적인 방법으로 아들과 관계를 맺는 일은 쉽지 않습니다. 지속적인 돌봄과 헌신, 현명한 분별력이 요구됩니다. 아들이 성장하며 자기 삶에 집중하는 과정에서 아버지는 때로 자신의 안전

---

[*] 이 글은 아빠인 나(존)의 개인적 관점과 경험을 바탕으로 썼지만 엄마들이 아들을 대할 때도 적용할 수 있다.

지대에서 벗어나야 할 수도 있습니다. 물리적으로 곁에 있는 만큼 정서적으로도 함께해야 합니다. 배움과 성장에 대한 아버지 자신의 의지도 중요합니다.

나(존)의 경우 아들과 함께 세상을 만나며 매일 자신의 고유한 자아를 표현하는 아들을 지켜보는 시간은 특별한 기쁨이었습니다. 아들의 타고난 활기 덕에 주변에서 일어나는 모든 일이 신나는 모험이었습니다. 아들의 눈으로 세상을 보자 나의 눈도 새로 열렸습니다.

아들이 공룡에 푹 빠졌을 때 우리는 과학관에서 거대한 티라노사우루스를 구경했습니다. 2층에서 공룡의 무서운 눈과 마주친 다음 1층에 내려와 거대한 몸집의 녀석을 올려다보았습니다. 우리는 온 과학관을 헤집고 다녔습니다. 조깅을 할 때면 어린 아들을 데리고 갔습니다. 아들의 자그마한 플라스틱 오토바이의 손잡이를 잡고 넓은 호숫가의 산책길을 달렸습니다. 나중에는 아들과 함께 달렸습니다. 밤에는 책을 읽어주고 함께 캠핑도 갔습니다. 녹초가 될 때까지 우리 집 거실에서 레슬링도 했습니다. 아들이 고등학교 레슬링 선수가 되어 나의 부상 위험(!)이 커지기 전까지 우리 부자는 오래도록 함께 뒹굴었습니다.

아들이 어렸을 때 나는 심검도(心劍道)라는 한국 검술을 수련했습니다. 아들을 도장에 데려가 나의 수련 모습을 보여주기도 했습니다. 아들이 세 살 때 공식 수련을 그만뒀지만 이후에도 가끔씩 아들과 나무칼로 겨루는 놀이를 했습니다. 겨루기 전과 후에 서로에게 예를 갖추었습니다. 아들은 쉽게 휘

두를 수 있는 짤막한 나무칼을 썼습니다. 어디서 날아올지 모르는 상대의 일격을 방어하는 것은 멋진 경험이었습니다. 우리는 칼 겨루기의 동작과 리듬, 칼이 부딪히는 소리에 온전히 존재했습니다. 아들은 일곱 살 때부터 닦은 무술을 지금도 계속하고 있습니다.

우리 부자는 칼이 아니라 의견 차이로 충돌하는 경우도 있었습니다. 이 과정에서 나의 성격을 알아차리고 누그러뜨리는 법을 조금씩 배웠습니다. 아들에게 마음의 여유 공간을 만들어주는 법도 배웠습니다. 이것은 내 어린 시절의 상처를 넘어 성장하면서 터득한 귀한 교훈이었습니다. 나에게는 아들과 함께하는 시간에 오롯이 존재하는 것이 가장 중요했습니다.

우리 부자는 좋아하는 것이 비슷했지만 그럼에도 의식적인 노력이 필요했습니다. 당장 해야 하는 일로 부모의 머리가 가득하면 아들에게 현존하기 어렵습니다. 아이들은 언제나 압니다. 부모가 곁에 있어도 다른 일에 정신이 팔려 있으면 아이들은 자신이 중요하지 않은 존재라는 메시지를 받습니다.

기질과 관심사에 따라 성장 과정에서 필요한 것이 다릅니다만 **모든 남자아이에게 필요한 것은 스스로 성장할 수 있는 심리적 공간을 마련해 주는 일입니다. 이 마음의 공간에서 남자아이는 부모의 도움 없이 자신의 길을 찾습니다.** 나는 어린 시절 뉴욕의 거리에서 많은 시간을 보냈습니다. 친구들과 어울려 다니며 공놀이를 하고 도시의 어두운 면도 보았습니다. 그때 나는 부모님에게 배울 수 없는 소중한 교훈을 배웠습니다. 다행이었던 것은 거리를 돌아다니다 저녁을 먹으러 돌아갈

집이 있었다는 사실이었습니다. 집에서는 거리에서 배울 수 없었던 것을 부모님과 형제들에게 배웠습니다.

남자아이들은 혼자 또는 친구와 많은 활동을 합니다만 아버지와 할아버지 등의 남자 어른도 필요합니다. 남자 어른이 곁에서 돌봐주고 끌어주어야 합니다. 관심을 갖고 함께 시간을 보내며 이야기를 들려주고 들어주어야 합니다. **남자아이는 자신의 관심사와 기술, 힘과 한계를 탐색할 때 남자 어른에게 도움을 받습니다. 남자 어른은 남자아이가 자신의 힘을 객관적으로 인식하도록 돕습니다.** 아버지는 아들의 창의성, 소속감, 책임감을 북돋아 줍니다.

이런 깨달음은 아버지와 아들이 함께하는 활동을 통해 가능합니다. 언뜻 아무것도 하지 않는 것처럼 보이는 낚시도 좋습니다. 캐치볼도 좋고 들판에서 멍하니 구름을 바라보아도 좋습니다. 함께 산책을 가거나 지하철을 타고 야구장과 박물관을 찾아도 좋습니다. 일에 치여 바쁜 아버지는 아들과 한가한 시간을 보내기 어렵다고 여길 수도 있습니다. 그러나 하는 일 없는 이런 시간이 오히려 아들이 주체성과 관심사를 표현하며 힘과 숙달감을 키우는 시간이 됩니다. 아버지와 이런 시간을 가질 때 아들은 정서적으로 편안한 환경에서 사물을 깊이 있게 느낍니다. 사물을 깊이 느끼는 것은 온전한 인간으로 성장하는 데 반드시 필요합니다. 물론 딸들이 아버지에게 필요로 하는 것도 다르지 않습니다. 다만 기질적 에너지가 다르게 느껴질 뿐, 아들과 딸 모두 부모의 현존이 필요하다는 점은 다르지 않습니다. 친절과 인정으로 자녀를 알아보고 만나야 하는 필요성은 아들이나 딸이나 같습니다.

요즘 우리 문화에는 '남자가 된다는 것'의 의미에 관하여 상반된 입장이 존재합니다. 오늘날 규범은 빠른 속도로 변화하고 있습니다. 그러나 미디어는 술을 마시고 모험을 감행하며 여성을 정복하는 등 마초 풍의 강한 남성상이 아직도 넘쳐납니다. 텔레비전의 담배와 술 광고, 대학 운동선수와 군인 모집 공고를 보십시오. 여성을 비하하고 남성을 추켜세우는 과격한 이미지로 가득합니다. 그러나 이제 "남자아이는 원래 그래" 같은 말은 주변에 해를 입히는 행동에 대한 변명이 될 수 없습니다. 우리는 타인의 성적 지향을 인정하고 존중하는 데서 배움을 얻습니다. **아버지들은 우리 사회가 주입하는 여성 비하의 메시지와 이미지를 아들이 자각하고 바르게 해석하도록 해야 합니다**(생각해 보면 여성 비하의 메시지는 결국 남성 비하의 메시지입니다). 그럴 때 우리 아들들은 사회가 주입하는, 여성에 대한 전형적인 이미지와 사고방식, 그에 따르는 유해한 행동에 빠져들지 않습니다. **우리 사회의 남성 교육은 여성이 그 자체로 온전한 인간임을 인식하게 해야 합니다. 결코 남성의 이용 대상이 아니라는 점을 분명히 인식하게 해야 합니다.** 아들과 딸을 키우는 부모는 이 점을 자각하고 아이가 학교와 SNS에서 이 부분에 문제가 있다면 적절히 다뤄주어야 합니다. 이것은 사회적으로 커다란 중요성을 갖는 문제입니다. 아들을 둔 아빠는 자신의 평소 행동에서 여성에 대한 편견이나 남성 우월성을 무의식적으로 드러내지 않는지 살펴야 합니다.

남성과 여성에 관한 오늘날 미국의 지배적인 사회적 이미지는 수십 년 전 로버트 블라이가 말한 어른 없는 사회(Sibling Society)의 결과입니다. '어른 없는 사회'란 부모의 물리적, 정서적 부재(不在)로 아이들이 미디어와 연예 산업, 또래에서 역할 모델을 찾는 사회를 말합니다. 이런 현상은 인터넷과 SNS의 발달로 더 심화되었습니다. 오늘날 남자아이들은 현실에서 멘토를 찾기 어렵습니다. 성인으로 진입하는 통과의례도 드뭅니다. 앞서 간 남자들의 집단적 지식과 지혜를 구하기도 쉽지 않습니다. 이런 세상에서 과거는 알 필요가 없는 흘러간 시간으로 치부됩니다. 세대와 세대가 단절되어 십대 남자아이들은 혼자 힘으로 성장하고 사회화해야 합니다. 아동과 여성의 권리 신장을 위한 사회적 노력이 이루어지고 있으나 우리 사회의 지배적 문화는 많은 면에서 여전히 착취적이고 폭력적입니다.

부모들은 급속히 변화하는 미래 세계에서 남자아이들이 지혜롭게 살기 위해 무엇이 필요한지 질문해야 합니다. 앞으로 10년, 20년 아니 당장 5년 뒤 아이들이 어떤 세상에 살지 부모들은 정확히 알 수 없습니다. 오늘날 문화는 아이들의 욕구를 존중하면서 건강한 어른으로 발달시키는 사회적 책임을 제대로 수행하지 못하고 있습니다. 이런 상황에서 부모들은 아이들의 안내자 역할을 맡아야 합니다. 감성 지능이나 감정의 균형은 다양한 상황에서 타인과 조화로운 관계를 맺는 능력입니다. 아이들이 행복하고 보람된 삶을 살려면 감성 지능이 반드시 필요하다는 사실이 연구를 통해 밝혀졌습니다. 여기서 필요한 또 하나의 삶의 기술이 마은챙김입니다. 아버지도 마찬가지입니다. **아버지는 아들을 위해 자애, 연민, 꾸준함, 정서적 안정, 유연성, 분명한 봄, 지혜 같은 내면의 힘을 계발해야 합니다. 그리고 이 모든 것은 아버지 자신의 내면과 외면의 관계성을 매순간 알아차리는 데서 나옵니다.** 아버지는 자신의 자주권과 참된 본성을 존중하는 동시에 자신에게 이어온 훌륭한 전통을(그가 북미 원주민이든 아프리카인이든 아시아인이든 유럽인이든 기독교인이든 유대교인이든 무슬림이든 불교인이든 힌두고인이든) 존중해야 합니다. 그러지 않으면 정체성을 상실하는 뿌리 없는 상황에 놓입니다. 자신을 알아주고 받아주며, 책임감과 연결감을 선사하는 공동체를 갖지 못합니다.

 이상적인 아버지상을 제안하는 것이 아닙니다. 아버지로서 아들에게 전념하는 과정에 대해 말하는 것입니다. 아버지에게는 아들에 대한 사랑과 돌봄의 마음이 있습니다. 최고의 아버지가 되려는 의지도 있습니다. 이를 위해서는 아버지 자신이 내면으로 계속 성장해야 합니다. 아버지인 우리는 내면과 외면에서 순간순간 경험하는 일에 주의를 기울일 수 있을까요? 때로 어떻게 할지 모르는 상황에서 편안할 수 있을까요? 두려움으로 마음의 문을 닫고 싶어도 거기에 대처할 수 있을까요? 하루를 지내며 자신의 느낌을 알아차릴 수 있을까요? 더 공감하고 수용하며 유쾌하게 사는 법을 연습할 수 있을까요? 일에 치여 녹초가 되어도 그것을 알아차린 뒤 균형을 회복할 수 있을까요?

남자아이들에게 아버지와 할아버지, 멘토의 역할을 하는 강인하고 공감적인 남성 존재는 항상 필요합니다. 그런데 청소년기가 되면 이런 남성 존재의 필요성은 더욱 커집니다. 청소년기 남자아이들은 자기 존재를 인정해주고 이야기를 경청해줄 사람이 필요합니다. 이 과정에서 자기 행동에 책임지는 능력을 키워갑니다. 그런데 이 변화는 남자아이가 살면서 겪는 가장 혼란스럽고 불확실하며 어색한 변화 가운데 하나입니다. 남자아이가 남자 어른으로 변모하는 데는 여태까지와 다른 관점과 존재 방식이 요구됩니다. 청소년기 남자아이들은 어른으로 성장하면서 다른 사람, 다른 관습 등 미지의 신비를 인식하고 인정하는 능력을 키워야 합니다. 그런데 이때 자칫하면 '우리' 아니면 '그들'로 규정하기 쉽습니다. 그러고는 두려움과 편견에 휩싸여 '그들'을 무찌르기 위해 싸움과 폭력에 의지합니다. '그들이 곧 우리'임을 깨닫지 못한 채 편협한 집단이기주의에 빠지는 것입니다. 남자아이들은 이런 위험성을 자각해야 합니다. 청소년기 남자아이들이 세상에서 자리를 찾아가는 과정은 점진적인 성숙의 과정입니다. 선(禪) 스승인 노먼 피셔에 따르면, 남자아이들은 어른으로 성장하는 과정에서 시간의 흐름과 함께 자신과(그리고 타인과) 조금씩 더 안정적인 관계로 들어섭니다.

물론 남자아이들은 엄마의 따뜻한 품에서도 자양분을 얻습니다. 엄마의 조건 없는 사랑은 남자아이가 독립해 세상에 나가는 과정에서 내면의 안정을 얻고 정서적으로 든든한 토대를 다지게 합니다. 그런데 남자아이는 세상에 태어나는 순간부터 아버지도 필요합니다(이것은 여자아이도 마찬가지입니다). 아버지도 아들이 필요합니다. 아들 삶의 중요한 순간에 아버지가 곁에 없으면 아버지는 아들이 '누구인지' 알지 못합니다. 아들이 세상에 태어났을 때 직접 보아야 하며, 어렸을 때 품에 안아야 하며, 어깨를 나란히 하고 함께 꿈을 꿔야 합니다. 같이 세상을 걸으며 아들이 본 것에 대해 이야기 나누어야 합니다. 아들에게 필요한 도구를 주어야 하며, 아들이 몸과 마음을 펼치도록 계획을 세워야 합니다. 바닥에 누워 함께 뒹굴며 놀아야 합니다. 이야기를 들려주어야 하며 해가 뜨고 비가 오는 것을 함께 보아야 합니다. 바닷가 모래에서 함께 진흙을 파고 모래성을 쌓아야 하며 물수제비를 뜨고 산을 함께 오르며 폭포수 옆에 같이 앉아야 합니다. 보트와 카누를 타고 함께 노를 저어야 하며, 같이 노래를 불러야 합니다. 아들이 잠드는 것을 지켜보아야 하며 잠든 아들을 부드럽게 깨워주어야 합니다. 그래야 아들이 '누구인지' 알 수 있습니다. 그러면 아들도 아버지가 '누구인지' 알게 됩니다. 이때 아버지와 아들은 함께 성장합니다.

아버지와 아들은 좋을 때나 힘들 때나 서로를 성장시키며 이 과정에서 아름다움과 의미를 발견합니다. 아들은 아버지의 정직하고 한결같은 사랑과 헌신이 필요합니다만 아들이 어려움을 헤치고 스스로 길을 찾도록 공간을 마련할 필요도 있습니다. 어떤 때는 아들의 안전을 위해 한계를 정해야 하지만, 아버지 자신의 마음의 평화를 위해 한계를 정해야 하는 때도 있습니다. 정해진 각본은 없습니다. 사랑이란 그런 것입니다. 사랑으로 변화하는 과정에서 아버지들은 자기만의 소중한 교훈을 터득하며 아들들도 나름의 교훈을 깨칩니다.

이때 아버지에게 무엇보다 필요한 것이 마음챙김입니다. 일이 어떻게 전개될지는 마음에 들지 않는 상황에 친밀해지려는 의지에 달려 있습니다. 아버지가 자기 내면의 작업을 수행할 의사가 있다면 마음에 들지 않는 상황을 다룰 가능성이 생깁니다. **예컨대 마음챙김을 하는 아버지는 특정 상황에서 자기 관점에 붙들려 자기만 옳다고 생각하는 자신을 볼 수 있습니다. 그러면 전에 안 보이던 것들이 보입니다.** 마음챙김은 마음에 들지 않는 일에서 일어나는 두려움과 분노에 휩쓸릴 때 진정한 가슴과 상식에서 멀어짐을 보여줍니다. 위축된 자신과 머릿속에 지어낸 가공의 이야기에 대한 집착을 알아차려야 합니다. 그 이야기가 절대적 진실은 아니라는 점을 떠올려야 합니다. 지금까지의 좁은 관점과 제대로 살피지 않은 암묵적 가정에서 벗어나 지혜롭게 현존하고 관계 맺으며 행동해야 합니다. 우리가 저지르는 반사적 행동은 대부분 머릿속 생각에서 일어납니다. 머릿속 생각은 해결되지 못한 과거와 미래의 두려움에 영향을 받습니다. 알아차림 없는 자동적 행동에 휩쓸리면 현명한 응대가 요구되는 순간에(특히 가장 힘든 순간에) 무엇이 필요한지 알아보지 못합니다.

아들은 자기 자신으로 성장하는 과정에서 다른 아들과 만나 그들과 열정을 공유하며 우정을 쌓아갑니다. 이것은 아들에게 지속적인 자양분을 줍니다. 음악과 춤, 자연과 숲, 도시, 스포츠, 문학과 예술도 아들에게 의미와 가치를 부여합니다. 이것들은 아들이 누구이고 무엇을 좋아하는지 비추는 거울입니다. 그러면서 아들은 삶에 온전히 참여합니다. 자기가 가진 힘을 신뢰하고 자신의 몸에 온전히 현존하며 어엿한 성인이 되어갑니다. 이렇게 세상에서 자리를 찾아가는 동안 아들은 세대와 세대를 넘어 이어지는 신비한 생성의 과정에 동참합니다.

빠르게 변화하는 세상에서 자기 자리를 찾아가는 일은 혼란스럽고 두려우며 때로 위험한 과정입니다. 성인이 된다는 것은 궁극적으로 발달의 여정입니다. 아버지 등 성인 남성이 수용과 친절의 마음으로 대할 때 아들은 거기에 공명합니다. 당장은 공명이 느껴지지 않아도 그들은 점차 세상 속에서 자기 자리를 찾아갈 것입니다. 자기 자리를 찾기까지 오랜 시간이 걸릴 수 있지만 그것은 중요하지 않습니다. **내면의 알아차림으로 자신의 몸과 마음, 생각과 감정, 욕구와 갈망에 친밀해지고 확신을 가질수록 아들은 자신이 누구인지 더 잘 알게 됩니**

다. 그러면 자기 앞에 놓인 수많은 가능성과 현실에 열린 채 살아갈 수 있습니다.

두 아들이 네 살, 다섯 살 때 우리는 함께 볼드마운틴에 올라 우리가 사는 집을 내려다보았습니다. 아들이 일곱, 여덟 살이 되자 우리는 그라우스릿지를 걸어 올랐습니다. 그리고 그곳에서 볼드마운틴을 내려다보았습니다. 그로부터 몇 년이 지나 우리는 하이시에라, 다음에는 8천 피트 높이의 잉글리시마운틴에 올라 그라우스릿지를 내려다보았습니다. 그런 다음 산맥 최고봉인 1만 피트 높이의 캐슬피크에 올라 잉글리시마운틴을 내려다보았습니다. 다음에는 북쪽으로 이동해 시에라벗츠와 마운트라센에 올랐습니다. 마운트라센은 우리가 지금껏 가본 가장 먼 곳이었습니다. 마운트라센에 오르니 캐슬피크가 보였습니다. 잉글리시피크도, 그라우스릿지도 보였습니다. 볼드마운틴도 보였고 우리가 사는 집도 보였습니다. 우리는 이런 식으로 세상을 배워야 합니다. 이것이야말로 자기 몸과 밀착된 생생한 지리 공부입니다.

― 게리 스나이더

겨울 연못의 아이스하키

하루 이틀 기온이 오르다 갑자기 날이 추워지면 뉴잉글랜드의 겨울 연못은 아이스하키 시합에 최적의 장소가 됩니다. 주말이나 방학이면 나(존)는 옷을 겹겹이 껴입고 하키 스틱과 퍽, 스케이트를 준비해 아들과 함께 언덕 아래 연못으로 향합니다. 얼어붙은 손가락으로 스케이트의 기다란 끈을 낑낑대며 묶은 뒤 뒤뚱대며 눈길을 잠깐 걸어 연못의 얼음에 이르면 몸은 새롭게 자유를 얻습니다.

 우리 두 사람은 연못의 얼음 이곳저곳을 스케이트를 타고 다니며 감을 잡습니다. 그런 다음 적절한 곳에 부츠 한 짝을 몇 피트 너비로 놓아 골대를 세웁니다. 우리 둘은 일대일로 시합을 합니다. 한 사람은 골대를 막고, 한 사람은 퍽을 쳐넣습니다. 골키퍼라도 얼마든지 골대에서 떠나 공격자의 퍽을 쳐낼 수 있습니다. 그러자면 연못을 누비며 빠른 속도로 스케이트를 타야 합니다. 두 사람의 스틱이 서로 부딪힙니다. 퍽을 먼저 차지하려고 씽씽 달립니다. 상대를 속여 넘기는 과정에서 슛을 날리고 뒤를 쫓으며 몸을 부딪칩니다. 신이 나서 빠르게 달리며 웃음이 터집니다. 퍽이 골키퍼를 지나 골대로 쑥 빨려드는 느낌은 이루 말할 수 없습니다. 아무렇게나 놀다 보면 골이 꽤 많이 들어갑니다. 예상치 못한 궤도를 그리며 퍽이 날아갈 때마다 우리는 크게 웃습니다.

이렇게 놀다 보면 몸에서 열이 납니다. 아무리 추워도, 칼바람이 불어도 조금 지나면 모자를 벗습니다. 그리고는 장갑도, 코트와 스웨터도 모두 벗습니다. 어떤 때는 외투를 벗고 셔츠만 걸칩니다. 스케이트를 타는 동안은 몸이 춥지 않습니다.

우리는 이렇게 몇 시간이고 놀았습니다. 매 순간이 최고의 시간이었습니다. 매 순간이 오직 지금이었습니다. 퍽을 몰고 돌진하며, 서로의 뒤를 쫓고, 상대의 슛을 막고, 골대를 지킵니다. 이렇게 서로 몸을 부딪치는 과정에서 남자들만의 에너지를 느낍니다. 어떤 때는 밤에도 놀았습니다. 높다란 야간 조명등의 오렌지색 불빛 아래에서는 퍽이 잘 보이지 않습니다. 대개는 일찍이 겨울해가 넘어갈 무렵의 느지막한 오후 시간에 놀았습니다. 그럴 때면 연못가의 눈밭에 코트를 펴놓고 그 위에 드러누워 잠시 숨을 고릅니다. 우리가 내쉰 숨이 수증기처럼 위에서 모양을 그립니다. 파란 하늘을 배경으로 흘러가는 구름과 해질녘 분홍과 황금빛의 노을을 바라보며 우리는 침묵 속에 더할 나위 없는 지금 이 순간을 즐깁니다.

이후로 오래오래 주말마다 이렇게 놀았으면 좋으련만 우리는 그러지 못했습니다. 이미 지난 오래 전 일이 되었습니다.

딸들과도 연못 아이스하키 놀이를 하며 비슷한 느낌을 느끼길 바랐지만 딸들과 하키 게임을 하는 일은 드물었습니다. 딸들은 우리보다 스케이트를 잘 탔지만 스틱과 퍽, 골대를 가지고 노는 데는 별로 관심이 없었습니다. 하키보다 그냥 스케이트를 타는 데 관심이 많았습니다. 연못은 덮인 눈이나 거친 얼음 때문에 스케이트를 타기에 적합하지 않은 때가 많았습니다. 어느 겨울엔 얼음이 제대로 얼지 않아 스케이트를 타지 못했습니다. 그럴 때면 우리는 함께할 수 있는 다른 활동을 찾았습니다. 하지만 겨울 연못에서 노는 아이스하키만큼 즐거운 것은 없었습니다.

야외 캠핑

아이들이 어렸을 때 우리 부부는 가족이 늘 함께하기보다 둘 중 한 사람이 한 아이와 보내는 시간을 가졌습니다. 아이들은 때로 부모의 관심을 온전히 차지하는 시간도 필요합니다. 형제와 경쟁하지 않고 어떤 것을 할 수 있는 시간입니다. 몇 시간이든 며칠이든, 야외든 도시든, 아이와 둘만 있든 사람들과 함께 있든, 이것은 소중한 모험의 시간입니다. 아이와 친밀감을 쌓고 새로운 환경에서 서로를 바라보는 기회입니다.

내(존)가 아이들과 함께 한 활동 가운데 가장 좋아한 것은 한 아이와 가는 야외 캠핑이었습니다. 아이와 캠핑을 가면 하루 이틀 만에 둘 사이에 새로운 관계가 만들어지고 평생 잊지 못할 추억이 생깁니다. 삶의 중요한 것을 떠올리게 하고,

삶의 본질적인 것에 이르게 하는 데 야외에서 보내는 며칠만큼 좋은 활동도 없습니다.

우리 집의 아홉 살 딸아이를 화이트마운틴의 와일드리버로 데려간 적이 있습니다. 트레킹 코스 입구에 차를 주차한 뒤 우리는 강을 따라 몇 킬로미터를 걸어 올랐습니다. 아이는 시작부터 엄마가 보고 싶다고 했습니다. 찌는 듯한 더위로 걷기가 힘들었습니다. 아이가 힘들어하자 나는 잠시 수영복을 입고 강에 몸을 담그자고 했습니다. 아이는 시원한 강물에 몸을 담근 잠시 좋아했지만 다시 걷자 짜증을 냈습니다. 나는 아이의 짐을 졌습니다. 아이는 집에 가고 싶다고 했다가 빨리 목적지에 도착하고 싶다고 했다가 변덕을 부렸습니다. 뭘 하고 싶은지 모르겠다고도 했습니다. 그냥 기분이 안 좋다고 합니다.

그러던 중에 길게 줄지어 지나는 라마(털을 얻고 짐을 운반하는 가축) 떼오 마주쳤습니다. 라마 떼는 잠시나마 우리 부녀의 캠핑에 이국적인 풍취를 더해 주었습니다. 우리 부녀는 해가 지기 전 산 아래 목적지에 캠프를 치려고 계속 걸었습니다. 아이는 왜 그곳에 캠프를 쳐야 하는지 이해하지 못했습니다. 나는 텐트를 치기에 완벽한, 널따랗고 평평한 장소를 염두에 두고 있었습니다. 작은 폭포와 가까워 아이가 좋아할 거라고 생각했습니다.

집에 가고 싶다고 투덜대는 딸아이와 걸으며 나는 마음의 평정을 찾으려 애썼습니다. 아이의 두려움을 가라앉히지 못하는 아빠, 아이를 행복하게 '만들지' 못하는 아빠가 아닌가 걱정이 되었습니다.

마침내 예정한 장소에 도착했습니다. 사실 이곳은 몇 년 전 아이 오빠와 지난 적이 있었습니다. 그때 우리 부자는 사우스 볼드페이스 산을 넘어 이 계곡으로 넘어왔습니다. 예정 장소에 도착했을 땐 이미 땅거미가 지고 있었습니다. 도착하자 딸아이의 기분이 좋아졌습니다. 아이는 텐트를 치고 침낭을 정리하며 모닥불을 지피고 저녁을 준비하며 캠핑에 재미를 붙였습니다. 곁에 있는 작은 폭포는 우리 부녀가 모닥불 곁에서 일을 하고 요리하고 식사하는 동안 친구처럼 노래를 불러 주었습니다. 그곳의 밤하늘은 도시에서 볼 수 없는 별들로 가득했습니다. 아늑한 숲속 공터 주변의 나무 우듬지 사이로 반짝이는 별빛이 머리 위로 쏟아져 내렸습니다.

우리는 일찌감치 침낭에 몸을 묻고 강물의 노랫소리를 벗 삼아 잠을 청했습니다. 아이가 먼저 잠에 빠졌습니다. 나는 바닥에 등을 대고 누운 채 하늘을 바라보며 온몸으로 호흡을 했습니다. 지금 딸아이와 함께하며 아이의 숨소리를 듣는 것이 너무도 행복했습니다. 아이와 함께하는 모험의 기쁨을 온전히 즐겼습니다.

우리는 새벽의 어슴푸레한 빛에 잠을 깼습니다. 산꼭대기는 이제 막 일출의 황금빛을 받아 빛나고 있었습니다. 우리는 아침을 먹은 뒤 모닥불 곁에서 몸을 데우며 그날의 계획을 세웠습니다. 능선을 따라 정상에 오르는 계획이었지만 아이는 그럴 생각이 없어 보였습니다. 아이는 등산에 전혀 관심이 없었습니다. 특히 짐을 지고 걷거나 오르는 건 더 싫어했습니다. 아이는 집에 가고 싶어 했습니다. 나는 이 상황에서 딸아이에게 선택권이 있다고 판단해 나의 기대와 욕망을 접었습니다.

우리는 강을 따라 걸었습니다. 몸이 더워지고 계곡에 햇볕이 내리쬐자 강물에 들어갔습니다. 정오쯤 되어 우리는 시끄럽게 소용돌이치는 강물 소리를 들으며 높다란 바위에 앉았습니다. 그곳에서 나는 아이에게 아스트리드 린드그렌(〈내 이름은 삐삐 롱스타킹〉의 저자)이 쓴 멋진 이야기 〈산적의 딸 로냐〉를 들려 주었습니다. 라이벌 관계인 두 산적 무리 중에 두목의 딸로 태어난 로냐가 다른 산적 두목의 아들인 비르크와 친해지면서 목숨보다 소중한 우정의 가치를 깨닫는다는 이야기입니다. 문명 사회에서 잠시 거리를 두고 딸아이와 단 둘이 한적한 숲속에 머무는 것은 멋진 경험이었습니다. 우리 두 사람은 아주 적은 것으로 만족했습니다. 해와 물과 숲 그리고 서로가 있는 것으로 충분했습니다. 그 순간 우리는 시간의 흐름에서 잠시 비켜나 영원 속에 있었습니다.

여자아이들

두 딸이 어렸을 때 아이들은 나(마일라)에게 큰 기쁨을 주었습니다. 아이들은 별것 아닌 일에도 순수한 기쁨을 느꼈습니다. 딸기를 딸 때 한 알, 한 알 냄새를 맡고는 바구니에 담았습니다. 엄마의 헌옷이나 천 조각을 걸치고 왕비 놀이, 공주 놀이를 했습니다. 수영장에서는 엄마 곁에서 아기 돌고래처럼 헤엄을 쳤습니다. 아이들은 작은 일도 깊이 바라보며 뜻밖의 깨달음을 전해 주었습니다. 친절과 연민의 마음도 보여 주었습니다. 그때마다 나는 아이들의 존재가 가진 경이로움과 따뜻함에 기쁨을 느꼈습니다. 물론 짜증을 내는 아이, 요지부동인 아이를 대할 때면 좌절도 했지만 아이들이 가진 힘과 장점은 무엇보다 소중했습니다.

당시만 해도 가정과 학교는 사회와 문화의 영향에서 조금은 자유로운 평온한 안식처였습니다. 그때 우리 아이들은 과도한 압박과 기대, 정신을 흩뜨리는 외부 자극이 크지 않은 세상에 살았습니다. 그러나 아이들이 자라면서 상황이 바뀌었습니다. 주류 문화의 수많은 메시지를 우리 아이들이 주입 받고 있음을 나는 조금씩 자각했습니다. 그 메시지들은 여자라는 이유만으로 여자아이들에게 던져진 기대와 제약으로 가득했습니다.

상점, 신문, 잡지, 텔레비전, 영화 등 어디를 보아도 여자아이들은 여성에 관한 전형적인 이미지에 노출됩니다. 여자아이들은 그런 이미지를 기준으로 자신을 바라봅니다. 대개 상품 소비자나 성적 대상으로서 여성의 이미지입니다. **특히 청소년기 여자아이들에게 상품 소비자나 성적 대상으로서의 여성 이미지는 아이의 시야를 좁히는 유해한 메시지로 작용합니다.**

상업문화는 온갖 종류의 상품을 팔기 위해 이 이미지들을 동원합니다. 여자아이들은 자신의 몸이 더 '완벽해지려면' 이런저런 상품이 필요하다고 세뇌 당합니다. 광고, 패션, 유명인이 합세해 만든 '이상적' 외모는 여자아이들에게 자신의 몸과 옷, 피부에 만족하지 못하게 합니다. 우리는 외모를 중시하는 문화에 살고 있습니다. 외모에 많은 시간과 노력을 들이는 여자아이들은 자신의 신체 능력과 힘, 창의성, 내면의 자아를 발달시키는 데 소홀해집니다. **부모들은 미디어가 퍼붓는 유혹의 이미지에 맞서야 합니다. '여성이 된다는 것'에 관하여 보다 균형 잡힌 관점을 딸들에게 제시해야 합니다.** 어려워도 부모가 할 수 있는 일은 얼마든지 있습니다.

우선 우리 사회에서 상업문화가 미치는 광범위한 영향을 자각해야 합니다. 상업문화가 여자아이들의 자기 이미지와 자기 존중감, 자기 확신, 관심사와 목표에 미치는 부정적 영향을 알아보아야 합니다. 뒤늦게 대처하기보다 아이가 어릴 때부터 과도한 소비문화에 노출되지 않게 부모가 관심을 가져야 합니다. 아이가 더 자라면 소비 아이콘이라는 여성 이미지에 숨은 상업적 의도에 대해 이야기를 나누며 스스로 인식하게 해야 합니다.

미디어가 주입하는 전형적인 여성 이미지에 젖은 여자아이는 미디어 노출을 조절하는 아이보다 존중감이 낮은 협소한 여성 이미지를 갖게 됩니다. 미디어 사용을 조절하는 아이는 실제 세계를 경험하는 시간과 공간을 많이 가지며, 스스로를 외모뿐 아니라 다양한 장점과 기술, 개성을 가진 온전한 인간으로 바라봅니다. 여자아이들도 예체능과 지능, 공동체 기반의 다양한 운동과 활동, 프로젝트를 통해 창의력을 발달시킵니다.

부모는 미디어 등 해로운 문화의 영향으로부터 자녀를 보호하고 아이들이 그 영향을 자각하게 해야 합니다. 동시에 부모 스스로도 미디어 사용을 조절해야 합니다. 이 점에서 깨어 있는 부모 역할은 결코 쉽지 않습니다. 부모는 주변 문화가 자녀에게 미치는 영향을 이해하고 대처하는 과정에서 두려움과 한계, 무력감을 끊임없이 느낍니다. 이 감정을 적절히 다루어야 합니다. 우리 집에서는 자녀를 교육시키고 필요한 한계를 정하는 동시에 열린 마음으로 유연하게 대처하려고 노력했습니다. 우리 집 여자아이들은 자라면서 부모와 점점 더 많은 이야기를 나누었습니다. 우리 부부는 아이들이 스스로 지혜롭게 선택하도록 도와주었습니다.

아이들은 친구들과 비교하며 똑같이 보고 느끼고 행동하고 싶어 합니다. 아이들의 이런 반응은 이해할 만하지만 우리 사회에서 '정상'으로 간주되는 많은 것들이 여성에게 폭력적이고 잔혹한 성격을 갖습니다. 여성을 비하하는 것들입니다. 우리는 거기에 익숙해진 나머지, 제대로 알아보지 못합니다. 성을 폭력화 하는 이미지들이 넘쳐납니다. 여리고 나긋나긋한 여성을 '이상적인' 여성으로 여깁니다. 이상적인 여성상과 다른 여성은 무시하고 조롱하는 분위기입니다. 이런 상황에서 분노를 느끼는 것은 당연합니다. 그러나 여자는 화를 내면 안 된다는 사회적 관념 때문에 화를 내는 여성에게 온갖 불쾌한 딱지가 붙습니다. "왜 그렇게 예민하게 굴어?" "그냥 웃자고 한 소리야." "그날이니?" 같은 말들입니다.

여자아이를 양육하는 부모는 여성에 대한 제한된 관점에 빠지지 않도록 유의해야 합니다. 사회의 지배적 견해에 침묵으로 동조하는 것은 여성 비하를 공모하는 것과 다르지 않습니다. 우리는 딸들의 엄마로서 이와는 다른 존재 방식을 보여야 합니다. 또 우리가 속한 문화에 대해 지금과 다른 관점을 보여야 합니다. 오늘날 문화는 여자아이의 고유한 관심사와 관점을 인정하지 않고 심지어 조롱합니다. 이런 상황에서 엄마는 딸의 우군이 되어야 합니다.

물론 아빠도 딸의 우군이 되어야 합니다. 아빠는 여성을 존중하는 관점을 보여야 하고, 딸이 외모가 아닌, 있는 그대로의 자기 모습으로 소중한 존재라고 느끼게 해야 합니다. 특히 아빠는 신체적, 정서적 변화를 겪고 있는 십대 딸에게 여성을 대하는 자신의 무의식적이고 습관적인 방식을 드러내지 않는지 유의해야 합니다. 아버지는 딸을 대할 때 의도치 않게 여성을 무시하거나 통제하려는 태도를 보이기도 합니다. 지나치게 여성의 비위를 맞추려는 태도를 보이기도 합니다. 딸의 사랑과 존경을 받으려는 생각에 딸이 아빠에게 실제로 원하는 것을 알아보지 못할 때도 있습니다. 아빠가 자신의 이런 태도에 알아차림을 가져간다면 여성을 폄하하는 자동 반응이 아닌 다른 방식으로 행동할 수 있습니다. 이것은 습관적으로 일어나는 충동을 관찰한 다음 충동에 이끌려 행동하지 않도록 조절하는 과정입니다.

부모는 여자아이에게 으레 갖는 기대 때문에 자신도 모르게 아이의 자유로운 표현과 자율성을 억압해서는 안 됩니다. 여자아이는 '마땅히' 상냥하고 사려 깊고 고분고분하게 행동해야 한다는 생각에 갇혀서도 안 됩니다. 아이의 기질을 고려하고 있는지, 남자아이라면 괜찮다고 여기는 부산한 태도를 여자아이에게도 때로 허용하는지 스스로 질문해야 합니다. 이 질문에 대한 답은 시시각각 다를 수 있습니다. 하지만 부모가 이런 질문을 던지는 것 자체가 중요합니다.

부모는 주변 사람들이 딸에게 갖는 기대와 요구도 살펴야 합니다. 권위를 가진 사람이나 또래들이 성적 괴롭힘과 비하를 가하는 경우, 부모는 딸아이가 사람들의 문제적 태도와 행동을 인지하도록 도와야 합니다. 그때 아이가 느끼는 불편한 감정을 지지해야 합니다. 문제를 덮지 않으면서 아이가 느끼는 감정을 알아봐 주어야 합니다. 그럴 때 아이는 부모가 자신의 우군이라고 느낍니다. 주변의 부당한 대우에 분노하는 것을 가당한 반응이라고 알게 됩니다.

앞의 '남자아이들' 편에서 보았듯이 요즘 십대 남자아이들은 십대 여자아이들을 점점 대상화시키고 비하하는 경향을 보입니다. 이것은 인터넷에 여성을 비하하는 이미지와 동영상이 넘쳐나고, 소셜미디어와 또래 문화의 영향도 있습니다. 게다가 성과 관련한 건강하지 못한 권력 역동이 보편화된 나머지, 여자아이들 자신도 이런 사회적 분위기에 적응해야 한다고 느끼는 듯합니다. 여자아이들은 이런 사회적 분위기에 적응 못하는 '자신을' 문제로 봅니다. **이때 부모는 아이가 성과 관련된 건강하지 못한 권력 역동을 깨닫게 해야 합니다. 주변의 부당한 대우에 맞서 건강한 경계를 설정함으로써 자신을 지키게 해야 합니다.**

입을 다물고 얼굴을 돌려라. 복도를 걸어 나와라. 〈성경〉 시간에 내 등짝을 때린 목사님에게 갚아주라. '아니오'란 말을 금화처럼 입에 물어라. 딸에게 '아니오'를 가르쳐라. 유순한 '예'보다 '아니오'를 소중히 여기도록 가르쳐라. '아니오'를 축복하라. 주먹을 불끈 쥐고 '아니오'를 절대 놓지 말라. 폭력에 '아니오'라고 말하는 남자아이를 돕듯이 '아니오, 아니오. 당하지 않겠어요'라고 말하는 여자아이를 도우라. '아니오'를 사랑하게 하라. '아니오'를 소중히 여기게 하라. '아니오'가 입에서 나오는 첫마디가 되게 하라. '아니오'는 변화를 일으키는 도구이니까.

- 루이스 어드리크, 『청어치의 춤』에서

우리 딸이 열한 살 때 학교 선생님이 자신과 친구들을 비하하는 태도를 보인 일이 있었습니다. 딸은 이 일에 대해 이야기했습니다. 저녁 학교 행사에서 친구들과 신나게 떠들며 웃고 있었는데 선생님이 다가오더니 아이 이름을 부르며 꾸짖는 목소리로 이렇게 말했다고 합니다. "여자아이처럼 행동해!" 아이는 선생님의 눈을 똑바로 쳐다보며 이렇게 말했답니다. "저는 원래 여자아이인데요. 다만 조금 씩씩한 아이죠." 나는 아이가 학교에서 일어난 일을 엄마에게 말해준 것이 고마웠습니다. 그리고 엄마로서 최대한 아이를 지지해 주었습니다.

여자아이들은 자신의 감정을 부모가 지지해 줄 때 주변 사람의 문제적 태도와 행동을 더 잘 인지합니다. 그리고 자신의 느낌과 더 많이 접촉하고 신뢰하면서 효과적으로 표현합니다. 이런 식으로 여자아이는 스스로 힘을 갖춰 이후의 성장과 발달에 중요한 정서 능력을 조금씩 키워갑니다. 이런 능력은 여성을 비하하고 착취하는 사회에서 주체적인 여자아이로 성장하는 데 반드시 필요합니다.

당시 나는 열한 살 딸아이와 함께 동양 융단을 파는 작은 가게에 있었습니다. 남자 점원이 동양인이었는데, 말을 하면서 우리에게 부담스러운 미소를 지었습니다. 나는 조금 불편했지만 개의치 않고 융단을 둘러보았습니다. 조금 뒤 가게를 나가려는데 딸아이가 내게 말했습니다. 엄마가 점원의 얼굴에서 눈을 돌릴 때마다 점원이 '이상한' 눈빛으로 엄마를 보았다고 말입니다. 나는 아이에게 문화적 차이라고 말했지만 조금 뒤 나의 대답이 적절치 않았음을 알았습니다. 나는 남자 점원의 행동을 이해하고 설명하는 데 집중했을 뿐, 엄마로서 아이가 느끼는 불편한 감정을 제대로 알아주지 못했습니다.

그날 저녁 아이와 밤 인사를 나누던 중 나는 그날 가게에서 있었던 일을 꺼냈습니다. 그러면서 아이가 앞으로 불편한 감정이 일어나는 경우에는 둘만 알 수 있는 신호를 보내주면 좋겠다고 했습니다. 예컨대 그런 일이 또 일어나면 엄마 손을 지그시 눌러 지금 무언가 문제가 있으니 그 자리를 뜨자는 신호를 보내는 것입니다. 이 말을 듣고 아이는 잠시 생각에 잠기

더니 눈을 반짝이며 미소를 지었습니다.

　부모가 때로 힘들고 어색할 수 있어도, 딸들은 자기 내면의 힘과 활력에 접촉할 때 부모의 지지와 격려가 필요합니다. 특히 9~14세 여자아이들은 또래 분위기에 휩쓸려 자신의 고유한 목소리와 자주권을 잃어버리는 경우가 종종 있습니다. 다음에는 노르웨이 민담을 하나 소개합니다. 끝까지 자기 본성에 충실했던 어느 소녀의 이야기입니다.

"이대로 살 테야"
〈누더기 모자〉 이야기

옛날 옛적에 왕과 왕비가 살았습니다. 그런데 자식이 없어 고민에 빠졌습니다. 가족이 왕과 왕비뿐이라는 사실에 왕비는 항상 비통한 마음이었습니다. 궁궐에 아이가 없으면 얼마나 외로울까 염려하던 왕비에게 왕이 말했습니다. 궁궐에 뛰어다니는 아이들을 보고 싶다면 친척 아이들을 부르면 어떻겠냐고 말입니다. 여왕은 좋은 생각이라 여겨 조카딸 둘을 불러 궁궐을 뛰어다니게 했습니다.

어느 날 여왕은 두 조카가 누더기 옷을 걸친 여자아이와 공놀이 하는 모습을 우연히 보았습니다. 여왕은 누더기 옷을 입은 아이에게 궁궐에서 놀면 안 된다고 따끔하게 일렀습니다. 그런데 두 조카가 말했습니다. "으리가 같이 놀자고 했어요.' 그러고는 누더기 옷을 입은 여자아이의 손을 잡고 계속 놀았습니다. 여자아이는 이렇게 말했습니다. "으리 엄마가 어떤 능력을 가졌는지 알면 나를 내쫓지 못할 걸요." 왕비는 아이의 엄마가 누구이며 어떤 능력을 가졌는지 물었습니다.

아이는 궁궐 밖 시장에서 계란을 파는 여자가 자기 엄마라고 했습니다. 그러면서 이런 말도 덧붙였습니다. "엄마는 아기를 못 갖는 사람에게 아기 갖는 비결을 알려줘요." 왕비는 귀가 번쩍 뜨였습니다. "궁궐의 왕비가 보고 싶어 한다고 엄마에게 꼭 전하렴." 아이는 시장에 있는 엄마에게 이 말을 전했습니다. 다음 날 큰 키에 우람한 덩치의 여자가 궁궐의 거실로 들어와 왕비를 만났습니다. 왕비는 단도직입적으로 물었습니다. "어떻게 하면 아기를 가질 수 있어요?" 여자가 짐짓 말했습니다. "우리 아이의 말을 너무 귀담아 듣지 마세요." 여왕은 귀한 음식과 음료를 내오라 시키고는 아기를 무척 원한다고 말했습니다. 여자는 음식과 음료를 배불리 먹고는 조심스레 말했습니다. "제가 마법을 하나 알고 있는데 시도해 봐도 나쁘지 않을 거예요. 오늘 왕비님의 침대를 바깥의 풀밭에 내놓으세요. 날이 어두워지면 두 양동이의 물을 가져다 몸을 씻은 뒤 각각의 씻은 물을 침대 밑에 버리세요. 내일 아침 일어나면 침대 밑에 두 송이 꽃이 피었을 거예요. 하나는 예쁜 꽃이고 하나는 좀 이상하게 생겼어요. 예쁜 꽃은 먹고 못 생긴 꽃은 먹지 말고 그냥 두세요. 잊지 말고 꼭 그렇게 하세요."

왕비는 여자의 말을 따랐습니다. 다음 날 아침 침대 밑에 두 송이 꽃이 피었습니다. 하나는 분홍빛의 향기로운 꽃, 하나는 초록색의 못 생긴 꽃이었습니다. 분홍빛 꽃을 먹은 왕비는 너무 맛있어 그만 못 생긴 꽃까지 먹어버리고 말았습니다. "아무려면 어때!"

그로부터 머지않아 왕비는 딸 쌍둥이를 낳았습니다. 첫째는 나무숟가락을 들고 염소를 타고 다니는 별난 아이였습니다. 아기는 터어나자마자 왕비를 보고 "엄마!" 하고 소리쳤습니다. 왕비는 한탄했습니다. "이런 아이가 태어나다니. 신이여, 제발 바꿔주소서." 첫째 아이가 말했습니다. "너무 염려마세요. 둘째는 나보다 훨씬 예쁠 거예요." 과연 그랬습니다. 왕비는 예쁘게 태어난 둘째에 크게 만족했습니다.

쌍둥이 자매는 외모는 무척 달라도 늘 사이좋게 함께 다녔습니다. 염소를 타고 다니는 말괄량이 기질의 언니는 '누더기 모자'란 별명을 얻었습니다. 다 떨어진 누더기 옷에 진흙을 묻히고 다녔기 때문입니다. 주변에서 깨끗이 입고 다녀라 해도 소용이 없었습니다. 왕비도 어쩔 수 없었습니다.

쌍둥이 자매가 거의 다 자란 어느 해의 성탄절 전야였습니다. 왕비의 방 바깥에서 시끄러운 소리가 들렸습니다. '누더기 모자'가 무슨 소리냐고 묻자 왕비는 트롤(지하나 동굴에 사는 초자연적 괴물르 거인 또는 난쟁이) 무리가 7년에 한 번씩 궁궐에 들어와 떠드는 소리라고 했습니다. 왕비는 사악한 동물의 난폭한 행동은 그냥 두는 수밖에 없다고 체념했지만 누더기 모자는 대꾸했습니다. "말도 안 돼요. 내가 당장 쫓아낼게요." 모두들 위험하다며 말렸지만 누더기 모자는 무섭지 않다며 트롤을 쫓아낼 자신이 있다고 했습니다. 그러고는 왕비에게 궁궐 문을 단단히 닫으라고 한 뒤 트롤을 쫓아내러 갔습니다. 누더기 모자는 나무숟가락으로 트롤의 머리와 어깨를 내리치며 쫓았습니다. 궁궐은 한바탕 난장판이 되었습니다.

누더기 모자를 걱정하던 쌍둥이 동생은 머리를 내밀고 상황을 살폈습니다. 그때 어디선가 트롤 한 마리가 나타나 동생의 머리를 획 낚아채고는 그 자리에 송아지 머리를 올렸습니다. 가여운 공주는 송아지 울음소리를 내며 네 발로 기어 방으로 돌아왔습니다.

누더기 모자는 송아지로 변한 동생을 보고 무척 화가 났습니다. 동생을 제대로 지키지 못한 신하들을 꾸짖기도 했습니다. 그러면서 이렇게 말했습니다. "트롤의 마법에서 동생을 구해 오겠어요. 그러자면 제대로 갖춰진 좋은 배가 필요해요."

왕은 누더기 모자 공주가 말괄량이긴 해도 특별한 아이라는 걸 알아보고는 배를 준비해 주었습니다. 하지만 왕은 배의 선장과 선원이 반드시 있어야 한다고 했습니다. 그러나 누더기 모자는 자신이 배를 몰겠다며 필요 없다고 우겼습니다. 왕은 공주의 고집을 꺾지 못했습니다. 마침내 누더기 모자는 배에 동생을 태우고 바닷길을 나섰습니다.

누더기 모자는 순풍을 타고 트롤의 왕국으로 곧장 향했습니다. 정박장에 배를 댄 누더기 모자는 동생에게 배에 남으라고 하고는 염소를 타고 트롤들이 사는 집으로 향했습니다. 트롤의 집에 도착하니 벽에 걸린 동생의 머리가 열린 창문으로 보였습니다. 누더기 모자는 즉시 염소를 뛰어 창문으로 들어갔습니다. 동생의 머리를 낚아채고는 그 길로 돌아 나왔습니다. 트롤들이 무리지어 꽥꽥 소리를 지르며 뒤를 좇았지만 누더기 모자가 탄 염소는 코를 힝힝거리며 뿔로 트롤들을 들이받았습니다. 누더기 모자는 나무숟가락으로 트롤들을 쳐내며 따들렸습니다.

무사히 배에 돌아온 누더기 모자는 동생의 어깨에 얹힌 송아지 머리를 떼어낸 뒤 그 자리에 어여쁜 동생의 머리를 다시 얹었습니다. 이제 동생은 다시 사람이 되었습니다.

"이제 배를 타고 마음껏 세상 구경을 하자꾸나." 누더기 모자가 말했습니다. 동생도 같은 생각이었습니다. 자매 공주는 해안가를 따라 이곳저곳을 항해하던 중 마침내 머나먼 왕국에 도착했습니다. 누더기 공주는 배를 정박시켰습니다. 이상한 배가 들어오는 걸 목격한 왕국 사람들은 정찰병을 보내 누가 어디서 몰고온 배인지 살폈습니다. 정찰병은 배에 여자아이 하나만 있는 걸 보고는 무척 놀랐습니다. 거기다 여자아이는 염소를 타고 갑판을 돌아다니고 있었습니다.

정찰병들이 다른 사람은 없느냐고 묻자 누더기 모자는 동생과 함께 있다고 했습니다. 동생을 볼 수 있냐고 하자 누더기 모자는 안 된다고 했습니다. 그러자 정찰병들은 두 자매가 왕국의 왕과 두 왕자님을 뵈러 올 수 있는지 물었습니다. 누더기 모자는 "아니오. 우리를 보고 싶으면 그분들이 직접 우리 배로 오시지요."라고 말했습니다. 그러고는 갑판이 시끄러울 정도로 염소를 타고 돌아다녔습니다.

두 왕자 중 형은 낯선 방문자가 무척 궁금했습니다. 그래서 바로 다음 날 서둘러 바닷가로 향했습니다. 어여쁜 동생 공주를 본 왕자는 즉시 사랑에 빠져 그녀와 결혼하고 싶었습니다. 그러나 동생 공주는 이렇게 말했습니다. "안 돼요. 누더기 모자 언니와 헤어지지 않을 거예요. 언니가 결혼하기 전엔 나도 결혼하지 않을 거예요." 형 왕자는 풀이 죽어 성으로 돌아왔습니다. 왕자가 보기에 염소를 타고 다니는, 누추한 거지처럼 보이는 언니 공주와 결혼할 사람은 아무도 없을 것 같았습니다. 하지만 손님 대접을 하지 않을 수는 없는 노릇. 두 공주를 성에 초대해 만찬을 차렸습니다. 형 왕자는 동생 왕자에게 누더기 모자를 모시라고 일렀습니다.

동생 공주는 머리를 다듬고 궁궐 만찬에 입고 갈 아름다운 드레스로 갈아입었습니다. 하지만 누더기 모자 공주는 그런 것에 관심이 없었습니다. "언니, 다 떨어진 망토와 낡은 부츠는 벗고 내 옷으로 갈아입어."라고 했지만 언니는 웃기만 했습니다. 동생은 언니가 예뻐 보이도록 누더기 모자를 벗고 얼굴의 숯 검댕도 지우라고 했지만 소용이 없었습니다. "아냐, 있는 그대로 갈 거야." 언니가 말했습니다.

성으로 향하는 이방인을 보러 왕국의 모든 사람이 나왔습니다. 행렬의 맨 앞에는 금으로 된 천을 두른 백마에 왕자와 누더기 모자의 동생이 타고 있었고, 그 뒤로 은장식을 한 말에 왕자의 동생이 타고 있었습니다. 그 옆으로 누더기 모자가 염소를 타고 갔습니다.

누더기 모자가 동생 왕자에게 말을 걸어보려 했지만 동생 왕자는 할 말이 없는 듯 대꾸하지 않았습니다. 한동안 말없이 걷던 중 마침내 동생 왕자가 말했습니다. "그런데 왜 말이 아니라 염소를 타고 다녀요?" 누더기 모자가 말했습니다. "물어보니 하는 말인데, 타려고만 하면 말을 탈 수 있어요." 그러자 그 자리에서 염소가 근사한 말로 바뀌었습니다. 눈이 휘둥

그래진 동생 왕자는 이번에는 이렇게 물었습니다. "그렇다면 머리는 왜 누더기 모자 밑에 숨기고 있소?" "이게 누더기 모자로 보여요? 맘만 먹으면 얼마든지 바꿀 수 있답니다." 그러자 누더기 모자의 길고 검은 머리에 금관이 씌워지고 자그마한 진주들이 달렸습니다. 동생 왕자는 감탄했습니다. "정말 대단하군요! 그럼 그 나무숟가락은 왜 들고 다니는 거죠?" "이게 숟가락으로 보여요?" 그러자 누더기 모자의 손에 쥐었던 나무 숟가락이 금칠을 한 마가목 지팡이로 변했습니다. 누더기 모자가 물었습니다. "이번엔 왜 누더기 옷을 입고 있느냐고 물어볼 테죠?" 왕자가 대답했습니다. "아니오, 얼마든지 좋은 옷으로 바꿀 수 있겠죠." 그 순간 입고 있던 누더기 옷이 초록색의 벨벳 망토와 드레스로 바뀌었습니다. 동생 왕자는 미소를 지으며 말했습니다. "당신에게 아주 잘 어울리는 색이군요."

궁궐이 가까워지자 누더기 모자가 동생 왕자에게 말했습니다. "숯 검댕을 벗긴 내 얼굴을 보고 싶지 않나요?" "물론, 당신이 바라는 대로 바꿀 수 있겠죠." 궁궐의 입구로 들어가며 누더기 모자가 마가목 지팡이를 얼굴에 대자 숯 검댕이 사라졌습니다. 그녀의 얼굴이 아름다웠는지 평범했는지는 아무도 알지 못했습니다. 그건 왕자나 누더기 모자에게 중요한 일이 아니었습니다. 이후 며칠 동안 이어진 궁궐 잔치에서 그들은 노래를 부르고 춤을 추면서 즐거운 시간을 보냈습니다.

누더기 모자가 지닌 생명력의 열쇠는 무엇이었을까요? 그것은 바로 자주권과 진실성이었습니다. 겉으로는 기이하고 혐오스러웠지만 그녀가 하는 모든 말과 행동의 열쇠는 자주권과 진실성이었습니다. 누더기 모자는 있는 그대로의 자신을 두려워하지 않았습니다. 그녀는 시끌벅적하고 별난 아이로 태어났습니다. 일반적인 시각에서 보면 '못생긴' 외모였습니다. 소란스럽고 단정하지 못하며 무서움을 모르는 천방지축이었습니다. 자기가 가야 하는 길을 알고 자기 방식대로 행동했습니다. 다른 사람의 생각에 개의치 않았습니다. 그녀의 몸에 수동적인 구석이라고는 없었습니다. 직접 선장과 선원이 되어 배를 몰았고, 동생의 머리를 되찾았으며, 세상을 조금 더 살기 좋은 곳으로 만들었습니다. 사회가 여성에게 원하는 외면적이고 관습적인 특성을 모두 갖춘 '완벽한' 동생과 달랐습니다. 그런 동생을 사랑하고 헌신할 줄 알았습니다. 외모는 아름답지 않아도, 있는 그대로의 자신을 받아들여 주길 사람들에게 요청했습니다. 이것은 그녀의 존재 바탕을 이루는 본질을 축복하는 일이었습니다. 그 본질은 그것을 알아보지 못하는 사람의 눈에는 보이지 않았을 뿐, 심오하며 아름다웠습니다.

동생은 언니가 누더기 옷을 벗고 얼굴에 묻은 때를 씻었으면 했습니다. 언니를 사랑했으며 언니가 아름다워 보이길 원했습니다. 마찬가지로 부모들도 자녀를 타인의 비난에서 보호하고 싶어 합니다. 아이가 흠이 없길 바랍니다. 그러나 누더기 모자의 태도는 확고합니다. "아니, 생긴 대로 살 테야."

옆에서 말을 타고 가던 왕자는 처음엔 침묵을 지키다 이

옥고 단도직입적으로 물었습니다. "왜 말을 타지 않고 염소를 타고 다녀요?" 염소가 말로 변하자, 왕자는 관심이 생겨 몇 가지 질문을 더 던집니다. 그러나 옷에 관한 질문에서 더는 묻지 않습니다. 이 대목에서 왕자는 누더기 모자를 있는 그대로 받아들입니다. "이번엔 누더기 옷을 입은 이유를 물어볼 테죠?"라고 묻는 누더기 모자에게 왕자는 그녀가 "원하는 대로 좋은 옷으로 바꿔 입을" 거라고 대답합니다. 왕자가 누더기 모자의 자주권을 인정해 주는 순간, 그녀는 변화했습니다. 누더기 모자는 사랑에 관한 가장 중요한 것을 왕자에게 가르쳐 주었습니다.

옹호, 자기주장, 책임

어느 날 오후, 나(마일라)는 딸아이가 다니는 초등학교 교장선생님의 방에 불려갔습니다. 핵심은, 고집 센 여자아이들이 자기 감정을 거리낌 없이 표현하는 태도가 무례해 보인다는 것이었습니다. 교장선생님에 따르면, 그 학교의 방과 후 선생님이 우리 딸아이가 속한 한 무리의 5학년 여자아이들이 남자아이들과 축구를 하면 안 된다고 했다는 것입니다. 그리고 우리 딸이 그 선생님을 성차별주의자로 칭하며 여자들도 축구를 할 권리가 있다는 말도 했다고 했습니다. 교장선생님은 팔짱을 끼고 한쪽으로 머리를 기울인 채 딸아이의 반항적인 몸동작을 흉내 냈습니다. 그러면서 딸아이의 행동을 용납할 수 없다는 메시지를 전했습니다. 또 교장선생님이 직접 딸아이를 불러 선생님에 대한 무례한 행동은 용서할 수 없으며, 아이들의 안전을 책임진 방과 후 선생님의 말을 잘 따라야 한다는 말을 했다고도 했습니다. 그런 다음 반성문을 쓰게 했다고 합니다.

나는 공손하게 말해야 한다는 교장선생님의 생각에 동의했습니다. 하지만 딸아이는 불공평하다고 느끼는 상황에 화가 난 것이었습니다. 그리고 그 감정을 선생님에게 전하려 했던 것이었습니다. 교장선생님은 여자아이가 자기 감정을 솔직하게 표현하는 것을 '잘못된' 행동으로 여기는 것 같았습니다. 나는 교장선생님에게 만약 남자아이가 팔짱을 낀 채 자기 생각과 감정을 솔직히 표현했어도 부정적으로 볼 것인지 물었습니다.

나중에 나는 딸아이에게 말했습니다. 합당한 자기주장을 펴되 상대방이 무례하게 느끼지 않는 방식으로 표현해야 한다고 말입니다. '성차별주의자' 같은 표현은 내가 전하려는 바를 상대방이 이해하지 못할 경우 자칫 무례하게 들릴 수 있다고도 했습니다. 말하는 내용뿐 아니라 몸짓과 목소리 톤 등 말하는 방식도 중요하며 내가 지금 '어떻게' 말하고 있는지 알아차려야 한다고도 했습니다. 말하는 방식이 상대에게 어떤 영향을 주는지 아이가 알았으면 했습니다. 말하는 방식에 따라 내가 전하려는 말에 상대가 귀를 기울일 수도, 그러지 않을 수도 있기 때문입니다.

상대방이 무례하지 않게 여기는 식으로 자신의 감정과 의견을 말하기란 쉬운 일이 아닙니다. 많은 연습이 필요합니다. 부모는 아이들이 이런 훈련을 통해 배우고, 그로부터 다시 시도하도록 해주어야 합니다.

딸아이는 용기를 내어 자기 생각을 표현했지만 선생님은

아이의 용기를 알아보지 못했습니다. 대신 아이는 '여자아이는 고분고분해야 한다'는 암묵적인 메시지를 선생님으로부터 받았습니다. 만약 아이가 자신과 친구를 대변해 목소리를 낼 때마다 이런 메시지를 받는다면, 그리고 자기가 느끼는 화를 인정해주고 생각을 알아봐주는 부모가 없다면 자신감을 잃고 입을 닫아버릴 것입니다. 실제로 많은 여자아이들이 그러합니다. 열네 살쯤 되면 여자아이들은 아홉 살 때의 넘치던 활기와 자신감이 온데간데없이 사라지는 경우가 많습니다.

내 친구의 딸은 스스로에게 엄격한 완벽주의자일 정도로 재능이 많은 아이입니다. 자기 생각도 분명합니다. 한번은 아이가 5학년 때 직접 만든 꼭두각시 인형과 마을도서관에서 빌린 책 등 학예회 발표 자료를 학교에 가져왔습니다. 담임 선생님은 주말 동안 자료를 학교에 두고 가라고 했습니다. 하지만 학교에 두는 게 불안했던 아이는 집에 가져가겠다고 했습니다. 선생님은 아이가 반항한다며 부모에게 연락했습니다. 학교에서 한 번도 말썽을 피운 적이 없었지만 선생님은 아이의 행동을 부정적인 시각에서 보았습니다. 자기가 중요하다고 여기는 걸 표현할 줄 아는, 정서적으로 안정된 아이로 보지 못했습니다.

만약 아이가 자기가 걱정했던 부분을 선생님에게 이야기했더라면 효과적인 소통이 되었을 것입니다. 그러면 선생님은 아이의 말을 무례하다고 여기지 않았을 것입니다. 의사소통의 기술을 익히는 데는 연습과 경험이 필요합니다. 그렇다 해도 담임 선생님은 어른으로서 아이가 발표 자료를 집에 가져가려는 이유를 물어볼 수도 있었습니다. 그러면서 아이를 조금 더 존중하는 태도를 보일 수도 있었습니다.

어쨌든 부모는 자녀가 무엇을 걱정하는지 알아보고, 분명하게 그러나 상대를 존중하는 태도로 표현하게 해야 합니다. 그리고 옳다고 여기는 것이면 상대방이 이해하지 못하고 감정을 받아주지 않아도 당당히 발언하도록 격려해야 합니다. 이를 위해 부모는 아이를 자주 지지해 주고, 아이가 자신이 처한 복잡한 상황을 파악하도록 해주어야 합니다.

아이는 지금 느끼는 감정이 중요하며, 부모가 자신의 생각을 이해하려고 노력한다고 느껴야 합니다. 주변의 어른이 마음을 닫은 채 판단하는 것이 아니라 공감의 태도로 관심을 갖는다고 느껴야 합니다. 그럴 때 아이들은 살아가는 데 필요한 기술을 더 잘 배웁니다.

학교에서의 마음챙김

체리 햄릭 선생님은 1990년대 중반 6년 동안 미국 유타주 사우스조던의 웰비초등학교에서 5학년 담임을 맡았습니다. 선생님은 학교 수업에 마음챙김을 접목했습니다. 아이들이 온전한 자기가 되며, 학교 수업에서 자신에 대해 더 잘 알게 하려는 목적이었습니다. 선생님은 하루도 거르지 않고 아이들이 내면에 집중하는 시간을 가졌습니다. 체리 선생님은 이 시간을 '자기와 친해지는 시간'이라고 부릅니다. 지금은 수많은 교사가 마음챙김 수련을 나름의 방식으로 학교 수업에 적용합니다만, 체리 선생님은 마음챙김을 학교 수업에 처음으로 적용한 선구자였습니다. 학교 수업에 마음챙김을 적용한 선생님의 창의적인 수업 장면을 잠시 살펴보겠습니다.

대일 다른 아이가 돌아가며, 고요한 침묵의 시작과 끝을 알리는 종을 울립니다. 조용히 앉아 자신의 호흡에 주의를 기울이는 시간입니다. 최대 10분에서 얼마나, 어떤 식으로 할지는 그날의 당번이 정합니다. 앉아서 하는 호흡 관찰 외에 누워서 하는 바디스캔 명상도 합니다. 학교 운동장에서 마음챙김 스트레칭과 걷기 명상도 하고, 교실에 들어가려고 줄을 선 동안에는 선 자세로 명상하기도 합니다. 아이들은 이런 스트레스 온화 연습을 처음에는 '이상하다' '기이하다'고 여겼지만 점차 아이들의 일과에서 중요한 일부가 되었습니다. 부모 형제들과 함께 하는 아이들도 있었습니다.

아이들은 호흡에 집중한 채 일어나고 사라지는 생각을 관찰합니다. 이 과정에서 마음에 일어나는 생각에 일일이 반응하지 않아도 된다는 걸 깨닫습니다. 마음이 떠로 이리저리 날뛴다고 해서 같이 날뛸 필요는 없습니다. 연습을 통해 아이들은 침묵 속에 가만히 앉아 있는 것이 조금씩 수월해집니다. 그 학급에는 ADHD(주의력결핍 과잉행동장애) 진단을 받은 남자아이가 있었습니다. 아이는 초등 저학년 때 학교생활에 많은 어려움을 겪었습니다. 그런 아이가 일 년 동안 명상을 하더니 10분이나 자리에 가만히 앉아 호흡에 집중할 수 있었습니다. 수업 집중도가 크게 높아졌고, 선생님과 친구들도 아이의 변화를 알아보았습니다. 어느 날 내(존)가 교실을 찾았을 때 아이 엄마가 내게 그 이야기를 들려주었습니다. 마침 그날, 아이는 수업을 참관하러 온 학부모를 포함해 학급 전체를 대상으로 침묵 속에 10분 명상을 안내하고 있었습니다.

어린 나이에 내면의 침묵과 고요 속에 편안히 들어가는 것은 바깥으로만 향한 시선의 균형을 바루고, 학창 시절의 수많은 외부 자극을 처리하는 데 매우 중요합니다. 이를 통해 아이들은 한 대상에 집중한 뒤 넓은 알아차림에 머무는 내면의 능력을 계발합니다. 그러면서 지금 여기에 오롯이 존재합니다. 이에 따라 수업에 참여하는 능력과 학습 능력도 향상됩니다. 햄릭 선생님이 가르친 열 살 여학생이 내게 편지를 보냈습니다.

> 이제 집에서 하는 명상이 습관이 되었어요. 어른이 되어도 계속 할 거예요. 처음 할 때는 몸이 가려우면 바로 긁었는데 '가려움, 가려움' 하면서 가려운 감각에 명칭을 붙이자 신기하게도 가려움이 사라졌어요. 또 명상을 하는 동안 호흡이 깊어져 거기에 더 집중하게 돼요. 요가는 내가 무얼 하든 활력을 더해주는데 그 이유는 아마 내가 지금 무엇을 하고 있는지 알아차리기 때문이 아닌가 싶어요. 어쨌든 명상과 요가 덕분에, 무슨 일을 하든 예전처럼 서두르는 일이 없어요.

햄릭 선생님은 단지 MBSR(마음챙김 스트레스 완화) 프로그램을 기계적으로 교실에 도입하지 않았습니다. 선생님은 마음챙김을 수학, 영어, 과학, 지리 교과에 창의적으로 적용했습니다. 아이들이 자신의 '온 존재'로 교과 과정에서 배우도록 했습니다. 다시 말해, 모든 과목에서 아이들은 인지와 정보처리 능력뿐 아니라 직관과 느낌, 신체 자각력도 함께 키우도록 했습니다. 이런 식으로 학습 열의가 높아졌을 뿐 아니라 '감성지능'의 기초를 다졌습니다. 다음은 어느 남자선생님이 햄릭 선생님의 수업을 참관한 이야기입니다.

햄릭 선생님이 맡은 학급의 태도와 분위기가 인상적이었어요. 이전에 그런 걸 경험해보지 못했거든요. 햄릭 선생님은 자신의 학급을 기능적 교실(functional classroom)이라고 불렀어요. 학급 아이들은 평화로운 분위기에서 서로 협력하며 공부했어요. 아이들끼리 마음껏 이야기를 나누었어요. 단, 공부와 관련된 이야기, 자신의 '느낌'에 관한 이야기만 가능했어요. 아이들과 교사 사이에 진정한 관심이 형성되었고 매일처럼 자신의 느낌에 대해 이야기하는 연습을 했어요. 아이들의 자존감이 자라는 게 보였어요. 아이들은 인간의 삶과 생명에 대한 관심을 키웠어요. 내가 경험한 어느 교실보다 아이들이 행복하고 만족했어요. 아이들은 스스럼없이 껴안으며 신체 접촉을 했어요. 문제와 갈등이 생기면 적대적이고 폭력적인 방식이 아니라 사랑하고 배려하는 방식으로 해결했어요. 햄릭 선생님은 아이들에게 호흡에 집중하는 법도 가르쳤는데 이를 통해 아이들은 자신의 삶을 관리하는 법을 익혔어요. 매일 아침 몇 분 동안 명상 시간을 갖자 아이들은 공부도 더 수월하게 했어요. 토론과 개인 활동 위주의 자유 수업에서도 아이들은 소란한 주변 분위기에 개의치 않고 집중을 잘했어요. 햄릭 선생님의 명상 연습이 도움이 된 것 같아요.

햄릭 선생님은 시대를 앞서갔습니다. 그로부터 20년이 지나 미국과 세계 각국의 교사들은 마음챙김 수련을 학교 수업에 도입하고 있습니다. 다양한 마음챙김 프로그램과 교과과정이 연구, 개발되어 적용 중입니다. 이 프로그램들은 자신에 대한 알아차림, 주의력과 집중력, 이타적 행동, 타인에 대한 공감과 이해력을 키우는 목적입니다. 이런 연습을 학교 수업의 자연스러운 일부로 녹여낼 때 아이들은 자기 존재를 깊이 탐구하는 실제적인 기회를 갖습니다. 이것은 초중등교육에 희망적인(어쩌면 혁신적인) 변화를 일으킬 것입니다.

마음챙김의 이로움을 알게 된 부모는 자녀에게 명상을 가르치길 원합니다. 이때 부모는 자녀에게 바라는 명상의 이익에 집착하고 있지 않은지 살펴야 합니다. 아이들은 부모의 '숨은 의도'를 귀신처럼 눈치 챕니다. 아이 나이에 적합한 방식으로 마음챙김을 가르치고자 한다면 부모 자신의 동기와 의도를 살피는 것이 중요합니다.

아이를 키우다 보면 마음챙김을 가르치는 기회와 자연스럽게 만나기도 합니다. 부모 자신의 경험과 수련을 바탕으로, 아이가 지금 겪는 힘든 일이 무슨 '색깔'을 띠고 있으며 매순간 어떻게 변화하는지 관찰하도록 합니다. 아이가 편안하게 있지 못하거나 잠들지 못할 때면 호흡의 파도 위에 '떠 있는' 법을 알려줍니다. 마찬가지로 다른 사람의 말과 행동에 상처를 입었을 때도 파도에 휩쓸리지 않고 그 위에 '떠 있는' 법을 가르쳐 줄 수 있습니다.

부모는 아이의 표현 방식이 나이에 따라 다르다는 것을 알아야 합니다. **궁극적으로 자녀에게 줄 수 있는 최상의 가르침은 부모 스스로 모범을 보이는 것입니다. 자녀 곁에 온전히 존재하면서 자녀를 알아보려고 노력할 때 이것이 가능합니다.** 자리에 앉거나 눕는 등의 정식 명상 수련을 통해 부모가 고요와 정적을 체현할 때 아이들은 부모의 깊은 집중 상태를 알아보고 그런 존재 방식에 익숙해집니다. 부모 스스로 마음챙김 수련으로 키우는 통찰과 태도는 자연스럽게 가족 문화에 스며듭니다. 그러면 아이들은 머지않아 자신의 삶에서 그런 통찰과 태도를 유익하게 활용할 것입니다.

9

제한과 열림
Limits and Openirgs

자녀에 대한 기대

부모는 자녀에게 어떤 기대를 갖고 있는지 살펴야 합니다. 그러지 않으면 부모가 세상을 바라보는 관점이 그 기대에 쉽게 영향을 받습니다. 그러면 양육에서 내리는 부모의 선택과 행동에도 영향을 미칩니다. 부모가 자녀에게 갖는 기대 가운데 어떤 것은 아이의 성장과 발달에 도움이 되며 아이의 자신감과 책임감을 키워 줍니다. 하지만 어떤 것은 아이의 가능성을 제약하며 아이와 부모 모두에게 불필요한 고통을 일으킵니다.

우리는 누구나 자신과 타인에게 일정한 기대를 갖습니다. 그런데 유독 자녀에게 큰 기대를 품습니다. 아이의 행동, 외모와 옷차림, 학교생활, 친구 관계, 특정 연령에 해야 하는 일에 관한 기대입니다. 그런데 이런 기대에는 일정한 판단이 따르게 마련입니다. 깨어있는 마음으로 생각과 느낌에 주의를 기울이면 부모 내면에 언제나 기대와 무언의 가설, 판단이 존재함을 알 수 있습니다. 이 가설과 판단이 '생각'에 불과함을 잊은 채 집

착할 때 문제가 생깁니다. 가설과 판단에는 종종 강렬한 감정적 무게가 실립니다. 그것은 백퍼센트 진실이 아닙니다. 이 점에서, 생각 등의 경험을 알아차리는 마음챙김은 부모에게 큰 깨달음과 자유를 선사합니다.

우선 부모 자신에게 어떤 기대를 갖는지 살펴야 합니다. 그러면 자신에 대해서도 다양한 기대를 갖고 있다는 것, 기대에 부합하지 못하는 자신을 가혹하게 평가하고 있다는 것을 알게 됩니다. 많은 부모가 자신에게 갖는 기대에는 무엇이든 '잘' 해야 한다는 기대가 있습니다. 직장에서 성공해야 하며, 자녀에게 훌륭한 부모가 되어야 한다는 기대입니다. 자식 노릇도 헌신적으로 해야 하며, 사람들로부터 사랑과 존경을 받아야 한다는 기대입니다.

만약 이런 기대를 충족하지 못한다고 느끼면 자신을 가혹하게 평가합니다. 그러면 수치심, 실망감, 난처함, 분노, 굴욕감, 우울, 무능감 등 다양한 감정이, 부모가 처한 상황과 살아온 내력에 따라 일어납니다. 부모가 어떤 식으로든 자녀를 평가할 때도 아이는 이런 감정을 느낍니다. 이 점에서 부모가 자녀에게 어떤 기대를 갖고 있는지, 기대를 어떻게 표현하는지 자각해야 합니다. 부모의 기대가 어떤 목적에 도움이 되며, 아이에게 미치는 긍정적이고 부정적인 영향은 무엇인지 자각해야 합니다.

부모는 각각의 자녀에게 다른 기대를 갖습니다. 아이의 연령에 따라서도 기대가 달라집니다. 가족의 일상에서 자녀가 해주길 원하는 것도 있고, 가족 간에 서로 어떻게 대하면 좋겠다고 하는 기대도 있습니다. 무의식적이고 암묵적인 기대도 있습니다. 아이는 응당 말을 잘 들어야 한다거나(아니면 자기 주장을 내세워야 한다거나) 얌전해야 한다는(아니면 외향적이어야 한다는) 기대입니다. 부모가 품는 기대에 나쁜 의도는 없지만 부모의 기대는 자칫 자녀를 일정한 틀에 가두기 쉽습니다. 문제는, 부모가 자기 생각과 견해에 빠질 수 있다는 사실을 자각하지 못하는 것입니다. 그런 나머지 자녀를 있는 그대로 온전히 알아보지 못하는 것이 가장 문제입니다.

부모는 지속적인 마음챙김 수련의 일부로 자신의 생각을 알아차려야 합니다. 자녀에게 갖는 기대와 그에 따른 감정을 살펴야 합니다. 이런 질문을 던지면 도움이 됩니다. '나는 부모로서 아이에게 어떤 기대를 품고 있나? 현실적인 기대인가? 아이 나이에 적합한 기대인가? 그 기대가 아이의 성장과 안녕에 도움이 되는가? 아이의 자아 감각을 키우는가, 제약하는가? 사랑과 돌봄의 느낌을 아이에게 주는가? 아이 고유의 기질과 학습 양식, 관심사에 적합한 기대인가?' 부모가 스스로 이런 질문을 던지며 생각은 '생각'으로, 감정은 '감정'으로, 평가는 '평가'로 알아차리는 연습을 할 때 부모에게 커다란 창의성이 생겨납니다.

부모의 기대가 아이의 다양한 면을 고려했는지도 살펴야 합니다. 아이는 부모의 기대를 받으면서도 다양한 행동을 시도할 수 있는 자유가 있어야 합니다. 예컨대 화를 표현하되 다른 사람에게 해를 주지 않는 방식으로 표현하게 합니다. 언제나 친절하고 상냥해야 한다는 부모의 기대 때문에 화를 내거나 이기적으로 행동하는 아이에게 실망감을 드러내지 않도록 해야 합니다.

> 아이가 너그러운 마음을 갖길 바란다면
> 먼저 이기적으로 행동할 자유를 주라.
> 아이가 바른 행실을 갖길 바란다면
> 우선 마음대로 행동할 자유를 주라.
> 아이가 열심히 공부하길 원한다면
> 먼저 게으를 자유를 주라.
> 구분이 분명하지 않을 때도 있고
> 주변의 비난을 받을 수도 있지만
> 반대의 것을 이해하지 않고는
> 어떤 것을 온전히 배울 수 없는 법
> – "반대되는 것이 필요하다" 『부모를 위한 도덕경』에서

부모는 자녀에 대한 기대를 사실적이고 분명하게 전달하는 연습을 해야 합니다. 이렇게 할 때 아이는 자신과 타인에 대한 현실적이고 건강한 기대를 인식하고 스스로 만들어 갑니다.

우리 집에 둘째가 태어나자 첫째에 대한 기대에 변화가 생겼습니다. 둘째가 생기면서 나(마일라)는 맏이인 첫째가 더

책임 있고 독립적인 아이가 되길 바랐습니다. 둘째가 생기자 그때까지 '아기'였던 첫째가 갑자기 다르게 보였습니다. 기대가 더 커진 것입니다. 이런 일은 흔히 일어납니다. 어쩌면 이것은 부모가 새로 태어난 아기와 더 수월하게 지내기 위한 방법인지 모릅니다. 부모가 새로 태어난 아기와 사랑에 빠지는 동안 먼저 태어난 아이에게 씌워졌던 '마법'이 사라집니다. 이것은 생물학적으로 종(種)을 보존하려는 과정일 수도 있습니다. 첫째는 갓 태어난 둘째만큼 생존을 위해 부모의 절박한 손길이 필요하지 않은 것입니다.

다른 부모들도 비슷한 경험을 합니다. 그런데 나는 그런 부모들에게 두 살 첫째도 아직 아기이며, 네 살 아이도 네 살에 불과하다고 말해주고 싶습니다. 여섯 살 아이도 아직은 품에 안아주어야 하며, 자신이 사랑스러운 존재라고 느껴야 합니다. 여덟 살이 되면 더 많은 책임과 권리를 갖지만 부모는 여전히 아이를 품에 안아야 하며 아이와 함께 시간을 보내야 합니다. 아이들은 마음껏 아이로 지낼 자유가 있어야 합니다.

반대로 자녀가 부모에게 갖는 기대도 있습니다. 아이들은 부모가 시간에 맞춰 온다고(또는 항상 늦게 온다고) 예상합니다. 부모가 늘 곁에 있다고(또는 곁에 없다고) 예상합니다. 이해해 줄 것이라고(또는 당장 화를 낼 거라고) 예상합니다. 아이들이 부모에게 무엇을 예상하고 어떤 기대를 품느냐는 부모의 지금까지 행동에 달려 있습니다. **부모에 대한 자녀의 기대는 부모가 깨닫지 못한 부모 자신의 행동을 드러낸다는 점에서 이 기대를 살피는 일은 부모가 변화할 수 있는 기회입니다.**

그리고 이 변화는 자녀와 부모 모두에게 유익한 변화입니다.

부모가 갑자기 화를 내거나 거친 말을 뱉으면 아이는 혼란스러워합니다. 이때 부모가 지금 지치고 힘들어서라고 설명해 주면 아이는 부모의 행동을 이해할 수 있습니다. 부모의 예상치 못한 행동에 대해 자녀에게 그 배경을 설명해 주어야 합니다. 그럴 때 아이는 예측 불가의 세상을 조금 더 질서정연하고 이해 가능한 방식으로 볼 수 있습니다. 그러면 부모가 갑자기 기분이 바뀌어도 아이가 자기를 책망하며 불안해하는 일이 적어집니다. 이런 경험은 아이에게 인간에 관한 일반적인 가르침을 줍니다. 이 가르침으로 아이는 어른이 되어 자신의 행동을 더 명료하게 볼 수 있습니다.

실수로 물건을 깨뜨리면 아이는 부모가 응당 화를 낼 거라고 예상합니다. 이때 부모가 화를 내지 않으면 아이는 의외라고 여깁니다. 지금까지 이런 상황에서 부모가 늘 화를 냈다면 아이에게는 더욱 의외입니다. 이때 부모는 자신의 행동이 아이에게 미치는 영향을 자각하면서 이해심으로 응대하고 있습니다. 이 상황에서 무엇이 중요한지 유념하면서 지금껏 가진 자녀에 대한 제한된 기대에서 벗어나 더 큰 친절과 이해심을 체현하는 중입니다. 그리고 이 과정에서 아이에 대한 기대도 다르게 변화합니다.

부모가 자녀에게 갖는 기대는 여러 요인에 따라 달라집니다. 그중 하나가 부모가 그 순간에 사용 가능한 대처 자원의 양과 질입니다. 스트레스에 시달리는 부모들은 자녀에게 사랑과 공감을 바라기도 합니다. 부모도 인간인지라 이런 감정이 일어나는 것은 자연스러운 일입니다. 하지만 이런 식으로 부모를 돌보는 것은 아이들 본연의 일이 아닙니다. 그렇다고 아이들이 때로 부모를 공감하거나 이해하지 않는다는 의미는 아닙니다. 아이들은 때로 그렇게 합니다. 하지만 아이는 아직 아이입니다. 아이는 자신이 원하는 것을 단지 원할 뿐, 부모의 문제에는 큰 관심이 없습니다. 자녀가 부모의 문제에 반드시 관심을 가져야 하는 것은 아닙니다. 아이들은 부모의 장황한 설명에 흥미가 없습니다. 부모의 행동이 부모가 지금 어떻게 느끼는가와 관련이 있다고 아는 것만으로 아이에게 도움이 됩니다. 그럴 때 아이는 자신의 행동 역시 자신의 지금 느낌과 관련이 있음을 깨닫습니다.

부모는 어린 자녀에게 이런저런 기대를 가지며 기본적인 규칙들을 정합니다. "어른 없이 길을 건너면 안 된다" "화가 나도 사람을 때려서는 안 된다" "공손한 태도로 말해야 한다" 같은 규칙입니다. 부모는 아이가 식사자리에서나 사람을 만날 때는 예의바르게 행동하기를 기대합니다. 그밖에도 많은 규칙을 정합니다만 무엇이 중요한지는 부모 각자가 판단해야 합니다. 어떤 것이 아이와 가족의 성장에 가장 도움이 되는지 헤아려야 합니다. 용납할 수 없는 행동은 무엇이고, 자녀에게 무엇을 기대하는지 명확히 하고, 필요하다면 제한을 두어야 합니다. 자녀에게 분명하고 일관된 기대를 전할 때 아이는(특히 어린 아이는) 안전하고 안정된 느낌을 가지면서 성장합니다.

아이가 자라면 자기 행동에 더 큰 책임을 지고 결과도 스스로 떠맡게 해야 합니다. 부모의 기대와 아이의 생각이 충돌하는 경우도 있습니다. 딸아이가 학교 행사에 부모를 초대하지 않았을 때 우리 부부는 무척 실망했습니다. 부모로서 행사에 가고 싶었지만 아이는 학교 행사가 오롯이 '자신의' 경험이 되길 원했습니다. 아들이 대학에 입학했을 때도 나(마일라)는 아들을 학교에 데려다주고 싶었습니다. 엄마로서 아들이 새로 살 집을 보고 싶었고, 아들 인생의 중요한 전환기를 함께하고 싶었습니다. 그런데 아들은 지난여름 전국 여행을 같이 한 친구와 함께 가겠다고 했습니다. 아들은 부모가 데려다주는 '아이'가 아니라 독립한 '성인'으로 대학 문에 들어서고 싶었습니다. 아들의 말을 듣고, 나는 부모의 실망감과 아들의 관점 사이에서 잠시 마음이 흔들렸습니다. 하지만 아들에게 자기만의 방식이 중요함을 깨닫고는 진심을 담아 말했습니다. "친구와 함께 가고 싶은 네 마음을 이해해. 엄마는 괜찮단다."

　　이런 상황에서 아이들은 으레 부모가 자신의 관점에서 봐주기를 기대합니다. 아이들은 부모가 자신의 관점을 이해하고 받아주길 원합니다. 그러나 부모들은 자신의 필요와 욕구에 따라 행동하는 일이 많습니다. 이때는 부모와 아이의 요구를 함께 고려하면서 무엇이 아이를 위한 최선의 선택인지 헤아려야 합니다. 필요하면 부모가 기대와 집착을 내려놓을 줄도 알아야 합니다.

　　부모는 아이에게 어떤 기대를 갖고 있는지 찬찬이 살펴야 합니다. 자녀의 성장과 행복에 도움이 안 되는 기대라면 의식적으로 내려놓을 줄도 알아야 합니다. 이것이야말로 자녀에게 선사하는, 눈에 보이지 않는 가장 큰 선물입니다. 자녀에 대한 기

대를 의식적으로 내려놓는 일은 마음챙김 양육의 수련에서 중요한 부분을 차지합니다. 자녀에 대한 기대를 의식적으로 내려놓을 때 가족의 분위기는 한결 가벼워지며, 여유와 균형이 생겨납니다. 그럴 때 가족 구성원 모두가 함께 성장하는 가능성도 커집니다.

내맡김

내(마일라)가 몇 주간 정신없이 바쁜 일정을 보낸 뒤였습니다. 일곱 살 딸아이가 갑자기 아픕니다. 얼굴이 벌게지고 머리도 아프다고 합니다. 조금 한가해졌나 싶었는데 더 시달리게 생겼습니다. 짜증이 납니다. 아이가 아프지 않았으면 합니다. 발을 빼고 싶습니다. 침대에 기어들어 문을 닫고 싶습니다. 하지만 아이가 아픕니다. 아이는 지금 엄마가 필요합니다. 내 마음이 아이에게 향합니다. 아이는 엄마를 괴롭히려고 아픈 것이 아닙니다. 어쩔 수 없이 아픈 것입니다. 나는 깊은 숨을 내쉰 뒤, 계획했던 다른 일을 접고는 지금 필요한 일을 합니다.

    열이 나는 아이는 모든 것이 힘이 듭니다. 방에 들어오는 빛에 눈이 부십니다. 나는 방의 커튼을 쳐 어둡고 차분한 분위기를 만듭니다. 아이는 간혹 잠들었다 다시 깹니다. 깨면 엄마가 곁에 있어야 합니다. 나는 아이 곁에 앉아 머리에 찬 수건을 얹어주고 따뜻한 차와 토스트를 내옵니다. 책도 읽어줍니다. 아이의 기분을 낫게 하는 데 엄마로서 할 수 있는 일이 있어서 위안이 됩니다. 책을 읽어주고 곁에 앉아 아이의 손을 잡는 순간에는 고요한 풍요로움이 존재합니다. 책을 읽어주면 아이는 기쁨의 눈길로 나를 바라봅니다. 어떤 때는 엄마가 곁에 있어 좋다고 말합니다. 아이의 눈이 밝아지고 얼굴이 맑아집니다. 아이가 그날 학교에 갔다면 어땠을까 생각해 봅니다. **오히려 지금의 '아픈' 시간이 아이에게 커다란 자양분을 주는 느낌입니다. 심한 열병을 앓은 뒤 완전히 다른 표정으로 깨어나는 아이들을 종종 봅니다. 병을 앓고 난 아이들은 부모의 고요한 보살핌 속에 훌쩍 자랍니다.**

물론 아이가 아프면 부모는 짜증이 나고 힘이 듭니다. 이런 순간은 엄마인 나에게 일종의 시험대입니다. 아픈 아이에게 엄마로서 화를 내야 할까요, 공감의 마음으로 아이를 받아들여야 할까요? 아이를 책망하지 않으면서 아이가 지금 겪고 있는 힘듦을 표현하게 할 수 있을까요? 그날에 대한 기대를 내려놓고, 지금 필요한 일에 나 자신을 내맡길 수 있을까요? 그렇게 내맡길 때 나타나는 아름다움을 알아볼 수 있을까요?

제한과 열림

연구에 따르면 부모가 방임적이어서 자녀의 행동에 제한을 두지 않거나, 반대로 지나치게 엄한 경우 아이들은 좋지 않은 영향을 받는다고 합니다. 이런 부모 밑의 자녀는 건강한 주체성을 발달시키기 어렵습니다. 부모는 자녀에게 적절하고 분명한 제한을 두되 존중의 태도로 자녀를 대해야 합니다. 그럴 때 아이들은 자신감과 안정감을 가지고 성장합니다. **자녀가 부모와 돌봄, 연결, 참여의 관계 속에서 제한을 경험할 때 그것은 자녀에게 의미 있는 열림을 가져옵니다. 이때 아이는 부모가 둔 제한을 자기 앞에 놓인 걸림돌로 여기지 않습니다.**

특정 순간, 특정 아이에게 어떤 제한과 규칙이 바람직한지는 잘라 말하기 어렵습니다. 우리 집에서 정한 규칙은 주로 텔레비전, 패스트푸드, 영화, 비디오게임 등 아이들의 건강과 행복에 부정적인 영향을 주는 것들이었습니다. 또 상대방에 대한 무시, 폭력, 욕설 등 다른 이의 안녕에 영향을 미치는 것이었습니다. 우리 부부는 아이들이 지켜야 하는 규칙을 정할 때, 부모가 납득하면서도 아이들이 공평하게 여기는 방식으로 정하려고 했습니다.

물론, 아이들은 부모가 정한 규칙이 공평하지 않다고 여기기도 합니다. 이 사실을 인식하고 있으면 부모가 둔 제한에 실망하고 화내는 아이를 공감으로 대할 수 있습니다. 살면서 아이들은 원하는 것을 얻지 못하는 때를 필연적으로 만납니다. 삶 자체가 실망과 상실 수도 없이 안깁니다. 아동발달 전문가인 고든 뉴펠드와 가보 마테는 아이들의 이런 경험을 **소용없음의 벽**(the wall of futility)에 부딪히는 것으로 표현합니다. **아이는 어떻게 해도 소용이 없는 상황에 부딪히는 경험을 통해 자기 힘으로 바꿀 수 없는 것이 존재함을 깨닫습니다. 이런 상황에 적응하면서 슬픔과 상실감을 경험하는 법을 터득합니다.** 치유의 본질은 자신이 처한 상황과 '있는 그대로' 만나는 것입니다. 그런데 슬픔을 느끼고 받아들이려면 엘리자베스 퀴블러-로스가 말한 사전 단계를 거쳐야 합니다. 수잔 스티펠만은 『힘겨루기 없는 양육』에서 이에 대해 말합니다. 아이는 모든 것을 자기 마음대로 할 수 없다는 사실을 처음에는 믿지 못하고 부정합니다. 그러다 화를 냅니다. 다음으로 절충을 하다가 마침내 슬픔을 경험하는 단계로 나아갑니다. 만약 부모가 이 과정에서 아이가 느끼는 감정을 덜어주려 '타협'한다면 슬픔을 경험하는 중요한 과정이 어긋나고 맙니다. 아이는 화를 표현하고 슬픔을 직접 경험하는 과정에서, 어쩔 수 없는 상황에 적응합니다. 원하는 것을 무조건 가질 수는 없다는 사실을 받아들이는 법을 조금씩 터득합니다.

소용없음의 벽에 부딪히는 과정에서 필수적인 요소가 있습니다. 자녀가 부모를 의지하고 신뢰할 수 있어야 한다는 것입니다. **부모와 건강한 신뢰 관계가 형성되었을 때 아이는 얼마든지 슬퍼해도 괜찮다고 느낍니다. 부모가 정했든 삶의 불가피한 일부이든 아이는 어쩔 수 없는 제한과 상실을 받아들이는 법을 배워야 합니다.** 불가피한 한계를 받아들이는 것이 중요함을 인식할 때 부모는 자녀와 '타협'하는 중에 자녀에게 필요한 슬픔의 능력과 필요를 의도치 않게 훼손하는 일이 없어집니다. 마침내 아이는 자신이 바꿀 수 없는 것을 받아들이는 능력을 갖습니다.

마음챙김 양육에 관한 이 책의 내용은 아이들의 주체성과 자기 인식, 역경에 맞서는 회복력을 키우는 목적입니다. 물론, 바꿀 수 있는 것이면 역경에 굴하지 않고 변화시키는 자신감이 필요합니다. 그러나 자녀가 소용없음의 벽에 맞닥뜨리는 경험도 필요함을 부모는 알아야 합니다. 그럴 때 자녀에게 바람직하고 필요한 제한을 단호하고 수월하게 둘 수 있습니다.

어떤 규칙과 제한이 자녀에게 도움이 되는지 알아보는 데는 부모의 현명한 분별력이 필요합니다. 부모가 어떤 것에 지나치게 엄하면 아이는 자신이 못 갖는 것에 더 집착합니다. 아이가 자라면 그 영향은 더 악화됩니다. 부모가 지나치게 엄격하면 아이는 부모를 믿지 않고 거짓말을 합니다. 부모와의 관계에서 완전히 발을 빼기도 합니다. 반대로 부모가 너무 허용적이어서 아직 자기 조절력을 갖추지 못한 자녀에게 무엇이든

하게 한다면 이 역시 부정적인 영향을 일으킵니다. 이때 아이는 탈진, 긴장, 초조, 두려움, 불안, 공격성, 판단력 저하, 통제 불가의 행동, 전반적인 불균형을 보입니다.

우리 집 아이들이 어렸을 때 우리 부부는 아이가 관심 있는 것을 마음껏 탐색하도록 했습니다. 위험한 행동을 했을 때는 그 행동을 특정해 위험하다고 알려주며 조심하게 했습니다. 그러면 아이들은 특정 행동이 문제이지 자신의 '존재'는 문제가 없다고 느꼈습니다. 아이들에게 부모의 사랑과 수용은 '상수'였습니다.

아이들이 어렸을 때 우리 부부는 "더는 못 참아!" 하며 인내심의 끝에서 제한을 두는 일도 있었지만 직접 보고 느낀 것과 상식을 근거로 제한을 두려고 노력했습니다. 잠을 얼마나 자는지, 무엇을 먹는지, 안전한지에 관한 염려를 바탕으로 규칙을 정했습니다. 아이들에게 두는 제한은 주로 잠과 식사, 기본적인 예의범절, 함께 하는 집안일에 관한 큰 틀을 만드는 작업이었습니다. 부모가 만든 틀 속에서 아이들은 자기를 돌보는 법을 조금씩 익혔고 마침내 스스로 건강한 선택을 내리는 법을 배웠습니다.

그런데 청소년기가 되면 부모가 자녀의 행동에 제한을 둘 때 또래와 사회의 거센 압력과 마주합니다. 이 점에서 십대 부모에게는 상당한 끈기와 기술, 지혜가 요구됩니다. 십대 자녀를 양육하다 보면 부모는 감정적으로 지칩니다. 한밤중에 잠을 깬 아기를 돌보던 지난날의 노력과 인내가 그대로 필요합니다. 십대 자녀의 행동이 부모의 기대와 크게 다를 때 부모는 당장 이렇게 소리치고 싶습니다. "더는 못 참아!" 부모는 자신이 백퍼센트 옳다는 확신으로 소리칩니다만 문제는 더 복잡해질 뿐입니다. 속으로 부모는 상황을 바꾸기에 무력하다고 느낍니다. 아이의 행동을 더는 참을 수 없다고 말한 뒤에도 부모가 실제로 할 수 있는 일은 많지 않습니다. 아이가 어렸을 때는 관심을 딴 데로 돌리거나 해로운 상황에서 아이를 떼어 놓았지만 청소년 자녀에게는 그 방법마저 통하지 않습니다.

부모는 어떤 행동과 말을 하든 자신의 에너지 상태와 감정에 자리를 잡고 그것과 접촉해야 합니다. 몸이 긴장하고 있다면 알아차려야 합니다. 호흡도 알아차려 의도적으로 숨을 고르며 깊어지게 합니다. 이렇게 하면 신경계가 안정되어 자녀를 대하는 방식도 달라집니다. **부모가 자신에게 현존하고 접촉하면 아이도 그런 부모를 알아봅니다. 부모의 현존감은 자녀와의 관계를 향상시키고 체현합니다.** 부모가 현존의 감각이 부족하면 자녀와 효과적으로 소통하기란 불가능합니다. 예컨대 자녀에 대한 격한 감정이 올라오는 순간에 부모는 자기 목소리를 알아차려야 합니다. 이 순간 자연스럽게 일어나는 엄하고 날카로운 목소리를 내려놓고, 같은 말도 차분하게 그리고 실제적으로 해야 합니다. **힘든 순간 부모 내면의 깊은 곳에 있는 최선의 것과 다시 연결해 무엇이 중요한지 떠올리는 작업은 그 자체로 부모에게 유용한 수련입니다.**

궁극적으로 부모가 두는 제한에 자녀가 어떻게 반응하느냐는 자녀가 부모와 얼마나 연결되어 있다고 느끼느냐에 달려 있습니다. 처음엔 짜증을 내더라도, 부모가 둔 제한이 자신에 대한 염려와 돌봄의 마음에서 나온다고 느낄 때 자녀의 반응은 달라집니다.

중학생 딸아이를 둔 여느 가정처럼 우리 집도 딸아이가 종일 전화기를 붙들고 놓지 않아 힘든 때가 있었습니다. 처음엔 눈치 채지 못했는데 어느 순간부터 딸아이는 학교에서 돌아와 잠자리에 들 때까지 줄곧 전화기를 잡고 있거나 친구의 전화를 기다렸습니다. 이 때문에 숙제를 못하는 일이 종종 생겼습니다. 아이는 숙제를 꼭 하겠다고 다짐했지만 공부에 제대로 집중하지 못했고 자연히 학교 성적도 떨어졌습니다. 전화 때문에 아이는 가족과의 관계에도 빨간불이 켜졌습니다. 가족들을 점점 낯선 사람 쳐다보듯 대했습니다.

우리 부부는 딸아이에게 이제 전화 시간을 제한하겠다고 말하고 싶었습니다. 하지만 강압적이라고 느낀 아이가 부모와 더 멀어질까 염려되었습니다. 그래서 가족회의를 열었습니다. 전화기 문제에 관하여 가족 모두가 어떤 말이든 할 수 있는 자리였습니다. 우리는 가족회의를 통해 상대방의 생각과 관점을 이해했습니다. 전화사용에 관해 서로 받아들일 수 있는 것과 없는 것을 허심탄회하게 이야기했습니다. 마침내 가족 모두가 동의하는 합의안을 끌어냈습니다.

딸아이는 이후 며칠간 저녁 시간에 전화기에서 떨어져 한 시간 동안 숙제에 집중했습니다. 그러더니 새 전화사용 계획이 마음에 든다고 했습니다. 자기만을 위한 조용하고 방해 받지 않는 시간을 가져 마음이 한결 편하다고 했습니다. 부모가 힌트를 주지 않았다면 아이 스스로 이런 변화를 일으키기는 어려웠을 것입니다.

그런데 몇 주가 지나 딸아이는 30분 일찍 전화를 시작하면 안 되냐며 '협상'을 걸어왔습니다. 우리 부부는 그러려면 30분 먼저 손에서 전화기를 놓아야 한다고 응수했습니다. 타협안이 내키지 않았던 딸아이는 원래의 합의안으로 돌아갔습니다. 우리 부부는 새 전화사용 규칙이 딸아이와 가족에 미치는 긍정적인 영향을 인식했기에 처음의 규칙을 수월하게 지킬 수 있었습니다.

전화사용이든 문자든 소셜네트워킹이든 부모는 유연하게 응대해야 하지만 너무 유연한 태도는 양육을 힘들게 합니다. 아이들은 규칙을 바꿀 기회를 호시탐탐 노리는 협상의 귀재입니다. 아닌 것에 대해 자녀는 '정말' 아니라고 알아야 합니다. 협상의 여지가 더는 없으며 부모가 마음을 바꾸지 않는다고 알 때 아이는 분명한 기대를 갖습니다. 그럴 때 아이가 믿고 기댈 수 있는 안정적인 가정 분위기가 만들어집니다.

특정 문제에서 다른 아이보다 더 많은 제한을 두어야 하는 아이도 있습니다. 올빼미형 아이의 수면 시간이 일찍 일어나는 아이와 같을 수 없습니다. 책을 좋아하는 아이는 그렇지 않은 아이보다 잠들기 전에 더 오래 책을 읽습니다. 충동을 제어하지 못하는 아이는 자기 조절력이 높은 아이에 비해 부모가 두는 제한도 클 수밖에 없습니다.

아이의 기질, 연령, 환경에 따라 부모가 수용하는 한계는 다릅니다. 그렇더라도 마음챙김 양육에서 필수적인 부분이 있습니다. 그것은 부모가 아이의 최선의 이익을 염두에 두고 생각하고 행동하는지 끊임없이 자문하는 것입니다. 부모가 모르는 더 나은 방식은 없는지 스스로 질문하는 것입니다.

자녀가 십대가 되면 부모 노릇은 더 복잡해집니다. 상황이 예전만큼 쉽게 눈에 들어오지 않습니다. 십대 자녀는 자기만의 공간과 사생활을 원합니다. 그렇다 해도 부모가 아이에게 무슨 일이 일어나고 있으며 무엇에 빠져 있는지 몰라도 되는 것은 아닙니다. 이때 아이의 관심은 자신을 위한 최선의 선택이 아니라, 하고 싶은 대로 해도 무탈한 방법을 찾는 데 있습니다. 십대 자녀가 보내는 문제 신호는 아기의 울음소리보다 미묘해 포착하기 쉽지 않습니다. 게다가 부모는 십대 자녀와 싸우기 싫어서, 아니면 아이와 멀어질까봐 안 된다고 하고 싶어도 승낙해 버리는 유혹에 빠집니다.

부모는 십대 자녀의 안녕을 해치는 요인 등 자신이 무엇을 보고 무엇을 염려하고 있는지 자녀가 알게 해야 합니다. **부모의 '안 된다'는 표현을 자녀가 '너를 믿지 않는다' '너는 나쁜 아이다' '너는 판단력이 모자라다'는 메시지로 받아들이지 않도록 해야 합니다.** 만약 이런 느낌과 자동 반응이 부모 내면에서 실제로 일어난다면 그것을 알아차리며 자녀와 거리를 더 벌리지 않아야 합니다.

부모가 십대 딸아이에게 말합니다. "남자친구의 집에 둘만 있으면 안 돼." 딸이 대꾸합니다. "엄만 날 못 믿어요?" 이

때 부모는 신중하게 대답해야 합니다. "널 못 믿는 게 아니라 그런 상황을 믿지 않는 거란다. 둘만 있으면 위험한 일이 생길 수 있어. 나중에 후회할 행동을 하기도 쉽고 말이야." 이렇게 답하면 자녀는 부모가 마음대로 권력을 행사한다고 느끼지 않습니다. 부모가 자신의 독립성을 존중하며 객관적으로 상황을 평가한다는 느낌을 받습니다. 자녀가 부모의 말에 발끈할 수도 있지만, 적어도 이번의 상호작용으로 앞으로 일어날 수많은 상호작용이 달라질 수 있습니다. 부모는 어떤 상황에 자신을 둘지 지혜롭게 선택해야 합니다. 이것은 살면서 터득해야 하는, 시간과 경험이 요구되는 교훈입니다.

친구의 딸이 어느 날 친구에게 전화를 걸어 이렇게 말했답니다. "엄마, 나 지금 뉴욕이에요." 딸은 다니고 싶었던 뉴욕의 학교에 혼자 찾아갔습니다. 친구는 아직 열여섯 살인 딸이 보스턴에서 뉴욕으로 떠나는 걸 원치 않은 이유에 대해 여러 번 이야기를 나눈 적이 있었습니다. 전화에서 딸은 뉴욕에서 같이 머물기로 한 룸메이트와 연락이 닿지 않아 최근 모임에서 만난 다른 사람과 지내고 있다고 말했습니다. 이 상황에 엄마는 얼마나 걱정이 되었을까요? 그리고 어떻게 응대했을까요?

친구는 지혜롭게 잠시 멈추고는 상황을 객관적으로 보았습니다. 친구는 딸이 스스로를 돌보고 있다는 걸 알았습니다. 엄마가 걱정하지 않도록 사려 깊게 엄마에게 전화를 했다는 사실도 알았습니다. 딸은 '이미' 뉴욕에 있었습니다. 친구가 아무리 화를 내도 이 사실은 변하지 않았습니다. 친구는 전화로 딸에게 말했습니다. "지금은 화내지 않을게. 화는 나중에 내마." 이런 식으로 친구는 '적절한 때에' 자신의 격한 감정을 다룰 여지를 남기고는 딸의 안전에 문제가 없는지, 집에 무사히 돌아오려면 무엇이 필요한지 딸에게 물었습니다. 무엇보다 친구는 딸이 자신에게 중요한 시도를 하고 있음을 알았습니다. 딸의 행동을 납득하기 어려웠지만 아이가 가진 용기와 임기응변의 능력을 보았습니다. 친구에게 이 일은 이런 상황에서 엄마로서 느끼는 감정을 자각하는 동시에 딸아이의 욕구에 대해 깊이 생각해보는 계기가 되었습니다. 딸을 이해하는 마음이 커지자 서로의 입장 차이로 사이가 벌어지는 일도 줄었습니다.

성장한 자녀가 잠재적 위험으로 가득한 세상에 나갈 때 느끼는 부모의 두려움은 자녀 양육에서 피할 수 없는 부분입니다. 아이가 어릴 때는 아이의 세상을 어느 정도 통제할 수 있지만 아이가 자라 부모 품을 벗어나면 그런 통제감마저 사라집니다. **이 시기 부모가 해야 하는 중요하고도 힘든 내면 작업은 부모의 두려움과 불안을 자각하는 것입니다.** 이렇게 알아차리는 것만으로 두려움과 불안으로 자녀에게 일어나는 일을

알아보지 못하고 소통하지 못하는 일이 줄어듭니다.

이때는 오히려 지금까지 쌓아온 가족 간의 신뢰와 연결을 한층 두텁게 할 기회입니다. 지금껏 쌓은 신뢰와 연결을 바탕으로 십대 자녀에게 위험할 수 있는 알코올과 마약, 육체적·정서적 무방비의 성관계로 치르는 대가와 위험에 대해 이야기 나누어야 합니다.

아이는 성장하면서 선택의 자유를 더 많이 갖지만 그중에는 파괴적이고 위험한 선택도 있습니다. 또래집단의 압력에 떠밀려 선택을 내리는 경우도 종종 있습니다. 이때 무엇보다 중요한 것은 자신의 감정과 생각, 행동을 자각하고 스스로를 보호하는 능력을 갖추는 일입니다. **갈등을 일으키는 힘겹고 해로운 상황에서 아이는 자신의 감정과 접촉하며 자신에게 정말 중요한 것이 무엇인지 물어야 합니다. 자기를 자각할 때 아이는 자신의 한계와 기준을 스스로 정하며 건강한 선택을 내립니다.** 그런데 자기 자각(self-awareness)이라는 마음챙김의 작업은 시간과 함께 펼쳐지는 과정입니다. 유치원에서 고등학교에 이르는 각급 학교에서 마음챙김 수련을 교과 과정의 일부로 삼는 이유도 감성 지능과 더불어 자기를 자각하는 능력을 키우는 것입니다.

아이들은 무술, 스포츠, 요가, 춤, 연극, 그림, 암벽 등반, 캠핑, 일기 쓰기 등 다양한 활동을 통해 자기 자각력과 자기 규율, 자기 확신을 키웁니다. 이런 활동은 아이들이 실제와 상상의 한계를 경험하는 구체적인 기회가 됩니다. 한계 속에서 뜻밖의 열림을 경험하며 충족감을 얻기도 합니다. 특정 영역의 자기 효능감과 숙달감은 삶의 다른 영역에도 긍정적인 영향을 미칩니다. 아이들도 나이가 차면 혼자 세상에 나서야 하고 그러면서 계속 성장해야 합니다. 이때 그들이 궁극적으로 의지할 수 있는 것은 자기에 대한 자각력과 지혜로운 분별력입니다.

부모의 일을 보라

다른 이의 활을 당기지 마라
다른 이의 말을 타지 마라
다른 이의 잘못을 들추지 마라
다른 이의 사정을 캐묻지 마라

- 무문(13세기 중국의 선승)

"어디 갔었니?"
"밖에요."
"밖에서 무얼 했니?"
"아무것도요."

- 가족 간의 대화

부모는 자녀의 내면에 일어나는 일을 모두 알아야 한다고 생각하기 쉽습니다. 아이가 어렸을 때부터 가까이서 지켜보았기에 이렇게 생각하는 것도 당연합니다. 아이가 지금까지 자신과 세상을 알아가며 슬픔과 기쁨을 경험하는 중에 부모는 늘 곁에 있었습니다. 하지만 아이가 성장하면 자기만의 비밀을 간직하는 마음의 공간이 필요합니다. 아이가 원하는 때에, 원하는 것을 부모와 함께하도록 배려해야 합니다. 이런 배려 자체가 사랑의 행위입니다. 이렇게 하면 아이가 부모에게 무언가를 털어놓아야 할 때 부모를 믿고 부모가 자신의 관심사를 이해해 준다고 느낍니다.

이렇게 하려면 부모는 아이 곁에서 아이의 필요에 응하는 동시에 '부모 자신의 일을 본다'는 건강한 결심이 필요합니다. 이것은 고도의 민감성과 분별력, 인내가 필요한 정교한 균형 잡기입니다.

모든 아이가 다르고, 모든 부모가 다릅니다. 어떤 두 개의 상황도 완전히 똑같지 않습니다. 그렇기에 부모는 자신의 가정과 자기 마음에 지금 일어나고 있는 일을 인식해야 합니다. 부모로서 해야 하는 일과 하지 말아야 하는 일을 구분해야 합니다. **그러나 단지 '아는' 문제만은 아닙니다. 부모가 일일이 따지고 위압적으로 캐묻지 않는 인내와 현존의 태도를 갖출 때 자녀와 더 긍정적인 관계를 맺습니다.** 부모가 자녀의 모든 일에 관여해 자녀가 원하는 것보다 더 알려고 하면 긍정적인 관계를 맺기 어렵습니다. 이 과정에서 부모는 자녀에게 배척당하고 단절되는 감정을 느낄 수도 있지만 이때 받은 마음의 상처를 그대로 드러내는 것은 바람직하지 않습니다.

이때는 부모 자신의 청소년 시절로 돌아가 보면 도움이

됩니다. 부모 역시 청소년 시기에 혼자 간직하고 감당했던 일이 있었습니다. 그 일들은 '부모님'의 일이 아니었습니다. 부모님의 일이 '될 수 없는' 일이었습니다. 자신의 내면 세계에서 탄생한 경험이므로 오롯이 자신의 일이었습니다.

우리의 자녀도 어느 순간 사랑하는 사람이 생겼다고 말할지 모릅니다. 결혼하겠다는 말을 불쑥 꺼낼 수도 있습니다. 이때 부모는 그렇게 된 사정을 알아보며 자녀의 속마음을 미루어 짐작할 수도 있습니다. **하지만 자녀의 내면을 속속들이 알 수는 없습니다. 그렇게 아는 것은 바람직하지도 않습니다. 그것은 온전히 자녀의 몫입니다. 이때 부모가 할 일은 부모 자신의 내면을 돌보는 것입니다. 부모 자신의 몸과 마음, 부모 자신의 주변 관계, 부모 자신의 삶을 살피는 것입니다.** 그러면서 완전한 의존 상태에서 독립과 상호 의존의 성인으로 이행하는 자녀에게 자유를 부여하고 그 자유를 존중해 주는 것입니다.

부모가 자녀와 맺는 연결감의 질과 온도는 부모 내면의 작업을 얼마나 지속적으로 하느냐에 달려 있습니다. 부모는 자녀에게 필요한 테두리와 틀을 정하되 자녀 스스로 문제를 궁구하고 해결하도록 배려해야 합니다. 열린 마음으로 곁에서 사랑과 관심을 갖되 즉각 반응하기보다 사려 깊이 응대해야 합니다. 그럴 때 부모와 자녀가 서로 존중하고 신뢰하는 여유로운 분위기가 마련됩니다. 부모가 자기 일을 본다는 것은 이런 의미입니다.

언제나 부모 차례

두 딸과 영화를 본 뒤 큰딸은 잠자리에 들었습니다. 그런데 작은딸은 자기 전에 뭔가를 하고 싶은 모양입니다. 잠옷을 입은 뒤 나더러 이야기를 들려달라고 합니다. 그러더니 마음이 바뀌었는지 침대에서 체스를 두자고 합니다. 우리는 한 판만 두고 불을 끄고 자기로 합니다. 침대 위에서 체스를 두자면 말이 넘어지지 않게 조심해야 합니다. 아이는 자기가 공주인 듯 아빠에게 귤과 뜨거운 고무 물주머니를 부탁합니다. 11월의 겨울밤 침대를 따뜻하게 데우기 위해서입니다. 나는 딸의 부탁을 들어준 덕 체스 판을 챙겨갑니다.

몇 주 만에 딸아이와 두는 체스입니다. 어떤 때는 아이가, 어떤 때는 내가 먼저 두자고 합니다. 아내가 커다란 체스 판과 말, 체스 시계를 사주었습니다. 체스 시계를 사용하니 시합이 한층 흥미진진해집니다. 일단 시계를 누르면 놓은 수를 돌릴 수 없습니다. 아이도 나도 체스 시계로 두는 시합이 더 재미있습니다. 우리는 말을 놓은 뒤의 경과 시간을 알려고 시계를 보지 않습니다. 말을 놓은 다음에 누르는 재미 때문입니다. 체스 시계가 있으면 시합이 더 짜릿해집니다.

　우리 부녀는 야간 체스 시합에 돌입합니다. 아이는 언제나 검은말을 택합니다. 나는 일찌감치 장군을 부릅니다. 나도 몰랐던 장군입니다. 너무 빨리 불러 시합이 싱겁게 끝납니다. 한 판 더 두기로 합니다. 나는 일부러 처음과 비슷한 상황을 만들어 아이에게 힌트를 줍니다. 아이는 이번에는 제대로 방어합니다. 그러더니 내가 장군을 부르기 한 수 전에 먼저 장군을 부릅니다. 시합이 흥미진진해집니다. 우리는 한 판 더 두기로 합니다.

　우리는 시합 중에 장난기 섞인 의심의 눈을 맞추며 상대의 의중을 짐작합니다. 그러면서 예순네 개의 네모 칸에서 펼쳐지는 우아한 놀이의 세계가 주는 순진한 기쁨에 빠집니다. 아이는 아빠가 넌지시 주는 힌트를 별로 좋아하지 않습니다. 하지만 나는 아이가 시합을 질 것 같으면 한 수 물려도 좋다고 말합니다. 아이는 그것까지 막지는 않습니다. 그렇게 위기를 벗어났다 싶으면 그 뒤부턴 다시 나의 훈수를 무시합니다.

　아이는 스스로의 힘으로 궁지를 벗어나길 원합니다. 시합을 할 때마다 더 넓게 보고, 더 능숙하게 말을 움직입니다. 아이는 나보다 훨씬 빠르게 경험으로 배웁니다. 아빠의 어이없는 실수를 눈치 채면 처음엔 너그럽게 봐주더니 점점 봐주는 일이 적어집니다. 아빠의 수를 알아보고 어떻게 방어할지 점점 더 잘 압니다. 나름의 전략으로 아빠의 말을 압박합니다.

아이의 공간 지각력이 발달하고 있습니다. 위험을 알아보고 헤아립니다. 체스 판의 상황이 시시각각 변하므로 말을 두는 계획도 계속 바뀝니다. 이 과정에서 아이의 전략과 전술이 발달합니다.

체스뿐 아니라 모든 게임이 그렇습니다. 수많은 가능성이 조금씩 하나의 최종 결말로 좁혀지는 과정입니다. 어떻게 하느냐에 따라 최종 결과는 얼마든 달라질 수 있습니다. 마찬가지로 개인적 딜레마에 처했을 때도 우리는 다른 각본을 떠올릴 수 있습니다. 일이 펼쳐지는 과정에 어떤 요소가 개입하는지 살핀 다음 지금과 다른 선택을 내릴 수 있습니다. 그렇게 해서 일의 전개 방향을 바꿀 수 있습니다. **다양한 선택을 시도하며 그 선택이 미치는 영향을 머릿속에 그려보고 실제로 적용해 봅니다. 모든 종류의 심리치료는 지금과 다른 각본을 머릿속에 그려보는 작업입니다. 그럼으로써 자신이 빠져 있는 감정적 딜레마에서 벗어나 새로운 방향으로 헤쳐 가는 과정입니다.** 게임을 하는 중에 이것을 배울 수 있습니다. 새로운 열림과 새로운 수를 알아보는 내면의 능력이 게임을 하면서 커집니다. 이렇게 우리의 삶은 지혜를 구현하는 방향으로 변화할 수 있습니다.

아이와 체스 시합을 하고 나면 이제 잠들 시간입니다. 아이는 자기 곁에 있어 달라고 합니다. 나는 불을 끄고 침대 맡에서 아이 곁에 앉습니다. 이내 숨소리가 깊어지고 고요해지면서 아이는 금세 잠에 빠집니다. 대개 딸아이는 잠들 때 아빠가 곁에 있어 달라고 하지 않는데 오늘은 다릅니다. 나는 잠든 아이 곁에서 아이와 함께 호흡합니다. 그런 뒤 조용히 일어나 문을 닫고 나옵니다.

싫은 내색 없이 귤과 물주머니를 가져오기도 하지만 많은 경우 부모들은 '너무 늦었다', '피곤하다', '아이는 일찍 자야 한다'는 생각에 그러지 않습니다. 체스 시합만이 아닙니다. 부모들은 어떤 일이든 자기 차례가 되어도 잘 나서지 않습니다.

그러나 가장 하기 싫을 때, 가장 내키지 않을 때 실험 삼아 부모 자신을 기꺼이 아이에게 내어주면 어떨까요? 아이에게 시간을 내어주며 함께하면 어떨까요? 그러면 아이뿐 아니라 부모에게도 완전히 새로운 세계가 열립니다. 그리고 그 시간은 뒤에 돌아보았을 때 결코 놓치고 싶지 않은 시간이 됩니다. 무엇과도 바꿀 수 없는 소중한 시간이 됩니다.

내키지 않아도 아이에게 기꺼이 관심을 준다 해서 자녀의 하인이 되는 것은 아닙니다(어떤 때 그렇게 느껴지기는 해도). 오히려 부모는 자녀의 진정한 왕이(왕비가) 됩니다. 그 순간 부모는 시간이 풍족한 너그러운 군주와 같습니다. 그럼에도 부모는 부모 역할에서 권력을 행사하는 군주인 동시에 자녀를 섬기는 '하인'이라는 사실을 떠올려야 합니다. 진정 지혜로운 왕이라면 그 영토의 진정한 하인입니다. 이런 의미의 하인이 된다는 것은 충분히 가치 있는 일입니다.

물론 쉽지 않은 일입니다. 부모가 무조건적으로 자신을

내어주고 끝없이 자녀와 함께해야 한다는 의미는 아닙니다. **부모 자신을 온전히 내어준다는 것은 부모의 존재로써 아이 곁에 함께한다는 의미입니다. 이렇게 함께하는 것은 가장 깊은 본질에서 무한한 것입니다.** 더 바쁘게, 더 많이 행동하는 우리 사회의 분위기와는 맞지 않습니다. 우리 사회는 그런 이야기를 터부시합니다. 그럼에도 마음챙김 수련의 일부로서 부모 자신을 온전히 내어주는 것에 관해 이야기하고 살펴보고 실험해야 합니다. 체스 판에서 새로운 수를 두는 것과 같습니다. 한 번도 생각해보지 않은 대담한 수를 두는 것입니다. 그렇게 했을 때 일어나는 일에서 부모는 배움을 얻습니다. 어쩌면 부모가 둔 수에 세상이 화답할지도 모릅니다. 많은 경우 부모가 '먼저 수를 둘 때' 세상이 열리는 것처럼 말입니다.

    우리(부모)는 플루트, 너(자녀)는 선율

    우리는 산, 너는 산을 타고 울리는 메아리

    우리는 장기판의 말

    너는 장기판의 말을 두는 사람

    이기고 지는 것은 우리의 몫

    우리는 깃발에 그려진 사자

    너는 깃발을 펄럭이는 보이지 않는 바람

                                           - 루미

분기점, 언제나 지금이다

삶은 자잘하지만 불가해한 수많은 임의적 사건들로 이루어집니다. 이 사건들은 우리의 삶을 제한하기도 하지만 잠재적인 열림의 기회도 제공합니다. 만약 이 사건들이 지금과 다르게 펼쳐졌다면 지금 당신의 삶이 어떠할지 생각해 본 적이 있습니까? 만약 내(존)가 오래 전 12월의 어느 날에 5분 일찍(또는 늦게) 점심을 먹으러 갔다면, 그리고 지금의 아내인 마일라가 근처에서 친구와 이야기를 나누지 않았다면 우리 부부는 결코 만났지 못했을 것입니다. 그러면 지금의 자녀들도 태어나지 않았을 것이고, 지금 우리는 완전히 다른 삶을 살고 있을 것입니다. 이 사실은 우리가 사는 삶에 관한 소중하고 신비한 무엇을 가리켜 보입니다. 이것에 대해 생각해볼 필요가 있습니다.

만약 지금과 다른 식으로 일이 일어났다면 우리는 지금과 완전히 다른 삶을 살고 있을 것입니다. 지금의 '나'도 완전히 다른 '나'일 것입니다. 지금의 '나'는 상당 부분 45년 넘게 함께 살아온 우리 부부의 관계가 만들어낸 결과입니다. 함께 키운 자녀들, 손자들, 그리고 서로에 대한 사랑의 결과로 지금의 '나'가 존재합니다.

삶은 일반명사이지만 사랑과 아름다움은 구체적이고 특수합니다. 세상은 우리에게 지금 있는 자리에 존재하는 구체적이고 특수한 것을 축복하라고 끊임없이 요청합니다. 지금의 우리 자녀들을 축복하고, 지금 살고 있는 삶을 축복하라고 합니다. 그러기 위해서는 지금 여기의 구체적이고 특수한 일에 깨어 있어야 합니다. 그 질감에, 그것들의 형상과 소리에 깨어있어야 합니다. 친밀하며 늘 지금인 삶의 구체적인 일들을 앨범사진의 추억으로만 남겨 두어서는 안 됩니다. 지금 살고 있는 그대로의 삶이 축복입니다. 고유한 모습으로 매일 나타나는 일들은 기적과 다르지 않습니다.

이렇게 관찰할 때 우리는 매순간이 잉태하고 있는 가능성을 경배와 존중으로 대할 수 있습니다. 다음 순간이 되기까지 알아보지 못한다 해도 매순간이 품은 가능성은 언제나 중요합니다. 우리에게 주어진 순간순간은 언뜻 단조로워 보입니다. 그날이 그날 같습니다. 매순간이 우주를 품고 있으며 경이와 가능성으르 가득하다는 사실을 우리는 잘 알아보지 못합니다. 매순간을 관찰하며 거기에 참여할 수 있다는 것을 쉽게 잊습니다. 아이들은 모든 것이 새롭고 모든 것이 가능한, 마술 같은 이 세계의 원주민입니다.

매순간은 온갖 가능성을 품은 분기점입니다. 이것은 우

리에게 펼쳐지는 삶을 바라보는 유용한 관점입니다. **자녀와의 좋은 관계든, 새로운 삶의 계기든 삶이 지금과 다르길 바란다면 우리가 가진 시간은 지금뿐입니다.** 실제로, 현재는 과거에서 보았던 미래입니다. 오늘은 어제 보았던 내일입니다. 현재는 이미 여기에 있습니다. 우리는 언제나 지금 여기에 있습니다.

이런 관점으로 현재를 보며 우리는 묻습니다. "지금 어떠한가? 나는 지금 이 순간에 머물고 있나? 지금 나는 어디에 있으며, 어떻게 이 순간에 이르렀나?"

현재를 아는 유일한 방법은 계속 '눈을 뜨고' 있는 것입니다. 신체적인 눈만이 아니라 모든 감각을 열어놓는 것입니다. 이때 '안다'는 것은 반드시 '아는' 것만을 의미하지 않습니다. 어쩌면 '알지 못함'을 알면서 끝내 질문을 놓지 않는 것인지 모릅니다. 왜냐하면 우리는 흥미로운 현재에 호기심을 갖기 때문입니다. 삶은 언제나 바로 지금, 이 순간에 펼쳐지고 있기 때문입니다.

모든 순간은 바로 앞의 순간에서 이어져 나타납니다. 앞의 순간은 뒤의 순간에 영향을 줍니다. 이 점에서 현재 순간은 그 자체로 힘을 갖습니다. 행동은 언제나 일정한 영향을 일으킵니다. **무언가를 배우고 성장하길 원할 때, 감정을 드러낼 때, 미래의 삶을 개선하려 할 때 우리가 가진 유일한 순간은 지금입니다. 우리의 행동과 그 결과는 이 순간을 통해 끝없이 이어져 나갑니다. 이것을 삶이라고 합니다.** 그래서 자녀와 함께든 부모 혼자든 '지금 이 순간'의 질과 가능성에 주의를 기울여야 합니다. 그럴 때 다음 순간은 우리의 알아차림에 영향 받아 지금과 다르게 변합니다.

마음챙김은 조금 전만 해도 안 보이던 새로운 가능성을 열어줍니다. 마음챙김을 하면 지금과 다른 방식으로 보게 됩니다. 새롭게 열린 가능성은 지금껏 잠재 상태로 줄곧 존재했지만 그것을 실현하자면 온 마음으로 지금 이 순간에 참여해야 합니다. 설거지를 할 때도 온 마음을 다해야 합니다. 그러면 새로운 가능성이 열리며 다음 순간에 또 다른 가능성이 열립니다. 설거지뿐 아니라 삶의 모든 일이 이와 같습니다.

우리의 도전은, 스스로 살아내야 하는 이 삶을 온전히 체현하느냐는 것입니다. 우리가 키우는 자녀들과의 이 삶을 지금 여기에서 온전히 체현할 수 있느냐는 것입니다. 우리에게는 오직 지금밖에 없습니다. 빛과 어둠을 모두 통과해 가는 삶의 여정에서 매일, 매순간이 새로운 시작입니다.

10

어둠과 빛
Darkness and Light

무상

7월의 이른 아침, 메인 주 북부의 호숫가에서 나(존)는 카누를 저으며 주변의 사슴을 찾고 있습니다. 가족들은 아직 호숫가 오두막집에서 일어나지 않았습니다. 고요했던 물에 노를 저으면 소용돌이가 일어납니다. 노의 바깥쪽과 안쪽에서 일어난 각각의 물결이 서로 뒤섞이며 한동안 회전을 일으킵니다. 카누가 앞으로 나아가면 소용돌이는 내 뒤로 미끄러지듯 빠져나갑니다. 물의 움직임에 따라 매번 독특한 모양의 소용돌이가 일어납니다. 신기한 모양에 끌려 뒤를 돌아보면 어느새 소용돌이는 사라지고 없습니다. 소용돌이가 지닌 운동 에너지는 이미 호수 속에 잠겼습니다. 노를 저을 때마다 일어나는 신기한 소용돌이를 넋 놓고 바라봅니다. 호수의 물과 내가 젓는 노가 만나 아무것도 없던 데서 일정한 모양이 나타납니다.

    호수 표면에 일어나는 소용돌이는 내가 그날 아침에 찾던 사슴만큼 매혹적이었습니다. 살아 있는 사슴도 어떤 면에서 소용돌이와 같습니다. 살아 있는 생명체 역시 몸을 가진 분리된 개체로 태어나 한낮의 햇볕에 잠시 춤추다 사라집니다. 우리는 생명체가 특정한 조건에 따라 고유한 모습으로 태어난다는 사실을 압니다. 그리고 그 고유한 모습 또한 오래지 않아 사라져 다른 곳에 새로 태어남을 압니다. 모든 생명체가 죽는다는 사실도 압니다. 그럼에도 우리는 특정 사슴과 사람이 영원히 존재한다고 여기다 그것이 사라지면 놀람과 두려움, 슬픔에 잠깁니다. **생명체의 사라짐은 그것이 처음 태어난 것과 마찬가지로 자연스러운 삶의 일부입니다. 우리는 모든 것이 영원하지 않으며 일시적이라는 걸 알지만 우리 앞에 닥치기 전에는 모른 체합니다.**

그로부터 몇 주 뒤 나는 오십의 나이에 혈액암 진단을 받은 친구를 찾아갔습니다. 생명의 무상함을 다시 떠올립니다. 친구는 뼈만 남은 수척한 몸으로 가족과 친구들에 둘러싸여 병상에 누워 있습니다. 친구는 통증과 설사로 괴로워하면서도 힘겹게 몸을 일으켜 파티에 온 듯한 활기로 멋지게 기타를 연주합니다. 아름다운 기타 선율이 우리의 가슴에 와 닿습니다. 곁에는 친구의 아내와 생기 가득한 열한 살의 딸이 앉아 있습니다.

나는 이 장면에 울컥했습니다. 함께 온 우리 집 아이들은 지금껏 보지 못한 장면을 보고 있습니다. 보기 좋은 장면은 아니지만 경외감을 일으키는 장면입니다. 우리는 친구가 편안하게 지내도록 해줄 뿐입니다. 아직 남아 있는 생명을 축복하는 것 외에 할 수 있는 일이 많지 않습니다. 친구는 기타 연주를 멈추지 않습니다. 한쪽 손가락으로 키를 잡고 다른 손가락으로 줄을 튕기는 친구는 애를 쓰는 듯 얼굴 표정을 찡그립니다. 이 짧은 순간에 친구는 시간을 초월해 아직 간직한 생명력과 살며 깨달은 아름다움을 보여주고 있습니다.

나는 최근에 아들을 잃은 어느 여성을 만났습니다. 대학 졸업반인 아들이 밤에 사막 도로를 달리던 중 도로를 벗어나 충돌하는 사고가 있었다고 합니다. 아마 졸음운전을 한 것 같습니다. 이 여성에게 어떤 말이 위로가 될까요? 한 생명이 가장 꽃다운 나이에 스러졌습니다. 그 생명을 낳고 키운 여성의 삶에 커다란 구멍이 생겼습니다. 자신이 낳고 키운 생명과 이어졌던 끈이 한순간에 끊어졌습니다. 그녀는 이 일을 어떻게 감당할까요? 도저히 받아들이기 힘든 일을 어떻게 받아들일까요? 그러나 자식을 잃는 것 역시 시간이 시작된 이래로 자녀를 둔 부모가 감당해야 하는 삶의 일부였습니다. **부모가 할 수 있는 최선은 삶의 순간성과 일시성을 자각하며 주어진 매순간을 충실히 살아내는 일입니다. 아이들을 안아주고 그들의 생명을 기뻐하되 죽음의 필연성을 느끼는 일입니다. 생명의 탄생뿐 아니라 생명의 사라짐도 자각하는 일입니다.** 일어나고 사라지는 호흡을 관찰할 때 우리는 삶의 무상함을 떠올립니다. 우리는 깨어있는 마음으로 호흡이라는 생명의 흐름을 탄 채로 생명이 우리를 통해 흘러가게 할 수 있습니다. 그렇게 우리가 알지 못하는 생명의 신비를 축복할 수 있습니다. 인간의 한계에도 불구하고 우리는 놀라운 힘과 지혜를 선사하는 생명의 신비를 알아볼 수 있습니다.

묻어둔 슬픔의 강물

나(존)는 그때 7백 명에 이르는 다양한 연령대의 남성들과 같은 공간에 있었습니다. 그곳의 모든 남자들이 아버지와의 잃어버린 관계로 눈물을 흘렸습니다. 그들 대부분은 그곳에서 이야기하고 상대의 말을 듣기까지 자신이 커다란 슬픔을 갖고 있는지 몰랐습니다. 다른 사람에게 자신의 슬픔을 털어놓은 일도 거의 없었습니다.

한 번은 수백 명의 건강 전문가 집단과 마음챙김 집중 수련을 진행한 적이 있었습니다. 그곳의 모든 참가자는 남녀를 불문하고 어린 시절부터 지닌 개인적인 슬픔을 꺼내놓았습니다. 수련회 참가자들은 슬픔과 관련된 자기 이야기를 마음껏 풀어놓았습니다. 상대방은 즉각적 반응이나 조언을 하지 않고, 완전한 침묵으로 이야기에 온전히 관심을 기울이며 들어줍니다. 이 과정에서 참가자들은 자기 내면 깊은 곳의 불편한 감정을 알아봅니다. 이 작업 역시 마음챙김 수련의 일부입니다.

우리 내면에는 슬픔의 강물이 흐르고 있습니다. 슬픔의 저류가 항상 분명하게 보이는 것은 아니어서 슬픔이 존재한다는 사실을 모를 수도 있습니다. 하지만 다른 이의 마음에 흐르는 슬픔의 강물을 보자면 그것은 우리 자신에게도 낯설지 않습니다. 우리 내면에 간직한 슬픔은, 그것을 알아보든 못 알아보든 우리의 성격과 직업 선택, 자녀 양육 등 삶의 여정에 영향을 미칩니다.

우리 모두의 내면에는 슬픔의 강물이 흐르고 있습니다. 이것은 내면 깊숙한 곳에 존재하는 원형적인 감정입니다. 평소에는 이 슬픔과 접촉하거나 알아보기가 쉽지 않습니다. 자신의 슬픔과 접촉하지 못한 상태에서 타인이 슬픔과 접촉하는 모습을 보면 어색합니다. 당황스럽기도 하고, 그들의 슬픔은 나와 무관한 일로 여겨집니다. 이런 판단과 평가를 내리기도 합니다. "그 정도 일로 웬 난리법석이지?" "다 지는 일인 걸." "상담 치료도 받았잖아." "나는 저 단계를 지났어."

우리는 누구나 정도의 차이는 있어도 내면의 깊숙한 감정으로부터 일정한 거리를 둡니다. 그런 거리가 없다면 그 감정을 지니고서 지금처럼 아무 일 없는 듯 살지 못할 것입니다. **이때 마음챙김으로 해야 하는 진정한 작업은 열림과 평정심, 공감과 연민으로 내면의 감정을 위한 마음 공간을 마련하는 일입니다. 자신과 타인에게 인내심을 갖고, 내면의 불편한 감정으로부터 달아나지 않는 것입니다.**

자기 내면의 슬픔과 연결되는 드문 순간에 상황은 일변합니다. 어떤 이유에서건 지금 이 순간 '나'의 감정이 의식 표면에 떠오를 때 상황은 변화합니다. 그 순간, 온 세상이 겪고 있는 고통이 눈에 들어옵니다. 나의 개인적 슬픔을 넘어 온 우주가 슬픔의 색조를 띕니다.

만약 당신이 어린 시절 상냥하고 배려심 많은 부모 밑에 자랐다면 내면에 간직한 슬픔이 크지 않을 수 있습니다. 일률적으로 말할 수는 없습니다. 묻어두었든 들춰내었든 과거의 고통스러운 경험과 그에 대한 반응은 사람마다 다릅니다.

어린 시절에 인정과 존중, 돌봄을 받지 못했다면 그런 상실감을 치유하는 데는 긴 시간의 내면과 외면 작업이 필요합니다. 어린 시절 경험한 일이나 양육자의 양육 태도와 관련한 내면 깊은 곳의 감정을 자각하는 데만도 꽤 오랜 시간이 걸립니다. 부모가 학대를 일삼거나 자녀를 방치했거나 알코올 중독에 빠진 경우만이 아닙니다. **우리가 지닌 많은 상처가 우리의 부모가 우리를 위해 최선을 다하는 과정에서 일어난 일입니다. 우리의 부모 역시 자라면서 겪은 긍정적이고 부정적인 경험에 영향을 받았습니다. 우리와 마찬가지로 우리의 부모들 역시 '그들의 부모'로부터 어떤 것을 이어받았습니다.** 각 가정은 사랑, 수치심, 죄책감, 비난 등의 감정을 수많은 방식으로 조합해 지니고 있습니다. 이런 감정을 의식하지 못할 때 그것은 해로운 영향을 미칩니다.

어느 여성이 나에게 들려준 이야기입니다. 어렸을 때 엄마가 세상을 뜨자 아버지가 자녀들에게 엄마에 관해 말하지 못하게 했다고 합니다. 동생들이 있었는데 모두 엄마의 존재를 쉬쉬하는 분위기였습니다. 아버지는 그것이 아이들 마음의 상처를 줄이는 방법이라고 여겼습니다. 하지만 실제로 아이들의 상처는 아물지 않고 더 깊어졌습니다.

우리가 겪는 고통의 뿌리에는 무지와 어리석음이 있습니다. 불교에서 어리석음이란 사태의 실상을 있는 그대로 알지 못하는 것을 말합니다. 이런 무지로 인해 부모들은 자녀를 제대로 알지 못합니다. 긍정적인 성취를 많이 이루었거나 사랑이 넘치는 가정에도 부모의 무지는 존재합니다. 겉으르 문제가 없다고 해서 부그의 무지가 해결되는 것은 아닙니다.

의식하지 못하는 슬픔은 우리의 정신에 깊고 오랜 그림자를 남깁니다. 이 슬픔은 어둡고 내밀한 기억 속으로 숨어듭니다. 겉으로 밝아 보여도 슬픔은 눈에 보이지 않는 자체의 생명이 있습니다. 겉이 밝을수록 뒤에 드리우는 감정의 그림자는 더 길고 어둡습니다.

로버트 블라이는 『인간의 그림자에 관한 작은 책The Little Book of the Human Shadow』에서 우리가 어린 시절부터 메고 다니는, 눈에 보이지 않는 **감정의 포대자루**가 있다고 말합니다. 블라이는 포대자루의 이미지에 빗대어 우리 내면에 파묻힌 감정의 역동을 이야기합니다. **우리는 성장 과정에서 좋아하는 상대에게 인정받으려고 애쓰는 나머지 상대가 좋아하지 않는 자신의 모든 면을 감정의 포대자루에 쑤셔 넣습니다.** 평생을 그렇게 살기도 합니다. 겉으로 문제가 없는 척하며 거짓의 삶을 삽니다.

이런 현상은 어릴 적 경험한 부모에게서 시작되었을 수 있습니다. 우리는 어릴 때 어떻게 하면 부모님을 기쁘게 할 수 있는지, 어떤 생각과 감정, 행동을 부모님이 '인정하는지'에 관한 메시지를 암묵적으로 전달 받으며 성장합니다. 그런데 이런 사정은 학교의 또래 친구나 선생님을 상대로도 계속됩니다. 심지어 세상에 나가서도 이어집니다. 이렇게 시간이 흐르면 화와 충동성 같은 부정적인 면만이 아니라 자발성, 부드러움, 지성 등 자신의 장점마저 스스로 짊어진 감정 포대에 쑤셔 넣습니다. 쑤셔 넣을수록 포대자루는 무거워집니다. 사랑과 인정을 받으려는 필사적인 노력입니다. '금욕주의자', '순교자', '현자' 등 자신이 수행해야 한다고 믿는 고정된 역할에 자신을 끼워 맞추려고 합니다. 이 감정 포대는 속이 아주 어둡습니다. 우리는 포대 속을 비춰 자신의 정신에 어떤 일이 일어나는지 알려고 하지 않습니다.

우리는 감정 포대를 메지 않은 척하며 30~40년을 삽니다. 어떤 것을 더 집어넣을 때가 아니면 열어보지 않습니다. 인정하고 표현하지 않은 그림자를 포대자루에 자꾸 쑤셔 넣으면 그림자는 곪아서 독성을 띕니다. 감정 포대 속에 계속 존재하는 그림자는 우리가 깨닫지 못하는 방식으로 삶에 영향을 미칩니다. 어쩌다 꿈에서 또는 일상의 삶이 갑자기 흔들릴 때 그림자를 목격하게 됩니다. 내면의 그림자를 보지 않으려고 하지만 그것은 종종 우리의 얼굴에 드러납니다. 외면은 내면을 반영합니다. 자신의 감정 포대에 알아차림과 받아들임의 빛을 비춰야 합니다. 그렇게 내면과 외면을 조화롭게 엮어야 합니다.

자신이 짊어진 감정 포대에 대해 알고 내 존재의 모든 면

을 받아들이는 노력을 매순간 기울여야 합니다. 자기 그림자의 목소리에 귀를 기울이고 그것과 대화해야 합니다. 내면 깊은 곳에 묻어둔 슬픔의 강물을 조건 없는 수용과 친절의 마음으로 품어 안아야 합니다. 이것이야말로 부모가 자신을 '양육해' 진정한 어른에 이르는 길입니다.

부모가 이런 식으로 자신을 '양육할' 때 자녀가 더 분명히 보입니다. 아이들을 있는 그대로 받아들일 수 있습니다. 그러면 아이가 부모와 세상의 인정을 받으려고 자신의 진정한 일부를 감정 포대에 쑤셔 넣는 일도 줄어듭니다.

소리 나는 종(鐘)이라면 그냥 울려라
완벽한 연주는 잊어라
모든 것에는 틈이 있기 마련
빛은 그 틈으로 들어오리니

― 레너드 코헨, 〈송가〉

실오라기 하나로 버티기

아이가 힘들면 부모도 괴롭습니다. 아이가 아프지 않아도 부모 노릇은 쉽지 않습니다. 어떤 때는 겨우 실오라기 하나로 버티는 느낌입니다. 아이들이 서로 싸웁니다. 짜증을 냅니다. 심심하다고 호들갑을 떱니다. 아이들이 아플 때도 있고, 밤에 잠을 안 자는 때도 있습니다. 긴긴 겨울날도 있고, 비 내리는 어두컴컴한 날도 있습니다. 기분이 처지고 피곤한 날도 있습니다. 일을 하는 동시에 가정도 돌봐야 합니다. 아이들 사이에 중재도 하고 창의적인 생각도 내야 합니다. 저녁도 차려야 합니다. 이렇게 하루를 보내면 나(마일라)는 녹초가 됩니다. 나의 세상이 쪼그라들었다는 생각에 밖에 나가 바람이라도 쐬고 싶습니다. 가정에서 잠시 떨어져 숨을 돌리고 싶습니다. 날씨가 좋지 않아 바깥 활동이 어려울 때면 긴 시간을 집에 있어야 합니다. 이때 엄마로서 한계를 가장 절실히 느낍니다. 내가 갖지 못해 아이들에게 가르칠 수 없는 기술들이 더 절박해집니다.

우리 문화의 한계도 절절히 느낍니다. 우리 문화에서 할 일은 소비하는 일밖에 없어 보입니다. 쇼핑이든 외식이든 영화든 모든 것이 공허하고 생명이 없는 것처럼 느껴집니다. 세대가 어울려 춤을 추고 음악을 듣고 이야기를 나눌 공간이 우리 동네에 있나요? 아이 하나를 키우는 데 온 마을이 필요하다고 하는데 우리 사회에 '마을'이 있나요? 대가족, 커뮤니티 센터, 지원 그룹, 세대 간 친구 맺기, 종교 커뮤니티 등에 마을의 '흔적'이 남아 있지만 부모들이 혼자라고 느끼는 경우가 더 많습니다. 특히 한부모들은 매일 부딪히는 육아의 어려움을 나누며 다른 관점을 배우고 위로 받을 사람이 없습니다. 친구나 협조적인 공동 양육자가 있어도 육아의 가장 힘든 순간은 대개 혼자일 때 찾아옵니다. 육아는 외로운 일입니다.

부모가 가진 개인적 자원과 한정된 기술을 확장하려면 공동체가 필요합니다. 부모 자신의 양육 자원이 다했을 때 다양한 배경과 재능의 사람들로부터 아이디어와 열정, 삶의 경험을 얻어야 합니다. 부모는 가정의 토대를 놓아야 하지만 혼자 모든 것을 해낼 수는 없습니다.

자녀가 십대가 되면 양육은 더 만만치 않습니다. 아기 때가 오히려 편했다고 느껴집니다. 십대 자녀의 부모는 혼란과 낙담, 절망을 경험합니다. 십대 자녀가 부모 품에서 멀어지면 부모는 아이를 '잃었다고' 느낍니다. 십대 자녀는 또래들의 영향을 받으며 자기 파괴적인 행동에 빠지기도 합니다. 부모를 떠나 세상에 나간다는 점에서 십대 자녀를 '잃는' 것이 맞습니다. 부모는 십대의 취약성에 그리고 아이를 지켜주지 못하는 자신의 무력감에 마음이 아픕니다. 십대 자녀가 자신을 표현하는(때로 표현하지 '않는') 방식에 화도 납니다.

십대 자녀에게는 어릴 적의 직관적이며 신체적인 양육 방식이 더 이상 통하지 않습니다. 자녀가 어렸을 땐 부모의 '몸'이 힘들었다면, 십대 자녀를 둔 부모는 '정신과 감정'이 소진됩니다. **십대 자녀가 자율성, 연결, 사랑, 의미 등의 심리적 욕구를 해결하려 애쓰는 중에 부모의 역할도 거기 맞춰 적응해야 합니다.**

십대 자녀는 자라면서 부모가 예상치 못한 방식으로 탈바꿈(metamorphoses)을 합니다. 이 과정에서 부모도 함께 성장하며 변화합니다. 십대 자녀가 독립적이 되어 부모가 덜 필요해지면 부모는 자녀와의 연결이 끊어진 피상적이고 불만족스러운 관계에 들어섰다고 느낍니다. 십대 자녀는 혼자만의 시간과 공간을 더 원합니다. 부모는 지금보다 더 큰 민감성이 필요합니다. 부모는 자신이 십대 자녀에게 부적절한 존재라고 느낍니다만 자녀는 여전히 부모를 필요로 합니다.

십대 자녀가 화가 났거나 부모를 비난하며 마음의 문을 닫을 때 그들이 부모를 필요로 한다고 느끼기란 쉽지 않습니다. 부모가 화를 내거나 걱정에 휩싸일 때도 그렇게 느끼기 어렵습니다. 그러나 부모는 자녀의 관심에서 밀려났다고 느끼거나 혼란과 좌절에 빠져도 자녀와 완전히 단절해서는 안 됩니다. 이렇게 하려면 부모 입장에서 커다란 의도성이 필요합니다.

십대가 되면 삶의 모든 것이 불만족스러워집니다. 내면의 욕구가 해결되지 않아 스스로 불행하다고 여기며 질문을 쏟아냅니다. "사는 게 뭐지? 삶의 의미는 뭘까? 매일 이렇게 살아야 하는 거야? 내가 설 자리는 어디지?" 감상적인 기분에 사로잡힌 십대 자녀는 어렸을 때보다 부모와 더 거리를 둡니다. 적대감에 찬 행동으로 부모를 밀쳐내기도 합니다. 부모는 이런 자녀에게 어떻게 다가가야 할지 난감합니다.

뚱 하니 혼자 있을 때도 십대 자녀는 부모가 곁에 있음을 알아야 합니다. 부모를 먼 산 보듯 하는 자녀에게 다가가는 일은 쉽지 않습니다. 부모와 자녀 사이에 게울 수 없는 거리가 존재하는 것 같습니다. 이때 부모는 아이가 어렸을 때 경험하지 못한 무력감을 느낍니다. 십대 자녀는 부모로 하여금 내면 깊은 곳에 묻힌 부모 자신의 취약성과 의심, 두려움을 보게 합니다.

십대 자녀가 자기 감정을 신뢰하지 못하고 주변 사람과 자신을 믿지 못할 때 부모가 해야 하는 일이 있습니다. **그것은 부모 내면의 참된 마음 자리를 찾는 것입니다. 안정되고 단순하며 참된 마음의 자리를 되찾는 것입니다.** 부모는 잠시 자기 내면에 초점을 향해 호흡과 몸, 느낌에 주의를 기울여야 합니다. 이런 연습을 통해 자녀와 연결되지 못하고 가깝지 않다고 느낄 대도 아이와 공감하며 아이 곁에 존재할 수 있습니다. 그러면서 자녀가 부모에게 내미는 한 오라기의 가는 실을 붙잡을 수 있습니다.

그리고 부모 자신도 아무리 임시적이고 가는 실이라도 아이에게 내밀 수 있습니다. 이때 부모가 내미는 '실'이란 아이의 말을 들어주고 아이가 겪고 있는 어려움과 고통, 불확실성을 알아봐 주는 것입니다. 아니면 아이가 하루나 며칠, 일주일 정도 온전히 혼자 있도록 배려할 수도 있습니다. 언제나 가능하지는 않지만, 매우 힘든 시기엔 진정으로 창의적인 해법이 요구됩니다. 아이가 하고 싶은 일을 부모가 함께 해줄 때 아이는 바쁘고 단조로운 생활에 담긴 깊은 의미를 생각합니다. 바쁜 생활에서 잠시 물러서는 것은(설령 위기의 사건으로 어쩔 수 없이 물러선다 해도) 부모 입장에서 자녀와의 관계를 새롭게 하는 기회입니다.

자녀가 지금의 생활을 답답해하거나 불만족스럽게 느낀다면 부모가 행동을 취하는 것이 바람직할 수도 있습니다. 자녀가 위험하고 해로운 행동에 빠져 있다면 더 그러합니다. 이때 자녀는 부모가 염려하고 있다는 사실을 알아야 합니다. 무엇을 염려하고 있는지도 알아야 합니다. 부모가 자녀와 함께 문제를 해결해야 합니다. 자녀를 지지해주고 자녀의 삶을 만족스럽고 의미 있게 만들 방법을 찾아야 합니다.

십대들은 종종 문제의 핵심에 대한 나름의 통찰을 갖고 있지만 무엇이 문제인지 모르는 때도 있습니다. 그럴 때는 삶의 경험으로 얻은 부모의 지혜를 자녀가 겪고 있는 문제에 적용해야 합니다. 세상이 어떻게 움직이는지 알고 그 앎을 자신에게 적용하는 일은 아이들뿐 아니라 어른도 오랜 시간이 걸립니다.

그런데 자녀가 '부모를' 문제로 여기면 자녀를 도와주기가 더 어려워집니다. 설령 부모가 열린 마음으로 자신의 문제를 고친다 해도 자녀의 생활이 반드시 바뀌는 것도 아닙니다. 자녀에게 지금 무엇이 필요하고 무엇이 문제인지에 관하여 부모와 자녀가 의견이 다를 수도 있습니다. 그렇지만 지금 힘들어하는 자녀를 알아봐 주는 것만으로 아이는 부모와 단절된 느낌에서 연결된 느낌으로 나아갑니다. 부모가 아이를 판단하고 평가한다는 느낌에서 돌봄을 받는다는 느낌으로 나아갑니다. 부모의 관심과 사랑의 받아들임을 느낄 때 자녀는 지금 겪고 있는 어려움 속에서도 어떤 의미를 발견할 수 있습니다.

나이와 상관없이 자녀가 어린 나이로 퇴행(regression)하는 것처럼 보이는 때가 있습니다. 친구의 열여섯 살 아들이 가족과 감정적으로 거리를 두기 시작했습니다. 아이는 비슷한 시기에 병을 심하게 앓았다고 합니다. 부모는 아들의 갑작스런 병을 감정과 무관한 문제로 받아들일 수도 있었습니다. 아들이 겪고 있는 어려움과 무관한, 순전히 신체적인 문제로 여길 수도 있었습니다. 그러나 부모는 넓은 맥락에서 아들의 병을 보았습니다. 아들이 삶과 가족에서 어떤 신체적, 감정적 스트레스를 받고 있는지 살폈습니다. 부모는 아들이 병을 앓는 지금을 더 큰 치유의 기회로 삼았습니다. 부모는 아들 혼자 집에 있고 싶은 퇴행의 필요를 인정했습니다. 삶의 속도를 늦추고, 한동안 자기 내면을 향하도록 했습니다. 치유에 도움이 되는 음식을 차려주고, 가족과 다시 연결하도록 배려했습니다. 그러자 아들은 부모와의 관계를 회복시키고 변화시켰습니다.

사실 '퇴행'이라는 단어에는 부적응, 해당 연령에 부적합한 행동, 유아적 단계로의 퇴보 등 부정적인 뉘앙스가 담겨 있습니다. 그러나 아이들은(실은 아이들만이 아니라 모든 사람이) 따뜻하게 돌봐주고 책을 읽어주고 노래를 불러주며 자기 내면으로 들어가는 때가 필요합니다. **아이가 자기 안으로 들어가는 목적은 다시 '밖으로 나가기 위해서'입니다. 부모는 자녀에게 이런 시간이 필요함을 알아보아야 합니다.** 부모가 친절과 받아들임, 비판단의 태도로 응대할 때 지금 막 움튼 아이 내면의 일부가 무럭무럭 자랄 것입니다. 낡은 껍질을 벗고 세상에 나갈 것입니다. 이것은 부모가 자녀에게 주는 진정한 선물입니다.

물론 부모가 자녀에게 이런 시간을 내어주는 것은 쉽지 않습니다. 부모가 일을 해야 하거나 급한 사정이 있으면 어려울 것입니다. 그러나 아이가 지금 겉으로 드러내는 것이 전부가 아님을 부모가 잊지 않는 것만으로 도움이 됩니다. 부모는 지금 아이 내면에 일어나는 변화를 담을 마음의 공간을 마련해 주어야 합니다. 이렇게 해서 시간이 지나면 아이가 그간 어떤 변화를 겪고 있었는지 알 수 있을 것입니다.

매사에 불만인 자녀, 균형에서 벗어난 자녀, 퇴행하는 것처럼 보이는 자녀와 함께 사는 일은 힘이 듭니다. 그러나 부모가 아이의 곤란한 행동을 감정적으로 받아들여 마음의 문을 닫거나 부모 자신의 두려움과 상처에 걸려 있으면 부모와 자녀를 가로막은 마음의 벽은 더 높아집니다. **이때 부모는 전체성(wholeness)의 눈으로 보아야 합니다. 지금 상황을 가능한 넓은 맥락에서 보는 것입니다. 지금 일어나는 일을 살피는 의도를 갖고 그 일에 온전히 현존하며 보는 것입니다.** 역설적이지만, 일정한 거리를 두되 연민의 마음으로 보아야 합니다. 이렇게 해서 위기가 지나면, 그리고 부모의 상처와 후회, 분노를 내려놓는다면 자녀와 함께하는 진정 새로운 순간으로 나아갈 수 있습니다.

열 살 딸아이가 하루 종일 나(마일라)에게 불간을 터뜨리던 날 밤이었습니다. 아이가 느닷없이 내 품에 파고들더니 진지하게 말했습니다. "엄마, 사랑해." 아이들은 이토록 놀라운 유연함을 지녔습니다. 아이들은 화를 내려놓는 능력을, 자라면서 변화하는 능력을 가졌습니다. 부모는 자녀에게 지금 무슨 일이 일어나는지 알고 있음을 행동으로 보여야 합니다. 새로운 마음으로 매순간을 맞을 수 있음을 행동으로 보여야 합니다.

궁극적으로 중요한 것은 부모의 생각이 아닙니다. 가장 중요한 것은 부모 자신의 존재를 참되게 가꾸는 것입니다. 부모라면 으레 갖닥뜨리는 힘겨운 순간에 자녀를 위한 돌봄의 마음을 체현하는 것입니다.

반드시 좋은 사람이 되지 않아도 돼요
긴긴 사막을 무릎으로 건너며 후회하지 않아도 돼요
연약한 동물처럼 부드러운 당신의 몸이

좋아하는 것을 그냥 좋아하면 돼요

당신의 절망에 대해 말해주세요
그러면 나의 절망에 대해 말할 테니
그러는 동안에도 세상은 돌아가죠
그러는 동안에도 태양과 투명한 빗방울은
풍경을 지나가죠
풀밭과 우거진 나무를 넘어
산과 강물을 지나죠
그러는 동안에도
맑고 푸른 하늘을 나는 기러기들은
다시 집으로 향하죠

당신이 누구이든, 얼마나 외롭든
세상은 당신이 머릿속에 그리는 대로 보여요
세상은 기러기의 크고 달뜬 목소리로
당신을 부르고 있어요
세상 어딘가에 당신이 존재할 자리가 있다고
거듭 소리치고 있어요

― 메리 올리버, 〈기러기〉

화를 내고 말았습니다

누구나 흥분해 화를 내는 때가 있습니다. 부모도 마찬가지입니다. 이때 부모는 균형을 잃고 품위를 잃고 자존감을 잃습니다. 어떤 이유에서건 이런 일이 일어나면 매우 괴롭습니다.

이런 일은 대개 부모가 지쳤거나 한계를 넘었을 때 일어납니다. 좌절감이 밀려오지만 제때 알아차리지 못합니다. 기진맥진한 상태여서 그 순간 마음의 기어를 바꾸지 못합니다. 고함을 지르고 매정한 말을 내뱉습니다. 아이를 때리기도 합니다. 이렇게 되면 기분이 끔찍해집니다. 자신에게 화가 나고 아이들이 안쓰러워집니다. 별안간 악몽의 한가운데 섭니다. 나(마일라)에게도 이런 일이 있었습니다.

작은 딸아이를 재우는 중입니다. 여덟 살인 아이는 평소 늦게 잠자리에 드는 편입니다. 올빼미입니다. 그냥 두면 밤을 꼬박 샐 기세입니다. 밤 10시가 넘었습니다. 나는 피곤이 몰려옵니다. 인내심도 줄었습니다. 아이는 잠자리에 특히 민감합니다. 마실 것이 있어야 하고 혼자 두면 안 되며 불도 켜놓아야 합니다. 거기다 침대 등이 너무 어둡다고 합니다.

잠자리에 들 시간이면 엄마가 한동안 곁에 있어 주어야 합니다. 그날 밤에도 아이와 침대에 누웠지만 아이가 쉽게 잠들 것 같지 않아 이렇게 말했습니다. "오늘밤은 엄마 침대에서 자자." 아이는 곧장 엄마 침대로 향합니다. "그런데 엄마 침대에선 잠옷을 입어야 해. 규칙이야. 안 그러면 감기 들어. 게다가 잠옷을 안 입으면 엄마가 밤새 네 이불을 덮어주느라 잠을 못 자." 아이는 투덜대면서도 어쨌든 잠옷을 입습니다. 그런데 잠옷이 불편하다며 침대를 차고 난리를 피웁니다. 나는 편한 잠옷으로 갈아입힙니다. 이제 아이는 침대 등을 켜놓으라고 합니다. 나는 껐으면 합니다. 둘 사이에 신경전이 벌어집니다. 큰아이가 깰까봐 걱정이 됩니다. 나는 덫에 걸렸습니다. 아이가 엄마를 통제하려 한다고 느껴집니다. 나는 무력해집니다. 지금 상황을 어떻게 할 수 없다고 느낍니다.

아니나 다를까 큰아이가 조용하라고 소리칩니다. 잠을 깬 모양입니다. 나는 더 화가 나 작은아이를 다그칩니다. 아이는 아랑곳하지 않고 침대에서 쿵쿵거리며 소란을 핍니다. 나는 너무 화가 나 아이의 뺨을 때립니다. 아이는 더 크게 웁니다. 큰아이가 조용하라며 다시 고함을 칩니다. 아이를 때린 사실에 나는 기분이 좋지 않습니다. 아이는 나더러 '아동 학대'라며 경찰에 신고하겠다고 합니다. 나는 수치심과 후회로 얼어버렸습니다. 끔찍한 악몽의 한가운데입니다. 아이는 이웃에다 들릴 정도로 20분 동안 난리를 피우고 나서 아빠를 찾습니다. 아빠는 지금 집에 없습니다. 마침내 아이는 "엄마." 하고 나지막한 목소리로 울먹입니다. 나는 아이에게 얼음과 수건을 갖다 주고는 아이 곁에 앉습니다. 엄마가 잘못했다고 사과합니다. 아이를 아프게 해서 엄마도 매우 슬프다고 말합니다. 한 시간 뒤 아이는 이윽고 침대에서 내 품에 안긴 채 잠이 듭니다. 나는 끔찍한 기분으로 잠 못 들어 밤새 깨어 있습니다.

모든 아이가 다릅니다. 밤에 쉽게 잠들지 못하고 아침에 잘 못 깨는 아이가 있는가 하면, 이야기를 들려주고 노래를 불러주면 바로 잠드는 아이도 있습니다. 하지만 부모가 어떻게 해도 '참사'로 이어지는 때가 있습니다. 그날 밤 나는 딸아이를 재우려고 화롯가에서 책을 읽어주고 아이 침대에서 함께 그림을 그렸습니다. 시작은 좋았지만 결과는 참혹했습니다.

나중에 나는 물었습니다. '다른 방법은 없었을까?' 답이 분명한 때도 있지만 이 경우엔 그렇지 않았습니다. 만약 잠옷을 입으라고 하지 않았다면 다툼은 피했겠지만 아이는 다른 불단을 꺼냈을지 모릅니다. 어떤 때 잠자리에서 아이와 벌이는 감의 폭풍은 피할 수 없습니다. 하지만 반드시 그래야 했을까요? 아이가 더 수월하게 잠들게 하는 다른 방법은 없었을까요? 나의 분노와 좌절을 다르게 다룰 수 없었을까요? 그 방법을 찾았다면 일이 그렇게까지 되지 않았을지 모릅니다. 때로 지금 일어나는 일을 더 넓은 맥락에서 볼 필요가 있습니다.

내면의 폭풍 속에서도 잠시 멈추어 호흡을 알아차렸다면 어땠을까요? 그 순간 '문제 해결'에 몰두하지 않아도 된다는 걸 알았다면요? 그랬다면 통제 불능의 화로 상황을 더 악화시키지 않았을 것입니다. 나는 아무 일 없다는 듯 넘어가지 않았습니다. 폭풍이 지난 다음 날 우리는 전날 밤 일에 대해 이야기했습니다. 엄마로서 나의 행동을 돌아보고 아이가 그날 느낀 감정에 관심을 기울였습니다. 그날의 일을 덮지 않고 인정했습니다. 아이를 비난하지도 않았습니다. 치유와 배움을 위해 반드시 필요한 과정이었습니다. 나는 이런 일에서 배움을 얻습니다. 그 배움은 앞으로 그런 일이 일어날 가능성을 줄여줍니다.

부모가 화를 참지 못한 나머지 자녀에게 마음의 상처를 주는 것은 끔찍한 일입니다. 아이에게 해를 입히고 싶은 부모는 없을 것입니다. 좌절, 두려움, 화 때문에 그러는 것입니다. **그럼에도 부모는 그 순간 일시 멈출 수 있습니다. 순간 멈추면 언제나 선택권이 생깁니다. 부모는 잠시 멈추어 몸과 호흡에 중심을 잡을 수 있습니다.** 그러면서 지금 느끼는 좌절, 두려움, 분노의 감정을 친절과 받아들임의 태도로 알아차릴 수 있습니다. 이런 식으로 부드럽게 마음을 열면 힘든 상황에서도 현명하게 응대할 수 있습니다.

확실한 것은 없어도

부모라면 양육과 관련해 자신이 통제할 수 없는 부분이 많음을 너무도 잘 압니다. 기대한 대로 되지 않는 것이 양육입니다. **다음챙김 양육은 부모 자신의 기대와 한계를 마주하는 것입니다.** 특정한 결과를 기대하지 않으면서 최선을 다해 매번 닥치는 상황을 다루는 것입니다.

임신에서 출산, 그 뒤에 이르기까지 아이의 인생 궤도와 발달에 영향을 주는 요인은 수없이 많습니다. 부모는 이중 어떤 요인은 알고 어떤 요인은 알지 못합니다. 어떤 요인은 단순하고 어떤 요인은 복잡합니다. 부모가 어느 모로 보나 '옳은' 일을 했어도 결과는 그렇지 않은 때도 있습니다. 근본적으로 부모는 자신의 직관과 상식, 인식과 정보, 가장 중요하게는 자녀에 대한 사랑에 의지하는 수밖에 없습니다. 자녀가 필요한 것을 채워주려 아무리 노력해도 부모가 통제할 수 없고 막을 수 없고 알 수 없는 요인이 있게 마련입니다.

가장 극명한 예가 자녀가 비극적 사건이나 트라우마로 지울 수 없는 상처를 입은 경우입니다. 아이 때문에 가족의 삶이 완전히 바뀌는 경우도 있고, 아이가 세상을 떠나 남은 가족의 삶에 커다란 공허를 남기기도 합니다. 환경 독성물질에 노출되어 피해를 입기도 합니다. 환경적 위험성에 관한 새로운 정보가 계속 쏟아지고 있습니다. 주변의 많은 화학물질이 암과 선천적 결손증을 일으킨다고 합니다. 그중에는 신경독(신경에 유독한 물질)도 있습니다. 알코올, 담배, 마약, 석면, 납, 라돈, 살충제 등은 특히 아이들의 건강에 심각한 영향을 줍니다. 그럼에도 환경 독성물질이 건강에 미치는 장기적 영향에 대한 연구는 부족한 실정입니다. 부모는 자기가 아는 지식이 제한되어 있음을 인식하고 가능한 많은 정보를 수집하면서 할 수 있는 일을 해야 합니다. 환경 독성물질은 매우 중요한 문제임에도 부모는 불안과 두려움, 무력감 때문에 이 문제를 덮어두고는 합니다.

어떤 때는 이런 환경적 위험을 가정에서 직접 경험하기도 합니다. 난방 파이프에서 석면이 떨어져 나오거나 페인트에서 납이 묻어납니다. 새로 깐 카페트와 새로 설치한 가구에서 포름알데히드나 휘발성 유기화합물(페인트, 니스 등에서 흔히 발견되는 유해 화학물질) 냄새가 나기도 합니다. 그런데 물에 든 납이나 기타 화학물질처럼 우리의 감각으로 지각하기 어려운 물질도 있습니다. 지하수 오염, 음식물의 살충제 성분, 학교시설의 실내 공기 질 등 환경적 위험으로 인해 부모들은 아이들의 안전을 지키고 개선하라는 목소리를 높입니다. 아이의 정서적 안정을 돌보는 것도 중요하지만 물리적 환경을 안전하게 지키는 일도 부모의 책임입니다.

자녀 양육에서 부모가 통제하지 못하는 요인은 그밖에도 많습니다. 아이마다 고유하게 타고나는 신체적, 정서적 특성도 그중 하나입니다. 예컨대 부모는 각각의 아이가 시간의 흐름과 함께 펼쳐지고 변화하는 고유한 성질을 갖고 태어난다는 사실을 압니다. 그런 성질 중 하나가 아이의 기질입니다. 독일의 철학자이자 교육가인 루돌프 슈타이너는 기질을 크게 다음의 네 가지로 분류했습니다. 불같은 기질은 화를 잘 내며 에너지가 넘치고 기력이 왕성하며 의지가 강합니다. 우울한 기질은 혼자 있기 좋아하고 비관적이며 예민하며 비오는 날과 슬픈 이야기를 좋아합니다. 낙천적 기질은 태평스럽고 잘 잊어버리며 변덕이 심하고 사교적이며 몽상적입니다. 침착한 기질은 먹는 것과 아늑하고 친밀한 것을 좋아하며 내면에 집중하고 신중하며 의도적입니다.

누구나 이 네 가지 기질을 모두 갖고 있습니다. 어떤 때는 특정 기질이 다른 기질보다 두드러지게 드러납니다. 유아기 때 성마르고 까다로웠던 아이가 낙천적인 성격으로 자랄 수도 있고, 우울한 기질의 아이로 자랄 수도 있습니다. 아기 때 낙천적이던 기질이 십대가 되어 강한 의지와 불같은 성질로 바뀌기도 합니다.

부모는 아이의 타고난 기질 때문에 힘들 수 있습니다. 자녀에게 특정 기질을 무의식적으로 기대하기도 하고, 부모 자신의 기질 때문에 힘든 때도 있습니다. 가족 구성원의 기질이 서로 달라 갈등이 생기기도 합니다. 활동적이고 성취 지향적인 부모라면 과자와 책을 좋아하며 한곳에 웅크리는 아이가 답답해 보입니다. 표현을 잘하고 말하기 좋아하는 부모라면 감성은 풍부하지만 말이 어눌한 아이가 당황스럽습니다. **아이와 부모 자신의 기질을 파악하고 있으면 자녀를 있는 그대로 이해하고 받아들이는 데 도움이 됩니다. 특정 상황을 대하는 과정에서 통찰을 얻을 수도 있습니다.**

부모들은 예컨대 젖을 잘 먹는 유순한 첫째를 키우고 나면 둘째에게도 으레 비슷한 기대를 품습니다. 그러나 둘째는 젖 먹는 데 관심이 없을 수도 있습니다. 성격이 까다롭고, 배앓이를 자주 하며, 알레르기가 있을 수도 있습니다. 유순한 아이 밑으로 모든 게 힘든 아이, 부모의 인내심을 실험하는 아이가 태어나기도 합니다. 정리를 잘하고 책읽기를 좋아하는 아이 밑으로 정리를 못하고 책읽기 싫어하는 동생이 태어나기도 합니다.

모든 면에서 힘든 아이도 있습니다. 아스퍼거 증후군(자폐성 장애처럼 사회적 상호 교류의 장애, 제한된 관심, 행동 장애를 보인다) 같은 발달장애, 자폐증, ADHD, 조현병, 양극성 장애를 갖고 태어나는 아이도 있습니다. 트라우마의 영향에서 벗어나지 못하는 아이도 있고 자기 파괴적인 행동을 하는 아이도 있습니다. 이런 자녀를 둔 부모들은 가정 내에서 지극히 힘들고 복잡하며 예측하기 어려운 상황을 다루어야 합니다. 이럴 때 마음챙김을 한다고 해서 자동적으로 상황이 바뀌지는 않습니다. 자녀와 부모가 힘들어하는 부분이 기적처럼 사라지는 것도 아닙니다. 그럼에도 **부모가 마음챙김을 하면 자녀와 부모 자신을 위한 받아들임과 연민의 마음을 키울 수 있습니다. 이것은 부모에게 커다란 힘과 위안의 원천이 됩니다.**

마음챙김 양육은 부모의 외면과 내면에서 많은 것을 요구합니다. 마음챙김을 통해 계발하는 알아차림에는 외면과 내면의 모든 것이 포함됩니다. 확실한 것은 없다는 걸 알면서도 부모는 자녀를 위해 외면과 내면의 모든 것을 알아차리는 마음챙김을 합니다.

길을 잃었을 때

단테는 『신곡』의 첫 문장에서 인간의 내면 깊은 곳에 있는 어떤 것에 대해 말했습니다. "삶의 길을 가는 중에 / 어두운 숲 속에 있는 나를 발견했네 / 나아갈 길이 보이지 않아." 길을 잃었다는 의미입니다. 단테의 시가 말하는 것은, 내가 어디 있는지 진정으로 알려면 먼저 지하로, 지옥의 어둠으로 내려가야 한다는 것입니다. 그런 뒤에야 천국으로 올라올 수 있다는 의미입니다.

어둠과 절망, 혼란에 빠지면 우리는 길을 잃었다고 느낍니다. 이럴 때 우리는 자신에게 묻습니다. "내가 어쩌다 여기에 왔지? 나는 지금 어디에 있지? 여기는 어디지?" **그런데 길을 잃었더라도 지금 있는 장소에 주의를 기울이는 순간, 우리는 더 이상 길을 잃은 것이 아닙니다. 그저 지금 있는 곳에 존재할 뿐입니다.** 지금 있는 곳은 다시 시작하기에 가장 적절한 장소입니다. 실제로 길을 잃었을 때도 그렇고, 비유적으로 우리가 부모로서, 직업인으로서 자신이 무엇을 하고 있는지 모른다고 느낄 때도 그렇습니다.

어떤 의미에서 우리가 온전히 깨어있지 않다면 우리는 그만큼 길을 잃었다고 할 수 있습니다. **가장 중요한 것은, 어두운 곳이든 밝은 곳이든, 다른 곳이 아니라 지금 있는 곳에 머물겠다는 의지인지 모릅니다. 왜냐하면 지금 있는 곳에 온전히 존재할 때 다음 걸음을 어디로 옮겨야 하는지 알 수 있기 때문입니다.**

아메리카 인디언 전통의 데이비드 워거너의 시 〈길을 잃어도〉는 이것을 잘 보여줍니다. 숲에서 길을 잃은 소년과 소녀의 질문에 인디언 추장이 건넨 답입니다.

그 자리에 멈춰서라
네 곁의 나무와 숲은 결코 길을 잃지 않으니
니가 어디에 있든, 지금 있는 곳이 바로 '여기'니까
지금 있는 곳을 의미 있는 이방인으로 대하라
그와 인사를 나누라
숲의 숨소리에 귀를 기울이라
그러면 숲은 이렇게 말할 테니
'그대를 위해 이곳을 만들었다네.
떠난 뒤 언제든 돌아와도 좋다네.'
까마귀에게는 어느 두 개의 나무도 같지 않은 법
굴뚝새에게는 어느 두 개의 나뭇가지도 같지 않은 법
주변의 나무와 덤불을 알아보지 못할 때

그대는 정말 길을 잃은 것
그러니 그 자리에 멈춰 서라
숲은 알고 있지
네가 어디에 있는지를
그러니 숲이 너를 발견하게 하라

이 시는 주변의 사소한 것을 알아볼 때 우리의 삶이 크게 달라짐을 일깨웁니다. 주변의 숲과 나무를 알아보지 못할 때 우리는 길을 잃습니다. **마찬가지로, 아이의 표정을 알아보지 못할 때 부모는 길을 잃습니다. 그러므로 지금 있는 곳에 주의를 기울여야 합니다. 내 앞과 주변에 지금 무엇이 있는지 깨어있어야 합니다.** 우리는 멈춰 서는 법을 배울 수 있을까요? 잠시 멈춰 깨어나라고 요청하는 숲의 숨소리를 들을 수 있을까요? 모든 사물의 상호연결성을 느끼라고 요청하는 생명의 숨소리를 들을 수 있을까요? 어느 순간도 똑같지 않음을 깨달으라고 요청하는 숲의 숨소리를 들을 수 있을까요? 이런 식으로 아이들에게도 귀를 기울일 수 있을까요?

부모가 길을 잃었다고 느끼는 어두운 시기에 자녀 양육에 마음챙김을 가져가는 일은 쉽지 않은 도전입니다. 그럼에도 부모는 지금 여기에 멈춰 설 수 있습니다. 그러면서 스스로 주의를 기울여 삶과 양육에서 가장 근본적인 것과 접촉하며 그것의 인도를 받을 수 있습니다.

늦은 때란 없다

　사람은 누구나 정도의 차이는 있어도 시대가 만든 결과물입니다. 부모로서 내리는 결정도 시대가 중시하는 가치에 영향을 받게 마련입니다. 자녀를 키우는 부모는 친구 등 주변 사람, 자신의 부모, 그리고 소위 '전문가'들의 영향을 받습니다. 이때 부모 자신이 자란 양육 방식이나 소아과의사의 조언 등 권위를 지닌 의견에 담긴 사회적 영향을 보지 못하는 경우가 있습니다. 주변의 모든 엄마가 분유를 먹이는데 혼자 모유 수유를 결정하기란 쉽지 않습니다. 지지하고 인도해주는 역할 모델이 없기 때문입니다. 서로 안아주지 않고 감정을 알아주지 않는 가정에서 자란 부모, 조건부 사랑으로 자란 부모는 그런 양육 방식을 자신의 자녀를 키우는 데도 그대로 적용합니다. 익숙하고 편하기 때문에 그 방식을 거스를 의지도, 용기도 내지 않습니다.

　부모는 부모로서 행한 자신의 행동을 후회하기도 합니다.

직감적으로 불편함을 느껴 다르게 행동했으면 하고 후회합니다. 하지만 그때는 다른 선택권이 있다는 생각을 하지 못했습니다. 본능과 직감이 내면 깊은 곳에 오래 덮여 있어 후회와 슬픔, 상실과 고통밖에 느끼지 못합니다.

부모는 최선을 다하지만 인간이므로 모든 것을 알 수는 없습니다. 지금 보이는 것이 그때는 도저히 보이지 않았습니다. 시간이 지나면 생각과 견해도 바뀝니다. 다르게 했더라면 하고 후회도 합니다.

장성한 자녀를 둔 어느 어머니가 우리(저자)에게 편지를 보내왔습니다. 우리를 만나기 몇 해 전에 써둔 글이라고 합니다.

첫 아이를 낳았을 때 나는 스물세 살 '아기'였어요. 유럽여행을 가고 싶고 대학 캠퍼스에서 남자친구와 데이트 하고 싶은 나이죠. 그 나이에 기저귀를 갈고 우유병을 소독하고 싶은 여자는 없을 거예요. 1960년대 초에 스무 살의 순진한 유태인 소녀가 할 수 있는 일은 어수룩한 유태인 소년과 결혼해 자식을 낳는 것 외에 별로 없었어요.
남편은 나를 차에 태워 병원에 내려줬어요. 아기를 놓고 오라면서요. 의사는 남편에게 나중에 전화하겠다며 걱정 말고 집에서 한숨 자고 있으라고 했어요. 남편은 "여보, 잘 하고 와."라고 하고는 집으로 돌아갔죠. 간호사는 나를 휠체어에 태우고는 왜소한 나의 체구를 보며 말했어요. "무슨 일로 오셨죠?" "애 낳으려고요." 간호사는 내 배를 토더니 물었어요. "애가 어디 있죠?" 평소 몸무게보다 7킬로그램이나 더 찐데다 60년대 초엔 임산부의 부른 배를 숨기는 분위기였어요.

나는 분만실로 실려 갔어요. 60년대 초엔 마취주사를 맞고 그 애를 낳는 걸 당연하게 여겼죠. 분만실에서 나는 아무것도 느끼지 못했어요. 아무것도 보지 못했고요 기억나는 거라고는 누군가 내 팔을 흔들며 나지막이 말하는 소리뿐이었어요. "아들입니다." 아기를 낳고 몇 시간이 지나도록 아기 얼굴도 보지 못했어요. 아기와 엄마가 같은 병실에 있는 게 허용되지 않았고 아빠도 정해진 시간에만 들어올 수 있었어요. 모유가 아니라 분유를 먹였고, 4주 동안 유모가 아기를 돌봤죠. 아기와 유대를 형성하기 어려웠어요. 엄마와 아기의 유대 형성에 관해 얘기하는 사람도 없었어요.

남편과 나는 부모가 되었지만 아직 '아이'였어요. 4주 뒤 유모가 떠나자 나는 울었어요. 이제 아기는 고스란히 내 몫이었어요. 스물셋의 나이에 아기를 먹이고 입히고 씻기고 재우느라 꼼짝없이 붙들렸죠. 부모님에게 이런 조언도 들었어요. "응석받이로 키우지 말거라. 울면 어르지 말고 울게 놔둬라. 너도 그렇게 컸다. 아이 둘을 키워보니 그게 답이더라. 울 때마다 반응해주면 안 된다. 기저귀를 갈아야 하거나 배가 고픈 때가 아니면 울게 둬라. 저절로 잠들

거다."

나는 그 조언을 따랐어요. 좋은 엄마가 되고 싶었거든요. 아이를 응석받이로 키우고 싶지 않았어요. 먹이고 기저귀를 갈고 씻기는 경우를 제외하고는 울어도 그냥 뒀어요. '응석받이'란 말이 가슴에 박혔어요. 부모님이 나를 응석받이로 부르던 어린 시절의 안 좋은 기억이 떠올랐어요. "네가 가진 것에 감사해야 해. 엄마 아빠가 이 정도 해주는 것에 고마워해야지. 이 정도도 못 누리는 아이가 얼마나 많은지 아니. 널 응석받이로 키웠구나." 그런 다음 우리 아기를 보았어요. "안 돼. 우리 아이는 응석받이로 키우지 않을 거야."

나는 엄마로서 아들의 친밀감과 접촉의 욕구를 채워주지 못했어요. 25년 동안 아들을 키우면서 유대감 형성이 뭔지도 알지 못했고요. 그러다 1980년대 초에 공공장소나 집에서 모유를 수유하는 여성들이 소개되더군요. 그리고 〈오프라쇼〉 같은 텔레비전 프로그램을 보며 욕구를 갖는 게 중요하다는 걸 알았어요. 접촉, 따뜻함, 유대감 같은 말을 처음 들었어요. 내 안에 고통스러운 슬픔이 자리 잡고 있다는 것도 알았어요. 내 안의 무언가가 울고 있었어요. 나는 아들의 아기 때로 돌아가 아들을 안고 눈에 입을 맞추고 싶어요. 아이를 안고 속삭이며 재우고 싶어요. 하지만 모두 지난 일이에요. 아들이 성인이 된 지금에서야 내 안의 슬픔을 제대로 느끼고 있어요.

❀

　인간은 잃어버린 기회를 슬퍼하면서 내면 깊은 곳에 그 슬픔을 지니고 삽니다. 내면의 슬픔을 간직한 부모는 자녀와 자신의 고통을 치유하고 둘의 관계를 개선할 방법을 찾습니다. 지난 일은 돌이킬 수 없습니다. 더 깊이 알고 느끼는 수밖에 없습니다. **그렇게 알고 받아들일 때 새로운 가능성과 희망이 나타납니다. 그리고 새로운 가능성은 오직 지금에만 있습니다. 부모가 지금 느끼는 고뇌와 슬픔, 고통을 인정할 때 부모는 내면에서 새로운 것을 탄생시킵니다. 그러면서 부모는 낡고 오래된 것에서 벗어납니다.**

　부모가 자녀를 키우는 과정에서 잘 몰라서, 바빠서, 소홀해서 자녀에게 상처를 입히는 경우가 있습니다. 그러나 자녀가 다 자랐다 해도 관계를 치유하기에 늦은 때란 없습니다. 자녀가 부모를 신뢰하지 않고, 자신에게 해를 입힌 부모의 태도와 행동에 여전히 화가 나 있어도 부모는 성인 자녀와 건강한 관계를 새로 만들 수 있습니다.

　자녀의 상처를 치유하는 첫걸음으로 편지를 쓰는 것도 좋은 방법입니다. 부모가 소홀히 하고 해를 입힌 부분을 솔직히 인정하는 것입니다. 특히 부모가 존중과 배려가 부족했다고 여기는 자녀에게는 편지쓰기가 소통을 시작하는 데 적절합니다. 물론 방법보다 중요한 것은 자녀의 안녕을 최우선에 두는 부모의 진실한 마음입니다. 어려운 일이지만, 자녀에게 돌이킬 수 없는 해를 주었고 화해가 쉽지 않을 수 있음을 인정해야 할 수도 있습니다. 이때 부모는 자녀의 공감과 이해, 용서를 목표로 삼아서는 안 됩니다. 만약 이런 감정이 일어난다면 이렇게 물어야 합니다. "무엇이 자녀를 가장 위하는 일일까?" 자녀가 다 자란 성인이어도 말입니다.

※

성인 자녀와의 관계에 마음챙김을 적용하는 부모는 자녀에 대해 제한적이고 자의적인 기대와 판단을 갖고 있지 않은지 살펴야 합니다. 또 자녀가 겪고 있는 힘든 일과 스트레스에 공감하고 그것을 인식해야 합니다.

그렇다고 성인 자녀를 대할 때 부모의 느낌과 필요를 표현하지 말라는 의미는 아닙니다. 불편한 일이 생기면 부모는 일어나는 감정을 자각하며 적절한 상황에서 그 일을 꺼내야 합니다. 물론 중요하지 않거나 민감한 주제라면 꺼내지 않을 수도 있지만 어느 경우든 넓은 맥락에서 자녀와의 관계를 보아야 합니다. 하나의 '의견'에 불과한 부모의 생각을 자녀에게 강요하지 않도록 유의해야 합니다. 성인 자녀가 부모의 요구를 거부할 자유와 자기 감정을 표현할 권리가 있다는 점도 기억해야 합니다.

부모는 성인 자녀를 처음 보듯이 대할 수 있을까요? 신생아(newborn)가 아님에도 새로 태어난 존재(new being)로 볼 수 있을까요? 성인 자녀와 함께하는 모든 순간은 신뢰를 쌓고 현존과 조율, 공감의 태도로 자녀를 받아들이며 그들의 자주권을 존중하는 기회입니다.

만약 부모가 자녀에 대한 비난과 불친절, 판단, 요구, 외면 등 오랜 부정적 관계 패턴에 다시 빠져든다면 잠시 멈추어 부모의 내면을 들여다보며 자신의 행동을 인정하고 사과합니다. 이렇게 배움을 얻은 뒤에 다시 시작합니다.

❀

서양 의학은 '해를 입히지 말라'는 히포크라테스의 원칙에 바탕을 둡니다. 부모 역시 '양육의 히포크라테스 선서'를 해야 합니다. 자녀에게 해를 입히지 않겠다는 다짐입니다. 이렇게 다짐하는 것 자체가 수련입니다. 이때 마음챙김을 하지 않는다면 특정 순간에(또는 나중에 돌아보았을 때) 자녀에게 해를 입히지 않았음을 알기 어렵습니다.

마음챙김은 우리들 각자에게 주어진 삶을 사는 것입니다. 그런데 각자의 삶을 살려면 우리 내면의 깊고 최선인 무엇, 즉 우리의 참 본성을 발현해야 합니다. 기적의 존재로 태어나더라도 자신의 참 본성을 가꾸지 않으면 타고난 재능은 '산소 부족'으로 질식하고 맙니다. 우리의 참 본성을 가꾸는 '산소'는 고요, 관심, 사랑, 자주권, 공동체입니다. 마음챙김 양육은 알아차림으로 사는 인간의 삶이라는 평범하면서도 특별한 여정에서 자녀와 부모를 함께 양육하는 것입니다. 그럼으로써 부모와 자녀 본연의 모습으로 성장해가는 것입니다. 서로를 위해, 부모 자신을 위해, 세상을 위해 성장해가는 것입니다.

에필로그

- 마음챙김 양육에 관하여: 자녀 양육에서 중요한 것
- 일상에서 하는 4가지 마음챙김 수련법
- 마음챙김 양육에 필요한 7가지 의도
- 마음챙김 양육을 실천하는 12가지 연습

마음챙김 양육에 관하여: 자녀 양육에서 중요한 것*

존 카밧진, 마일라 카밧진

●

이 책 『매일의 축복: 마음챙김 양육이라는 내면 작업Everyday Blessings: The inner work of mindful parenting』을 쓸 때 우리 부부가 처음 생각한 제목은 『마음챙김 양육: 자녀를 양육하면서 부모 자신도 성장하기Mindful Parenting: Nurturing our children, growing ourselves』였습니다. 여기서 '부모 자신의 성장'은 예나 지금이나(그리고 앞으로도) 자녀 양육에서 매우 중요한 부분입니다. 마음챙김 양육은 '이상적인' 자녀를 키우거나 '이상적인' 부모가 되는 프로젝트가 아닙니다. 그것은 사랑과 발견, 알지 못함(not-knowing)이라는 부모 자녀의 관계성 속에서 양육의 모든 과정을 매순간 알아차림으로 품어 안

---

* 두 저자가 '마음챙김 양육'을 주제로 한 〈마인드풀니스Mindfulness〉 저널 2021년 2월 특집호에 기고한 글을 옮겨 싣는다. https://link.springer.com/article/10.1007/s12671-020-01564-7

는 것입니다. 이렇게 할 때 가족이라는 든든한 울타리 안에서 구성원 모두의 성장 가능성이 최대한으로 실현됩니다.

부모와 자녀의 성장은 예나 지금이나(그리고 앞으로도) 마음챙김 양육의 핵심입니다. 그렇다면 구체적인 방법은 무엇일까요? 어떻게 하는 것이 현명한 자녀 양육일까요? 자녀를 과잉보호 하지 않으면서 그들에게 자유와 자주권을 주는 방법은 무엇일까요? 부모는 자녀의 고유한 특성과 필요, 기질, 도전, 재능을 어떻게 다루어야 할까요? 마음챙김은 현명한 분별력과 현존을 계발하는 정식 명상법인 동시에, 자신의 경험과 지혜롭게 관계 맺는 존재의 방식이기도 합니다. 그렇다면 마음챙김을 삶의 매순간에 구체적으로 실현하는 법은 무엇일까요? 자녀들의 자주권을 존중하는 동시에 부모 자신의 자주권을 실현하려면 어떻게 해야 할까요?

오늘날 자녀 양육의 도전은 부모를 압도할 정도입니다. 그 도전은 특정한 가족, 문화, 공동체, 불공평과 불의에 의해 더 커집니다. 세대 간 가족 패턴과 유산에 따라서도 달라집니다. 어떤 상황에서든 부모 노릇은 스트레스를 안기며 때로 부모의 가슴을 미어지게 합니다. 자녀를 키우는 부모는 고통에 대한 연약함이 매우 커집니다. 어떤 가족은 스트레스와 고통을 일으키는 생물학적, 사회적, 심리적, 경제적 요인에 더 쉽게 영향을 받습니다.

장시간 스트레스를 받으면 자녀의 뇌 성장과 발달에도 해로운 영향을 미칩니다. 그러나 아동기는 매우 연약한 시기인 동시에 놀랍고 신비로운 성장과 발전의 시기이기도 합니다. 아이들의 언어 습득은 이것을 분명히 보여주는 사례입니다. 아동기는 내면적, 외면적으로 연약한 시기이므로 자녀의 스트레스를 알아보기 위한 부모 내면과 외면의 행동은 자녀에게 큰 도움을 줄 수 있습니다. 자녀가 성장하면서 스트레스에 대한 반응을 스스로 조절하여 스트레스에 따르는 잠재적 피해를 줄이도록 연습시켜야 합니다. 그런데 자녀가 살면서 경험하는 스트레스에 대한 최상의 해독제는 자신을 가치 있는 존재로 믿는 것입니다. 이 점에서 부모는 있는 그대로의 모습으로 자녀를 인정하고 사랑하고 받아주어야 합니다. 이것이 부모로서 해야 하는 가장 근본적인 역할입니다.

그런데 부모들 역시 만성적인 스트레스에 시달리고 있습니다. 그래서 부모의 스트레스 반응을 조절하는 효과적인 방법이 잠재적 양육 자원으로서 더욱 중요해집니다. 마음챙김 수련은 다양한 집단에서, 다양한 방식으로 스트레스를 완화하는 효과가 있다고 밝혀졌습니다. 예컨대 MBSR(마음챙김 스트레스 완화 프로그램)에서는 스트레스에 대한 자동적이며 습관적인(따라서 깨어있지 않은) **반응**(reacting)과, 열린 마음으로 알아차리는(따라서 깨어있는) **응답**(responding)을 분명히 구분합니다. 이렇게 구분하는 것 자체가 시간에 따라 깊어지는 수련입니다.

그렇다 해도 존재 방식으로서의 마음챙김을 우리의 삶에서 계발하는 일은 쉽지 않습니다. 어떤 때는 마음챙김의 계발 자체가 스트레스로 다가옵니다. 무엇보다, 중요한 순간에 원치 않는 일에 마음을 열고 그것을 기꺼이 맞이할 것을 '기억해야' 합니다. 이것은 쉬운 일이 아닙니다. 그러므로 일상의 스트레스에서 자유로운 시간에 마음챙김을 계발해야 합니다. 그래야만 힘든 순간에 자신의 마음챙김 수련에 의지할 수 있습니다. 정식 수련으로서의 마음챙김 계발과 존재 방식으로서의 마음챙김 계발은 지금까지와 다른 방식으로 자신의 경험 속에 들어가는 것이기에 일관된 노력이 필요합니다. 현재 순간에 펼쳐지는 자신의 마음과 행동을 부드럽게 그러나 엄정하게 관찰하면서 그것과 친밀해져야 합니다. 그러면서 자신의 마음이나 행동과 맺고 있는 관계를 직접 관찰해야 합니다. 간단하지만 쉬운 일은 아닙니다.

더욱이 마음챙김의 계발은 특정한 '명상적' 상태에 도달하는 것이 아닙니다. 그것은 특정 목적지에 도착하려는 시도가 아닙니다. 특별한 종류의 마음챙김 상태를 경험하려는 것이 아닙니다(특별한 종류의 마음챙김 상태란 존재하지 않습니다). 그보다는 현재 순간에 있는 그대로 온전히 머무는 것입니다. 이런 관점을 가질 때 우리는 알아차림에 머물며 시간의 흐름과 함께 알아차림이 가진 통찰과 따뜻함을 신뢰할 수 있습니다. 마음챙김을 계발한다는 것은 모든 순간이 특별한 순간임을 알아보는 것입니다. 매순간이 열린 가슴과 지혜로운 분별력에 들어가는 기회임을 알아보는 것입니다. 이것은 우리가 애써 도달해야 하는 이상적인 상태가 아닙니다. 잠시라도 우리의 익숙한 방식에서 벗어날 때, 그리하여 자동반사적인 생각과 감정에서 조금은 자유로워질 때 가능해지는 경험입니다.

이런 식으로 이해하면 마음챙김 수련이란 우리의 지금

모습과 달라지는 것이 아닙니다. 오히려 그 반대입니다. 마음챙김 수련은 매순간 우리가 지금 있는 대로의 모습으로 온전히 존재하도록 초대합니다. 이것이야말로 부모가 자녀에게 (또 부모 자신에게) 바라는 바가 아닐까요? 매순간, 정식과 비정식의 수련으로 마음챙김을 계발하는 것은 깨어있음과 사랑을 구현하는 근원적 행위(radical act)입니다. 이렇게 마음챙김을 계발한다면 부모는 마음챙김이 가장 필요한 양육의 순간에 자신의 마음을 잃지 않습니다.

위에 말한 것처럼 모든 순간에 마음챙김을 기억하면서 (특히, 커다란 긴장의 순간에) 알아차림과 명료함, 평정심, 친절함을 갖기는 매우 어려운 일입니다. 그러나 삶의 모든 순간에 최선을 다해 마음챙김을 계발함으로써 우리 모두가 가진 타고난 능력을 지속적으로 불러내야 합니다. 이것은 일정 정도의 의도성과 일관성을 필요로 합니다. 다시 말해, 우리가 매우 쉽게 무의식적으로 잊어버리는 중요한 순간에 마음챙김을 기억해야 합니다.

여기가 정식 명상 수련이 중요한 도움을 주는 지점입니다. 정식, 비정식으로 마음챙김을 수련하는 단 한 가지의 '옳은' 방법은 없습니다. 그러나 '잘못된' 수련 방법은 존재합니다. 그러므로 바르게 확립된 명상의 틀과 규율 안에서 일정한 안내와 조정을 받는 것은 끊임없이 변화하는 오늘날의 환경에서 장기적으로 수련을 지속하는 데 중요합니다. 다행히 지금은 명상 수련에 영감을 주는 유용한 자료가 과거보다 많아졌습니다.

우리 책의 제목으로 다시 돌아오자면 성장 외에 '축복' 또한 마음챙김 양육에서 핵심이 되는 부분입니다. 축복은 자녀 양육의 중요성과 엄숙함을 드러내는 말입니다. blessing(축복)이라는 단어는 '상처'라는 의미의 프랑스어 blessure와 같은 어원을 같습니다. blessure는 인도유럽어의 bhel이라는 단어를 어근으로 갖는데 여기서 blossom(꽃피우다), bleed(피 흘리다), blood(피), blade(칼날) 등의 단어가 나왔습니다. 그러므로 blessing(축복)은 열림과 은총인 동시에, 불가피하게 상처를 수반한다고 말할 수 있습니다. 모든 부모는 이 말이 일말의 진실임을 압니다. 부모가 자녀로부터 받는 모든 열림과 심오한 축복에는 불가불 어느 정도의 상처가 수반되기 때문입니다. 자녀를 키우는 일은 축복인 동시에 잠재적인 괴로움입니다. 만약 부모가 그것을 인식하지 못하고 그에 적절히 대응하는 법을 알지 못한다면 고통과 괴로움은 더 커집니다.

모든 부모는 때로 어떻게 해야 할지 모르는 때가 있습니다. 특히 오늘날 우리는 디지털 기기의 알고리즘이 지배하는 '가상 현실'의 세계에 점점 더 많이 살고 있습니다. 디지털 문화는 사람들의 관심을 상품화합니다. 더 중독적인 유혹으로 사람들의 관심을 끌려고 경쟁합니다. 더욱이 오늘날은 지정학적 요인으로 인한 난민 문제와 지구 온난화의 영향에서 보듯이 가족과 가정을 위협하는 끔찍한 일들이 많이 벌어지고 있습니다. 게다가 인종차별, 경제적 불평등, 빈곤, 온갖 종류의 스트레스로 인해 오늘날 자녀를 키우는 일은 더욱 힘들어졌습니다.

부모는 자신의 내면과 외면에서 얻을 수 있는 도움을 모두 활용해야 합니다. 부모가 내면에서 도움을 얻으려면 무엇보다 '부모 자신'이 성장해야 합니다. 부모가 스스로를 돌보면서 자기 내면의 자원으로 자신이 가진 순간에 온전히 머물러야 합니다. 보다 의도적인 양육을 하겠다고 결심하는 순간에 마음챙김 양육은 부모의 길이 됩니다. 부모는 임신 중이든, 아기가 태어난 순간이든, 삶의 어느 단계에서도, 심지어 부모가 되기 전에도 마음챙김 양육을 시작할 수 있습니다. 모든 순간이 마음챙김 양육을 시작하기에 적절한 순간입니다.

마음챙김 양육을 지지하는 증거는 지난 몇 십 년간 매우 많아졌습니다. 이번 〈마인드풀니스〉 저널 특집호의 주제도 '마음챙김 양육'입니다. 여러 과학저널과 의학저널에서 마음챙김에 관한 연구가 계속 증가하고 있습니다. 마음챙김은 의학, 건강 돌봄, 심리학, 뇌과학의 새로운 분야로 자리 잡았습니다. 초등학교에서 대학교에 이르는 각급 학교에서도 마음챙김을 적용하고 있습니다. 이런 현상은 MBSR이나 MBCT(마음챙김 기반 인지치료, mindfulness-based cognitive therapy), MBCP(마음챙김 기반 출산과 양육, mindfulness-based childbirth and parenting) 같은 마음챙김 기반 프로그램에 대한 과학적 연구에 의해 촉진되고 있습니다. 마음챙김 기반 프로그램들은 부모 자신의 체현된 지혜에 깨어나게 하고, 자녀가 가진 지혜를 알아보고 그것을 키워주도록 설계되었습니다.

수련과 존재 방식으로서의 마음챙김이 생체, 신경망, 뇌

가소성, 텔로미어(염색체 말단에 반복적으로 존재하는 노화와 연관된 유전물질), 사회적 결속력 등 다양한 차원에서 '성장'을 촉진한다는 증거가 많이 있습니다. 이 글을 쓰는 현재, 미국을 비롯한 각국에서 코로나19가 맹위를 떨치고 있습니다. 이번 팬데믹으로 많은 가정과 일터, 학교가 커다란 변화를 겪고 있습니다. 각국의 경제도 심각한 타격을 입었습니다. 코로나19로 인한 스트레스와 정신건강에 미치는 영향은 부모와 자녀 모두에게 큰 영향을 미칠 것이며 이런 현상은 앞으로 십 년 이상 계속될지 모릅니다. 이 시점에서 마음챙김은 가족과 세계의 치유를 돕는 요인으로 더욱 중요해질 것입니다.

이런 이유로 이번 〈마인드풀니스〉 특집호에서 다룬 '마음챙김 양육'은 더없이 시의적절한 주제입니다. 마지막으로 우리 두 사람이 마음챙김 양육이라는 말을 어떤 의미로 사용하는지 그에 대한 정의를 제시하며 특집호의 서문을 마무리합니다.

> 깨어있는 마음으로 자녀를 키우는 마음챙김 양육은 정해진 목적지가 아닙니다. 그것은 끊임없이 이어지는 창의적인 과정으로, 부모가 양육의 매순간에 비판단적인 알아차림을 의도적으로 가져가는 훈련입니다. 그러자면 자녀와 가족, 가정과 사회 등 양육의 외면뿐 아니라 부모의 생각과 감정, 몸의 감각 등 양육의 내면 풍경도 알아차려야 합니다. 마음챙김 양육은 (1) 자녀의 고유한 기질과 느낌, 필요를 알아보는 것이며 (2) 자녀의 곁에서 귀 기울여 듣

는 것이며 (2) 매순간 일어나는 좋고 싫은 일을 있는 그대로 알아보고 받아들이는 것이며 (4) 부모 자신의 습관적이고 자동적인 반응을 자각하며 더 큰 명료함과 친절함으로 양육에 임하는 것입니다.

일상에서 하는 4가지 마음챙김 수련법

●

1. 현재 순간으로 들어가라

이것은 일상생활에서 마음챙김을 계발하는 핵심 수련입니다. 하고자 한다면, 당신에게 어떤 일이 일어나든 현재 순간에 들어가는 것은 가능합니다. 당신은 잠시라도 가만히 있을 수 있습니까? 지금 당신의 내면과 외면에서 일어나는 일을 단순하게 받아들일 수 있습니까?
우선, 몸에서 들고나는 호흡의 '느낌'을 알아차리는 데서 시작해 봅니다. 단 한 차례의 들숨과 날숨을 알아차리는 것만으로 현재에 더 많이 존재할 수 있습니다. 원한다면 몇 차례의 호흡을 이어서(아니면 그보다 더 많이) 알아차려도 좋습니다. … 호흡 감각을 느끼는 것은 현재 순간과 '친구가 되어' 부드럽게 알아차림에 담는 방법입니다.
그런 다음 알아차림을 확장시켜 봅니다. 이번에는 몸 전체의 감각을 알아차립니다. … 호흡 감각뿐 아니라 긴장과 조임 등 지금 몸에서 느껴지는 어떤 신체 감각이라도 알아차려 봅니다.

이번에는 알아차림의 장을 더 확장시켜 일어나는 모든 생각을 거기에 담아 봅니다. … 생각이 일어나면 그것을 '생각'으로 알아봅니다. 마치 하늘에 떠가는 구름을 바라보듯이, 생각을 알아차림의 장에서 일어났다 사라지는 '사건'으로 바라봅니다. …

지금 일어나고 있는 기분과 감정도 관찰합니다. 좋거나 싫거나 좋지도 싫지도 않은 기분과 감정들 말입니다. … 어떤 기분과 감정이든, 할 수 있는 한에서 판단을 내리지 말고, 있는 그대로 존재하도록 허용합니다. 만약 기분과 감정에 판단을 내리는 자신을 보게 된다면, 그런 자신 또한 단순히 관찰합니다. … 그러면서 이 감정들이 몸의 어느 부위에서 느껴지는지 봅니다. … 이제 단순히 알아차림에 머물러 봅니다. 매순간 … 지금 여기에서 펼쳐지고 있는 삶을 경험합니다.

생각 등으로 마음이 딴 곳으로 달아나면(아마 자주 그럴 겁니다) 지금 마음이 어디에 가 있는지 단순히 관찰하고 그것을 알아차린 다음 지금 이 순간 호흡과 몸의 감각으로 부드럽게 주의를 되가져옵니다. … 그러면서 다시 한 번 알아차림에 머물러 봅니다. …

2. 알아차림으로 자녀에게 현존하라

하루 중 자녀와 함께하는 특정한 시간에 일어나는 일에 온전히 현존하면서 주의를 기울여 봅니다. 예컨대 아침에 아이를 깨우거나 등교 준비를 시키는 때도 좋고, 학교에서 돌아온 아이를 맞이하는 때도 좋습니다. 아니면 아이가 잠자리에 들거나 아이의 기저귀를 갈고 젖을 먹이는 때도 상관없습니다.

무엇보다 중요한 것은 지금 이 순간 일어나는 일을 단순히 경험하는 것입니다. 다음에 일어나야 하는 일을 염두에 두지 않고, 지금 일어나는 일에 온전히 현존하는 것입니다. … 시간의 흐름에서 벗어난 지금 순간을 있는 그대로 경험합니다. …

그러다가 생각에 빠지면(누구에게든 종종 이런 일이 일어납니다) 언제든 호흡이나 몸 전체의 감각으로 돌아와 현재 순간에 터를 잡은 뒤 다시 자녀에게 주의를 향합니다. 이런저런 생각에 빠진 자신을 볼 때마다 마음이 어디에 가 있는지 관찰한 다음 부드럽게 현재 순간으로 돌아옵니다. 이 연습을 당신이 할 수 있는 만큼 자주 해봅니다.

3. 받아들임을 연습하라

'판단하는 마음'이 일어날 때마다 그런 자신의 내면 풍경에 주의를 기울여보는 것도 도움이 됩니다. 판단하는 마음은 특정한 생각과 의견에 집착하는 마음입니다. '이것 아니면 저것' 식의 이분법적 사고입니다. 마음에 드는 것은 움켜쥐고 마음에 들지 않는 것은 밀쳐내는 마음입니다. 마음이 판단을 내릴 때마다 판단의 구체적인 내용이 어떤 것인지 간단히 확인한 다음, 부드럽게 호흡 감각으로 돌아옵니다. 이렇게 현재 순간으로 온전히 돌아와, 지금 이 순간 아기에게 일어나고 있는 일을 알아봅니다.

간단히 말해 마음챙김이란 '의도적으로, 현재 순간에, 판단하지 않고 주의를 기울일 때 생기는 앎'입니다. 그렇다고 살면서 판단을 내리지 말라는 의미는 아닙니다. 당연히 우리는 판단을 내리면서 살아갑니다. 그것도 아주 많은 판단을 내리며 살지요! 누구나 그렇습니다. 그런데 이번만큼은 자신이 내리는 판단에 대해 '또 다시' 판단을 내리지 않아 보는 것입니다. 그 판단을 일종의 '생각'으로 알아보는 겁니다. 물론 종종 강렬한 감정이 따라붙는 생각이긴 하지요. 생각은 일어나 잠시 머물다 사라지는 하늘의 구름과 비슷합니다. 생각은 우리가 거부하거나 힘겹게 씨름해야 할 대상이 아닙니다.

매일 시간을 정해 두고, 자녀와 부모 자신에게 일어나는 일을 있는 그대로 받아들이는 연습을 의도적으로 해봅니다. 지금과 다르게 되길 원하는 마음이 일어나면 그 마음을 내려놓는 연습도 해봅니다. 활짝 열린 지혜로운 현존을 이 '받아들임'의 시간에 가져가 봅니다.

4. 자동 반응이 아닌 의식적 응대로 자녀를 대하라

부모가 아이의 말과 행동에 자동적이고 무의식적으로 **반응**(react)하는 것과, 마음챙김으로 의도적이고 의식적으로 **응대**(respond)하는 것은 완전히 다릅니다. 당신은 마음챙김을 잃은 상태에서 아이에게 반응하는 순간, 그렇게 반응하는 자신을 관찰할 수 있나요? 그 순간에 당신은 아마도 여러 가지 생각과 감정에 빠져 있을 겁니다. 아니면 가벼운 짜증에서부터 분노와 절망, 두려움 등에 이르는 복잡한 감정에 사로잡힌 채 아이에게 반응할 겁니다.

그럴 때라도 잠시 자신의 호흡과 몸을 알아차리는 방법으로 평정을 찾을 수 있습니다. 지금 이 순간 일어나는 생각과 감정에 호기심과 사랑이 담긴 주의를 보낼 수도 있습니다. 지금 이 순간, 어떤 생각과 감정이 일어나도 그것을 관찰하면서 움켜쥐거나 밀쳐 내거나 그에 관해 더 생각하지 않으면서 단순히 그것들과 함께 호흡할 수 있습니다. 그러면서 그것들을 친절의 마음으로 알아차림에 품을 수 있습니다. 물론 힘겨운 감정이 북받치는 순간에 그렇게 하기란 꽤 어렵습니다. 하지만 연습을 하다 보면 시간이 흘러 새로운 통찰과 열림에 이를 것입니다.

지금 이 순간이 아무리 힘들어도 거기에 자동 반응하지 않고, 적절하게 응대할 수 있습니다. 지금의 상황을 당장에 바로잡거나 바꾸려는 충동이 일어나도 즉각적으로 그 충동을 따르기보다 그 순간 아이의 관점에서 보려고 노력할 수 있습니다. 지금 이 순간 아이가 부모에게 필요로 하는 것이 무엇인지 알아보는 것입니다. 아이와의 연결을 유지하면서 지금 아이가 하는 말의 이면에 담긴 느낌에 귀를 기울입니다. 잠시 거칠어진 바다이지만 그 한가운데 놓인 당신의 섬에 터를 잡은 채 최선을 다해 지금 당신 앞에 있는 아이를 보고 느낍니다. 그러면 지금 이 순간 무엇이 필요한지 더 분명하게 보일 것입니다.

힘든 순간에 무엇을 어떻게 해야 할지 모르겠다면 잠시 '아무것도 하지 않는 것'도 방법입니다. 자동 반응 상태에서 감정에 휩쓸려 무력해진 자신을 발견했을 때 부모는 조금 뒤 그 일에 대해 생각해보는 시간을 가져야 합니다. 자녀를 키우는 부모는 자신의 습관적인 반응 패턴에서 벗어나는 연습 기회를 무수히 갖게 됩니다.

마음챙김 양육에 필요한 7가지 의도

•

스스로에게 정하는 의도는 자신에게 중요한 것을 상기시키는 내면의 나침반입니다. 마음챙김으로 깨어있겠다는 의도를 내면 자칫 자각 없는 상태에 빠지는 순간에 부모의 선택과 행동이 달라집니다. 마음챙김 하겠다는 의도를 낼 때 부모는 지금 여기에 현존하며 자신이 중요하게 여기는 것과 접촉합니다. 자신의 삶에 마음챙김을 가져오기에 '너무 늦은' 때란 없습니다. 마음챙김 하겠다고 의식적으로 결심하는 순간이 완벽한 시작의 순간입니다. 마음챙김 양육에 도움 되는 몇 가지 의도를 소개합니다. 마음챙김 양육에 임하는 자기만의 의도를 직접 세워보는 것도 좋습니다.

1. 자녀 양육을 의도적인 수련으로 여기자. 양육은 부모에게 자각과 지혜, 열린 마음을 계발하는 기회를 끝없이 안기는 수련이다.

2. 자녀 양육을 부모 내면의 가장 깊고 최선인 어떤 것을 체현해 아이와 함께 세상 속에서 표현하는 기회로 보자.

3. 부모의 삶, 특히 자녀와 함께하는 삶에 더 큰 마음챙김과 지혜로운 분별력을 가져가자. 그 방법으로서 자신의 몸과 호흡을 알아차려 현재 순간에 든든히 중심을 잡자.

4. 있는 그대로 자녀를 보고 받아들이자. 부모의 기대와 두려움이라는 렌즈를 끼고 아이를 보지 않도록 하자.

5. 아이의 관점에서 보도록 노력하자. 아이가 부모에게 필요로 하는 것을 알아보고, 할 수 있는 한에서 채워주려고 노력하자. 또 아이가 무엇이든 스스로 해봄으로써 배우게 하자. 때로 어쩔 수 없는 한계에 부딪혀 보게도 하자.

6. 부모와 자녀의 삶에서 일어나는 모든 일을, 공감과 연민을 계발하는 기회로 삼자. 어둡고 힘든 때를 공감과 연민을 키우는 양분으로 삼자.

7. 이상의 의도를 가슴에 새기며 최선을 다해 실천하자. 자녀와 부모의 자주권을 존중하는 방식으로 이 의도들을 실천하자.

마음챙김 양육을 실천하는 12가지 연습

●

1. 아이의 눈으로 세상을 보도록 노력합니다. 매일 잠깐이라도 아이의 눈으로 보는 연습을 하면 지금 내 앞에 있는 아이가 '누구'이며, 아 아이가 세상 속에서 어떤 경험을 하는지 떠올리는 데 도움이 됩니다.

2. 아이가 부모인 나를 어떻게 보고 있는지 상상해봅니다. 지금 이 순간 '나'란 사람을 부모로 두었다는 것이 아이에게 어떤 느낌일지 떠올려봅니다. 이렇게 했을 때 당신의 말과 행동이 어떻게 달라지는지, 지금 이 순간 아이를 어떻게 대하고 싶은지 봅니다.

3. 아이를 지금 이대로 완벽한 존재로 보는 연습을 합니다. 아이가 가진 자주권을 매순간 알아보도록 노력합니다. 친절의 마음으로 아이를 받아주도록 노력합니다(특히, 받아주

기 가장 힘들 때). 그렇다고 마음에 들지 않는 아이의 행동을 무조건 용납하라는 의미는 아닙니다.

4. 부모로서 아이에게 어떤 기대를 품고 있는지 살펴봅니다. 아이 연령에 적합한 기대인지, 진정으로 아이의 이익을 위한 기대인지 살핍니다. 부모가 깔고 있는 전제에 질문을 던지고, 혹시라도 놓치고 있는 것이 없는지 살펴야 합니다. 부모가 자녀에 갖는 기대와 자녀에게 설정한 제한을 (언어적/비언어적으로) 자녀에게 전달하는 방식에도 유의합니다. 명령보다("어서 가서 자.") 청유형으로 해봅니다("이제 잘 시간이구나.").

5. 자녀를 위하는 마음을 의도적으로 계발하는 것도 도움이 됩니다. 아이가 어릴 때는 아이의 필요를 부모의 필요보다 우선 채워주어야 하지만 아이가 자라면 자신의 필요를 스스로 채우도록 책임과 자율권을 주는 것이 자녀를 위하는 것입니다. 부모가 무엇을 필요로 하는지 적절한 방식으로 아이에게 알리는 것도 중요합니다. 부모가 상상력과 인내심을 발휘한다면 놀랍게도 아이와 부모의 필요가 상당 부분 겹친다는 것을 알게 됩니다.

6. 자녀 양육에서 길을 잃었거나 어떻게 해야 할지 모를 때는 잠시 그 자리에 가만히 있어봅니다. 데이비드 웨거너는 〈길을 잃다〉라는 시에서 "숲은 알고 있지 / 네가 어디에 있는

지를 / 그러니 숲이 너를 발견하게 하라"고 노래했습니다. 지금 당신이 처한 상황과 당신의 아이, 당신 자신, 가족에 온전히 주의를 기울이며 전체에 대해 명상해봅니다. 그럼으로써 당신은 생각의 차원을(아무리 '좋은 생각'이라 해도) 넘어, 지금 해야 하는 일이 무엇인지 당신의 온 존재(몸, 정신, 가슴)로 직관적으로 알 수 있습니다. 만약 당장 드러나지 않는다면 분명히 드러날 때까지 아무것도 하지 않고 그냥 있어봅니다.

7. 침묵의 현존을 체현하도록 노력합니다. 이것은 정식/비정식의 마음챙김 명상을 꾸준히 수련함으로써 자기 자각력이 커져 자신에게 편안할 때 자연스럽게 가능해집니다.

8. 힘든 상황에서도 균형을 잃지 않도록 합니다. 아무리 힘든 순간에도 지금과 다르게 바뀌거나 특정한 결과가 일어나길 기대하지 않습니다. 단지, 지금 이 순간에 알아차림과 현존을 가져갑니다. 자신의 직관과 본능을 신뢰하며 지금 일어나는 일에 기꺼이 마음을 열 때 어떤 일이든 다룰 만하게 됩니다. 자녀는 부모가 균형과 신뢰의 중심이 되어 주기를 바랍니다.

9. 아이를 무시하거나 상처 주는 행동을 했다면 사과합니다. 사과는 치유를 일으킵니다. 사과는 부모가 그 상황에 대해 생각해보고 더 분명히 보게 되었음을 자녀에게 알립니다. 자녀의 관점에서 더 많이 보게 되었다고 알립니다. 그렇다 해도 부모는 '미안하다'는 말을 너무 자주 하지 않도록 유의해야 합

니다. 후회가 습관이 되면 사과는 의미를 잃습니다. 사과가 부모의 행동에 대한 책임 회피의 구실이 되어서는 안 됩니다.

10. 부모는 많은 경우 자녀에게 분명하고 단호하게 대응해야 합니다. 단, 분명하고 단호한 대응은 부모의 알아차림과 열린 마음, 지혜로운 분별력에서 나와야 합니다. 부모의 두려움이나 자기 정당성, 자녀에 대한 통제 욕구에서 나와서는 안 됩니다.

11. 아이를 상대로 자애 수련을 자주 해봅니다. 자녀를 잠시 품에 안고, 속으로 빌어줍니다. "이 아이가 안전하기를. 행복하고 건강하기를. 이 아이가 잘 지내기를."

12. 부모가 아이에게 줄 수 있는 최고의 선물은 부모 자신입니다. 따라서 부모가 자신에 대한 앎과 자기 자각력을 키우는 일은 반드시 필요합니다. 부모는 현재 순간에 터를 잡고 자기 내면의 가장 깊은 최선의 것을 자녀에게 주어야 합니다. 이것은 평생에 걸친 수련입니다. 자신에게 편안한 방식으로 매일 고요와 침묵 속에서 알아차림에 머무는 시간을 마련합니다. 우리가 가진 것은 과거나 미래가 아니라 오직 현재입니다. 자녀를 위해, 부모 자신을 위해 지금 이 순간을 최대한 활용하야 합니다.

마음챙김 양육을 위한 권장도서

(한국어 번역본이 있는 경우 한국 출판사와 출간연도를 명기하였다-옮긴이)

- 『마음챙김 출산Mindful Birthing』 Nancy Bardacke(HarperOne, San Francisco, CA, 2012).

- 『애착 중심 양육Attachment-Focused Parenting』 Daniel A. Hughes(W. W. Norton, New York, 2009).

- 『미국 UCLA 명상수업The Mindful Child』 Susan Kaiser Greenland(Free Press/Simon and Schuster, New York, 2010 / 동아일보사, 2013년 12월)

- 『현명한 마음의 부모Wise-Minded Parenting』 Laura S. Kastner(ParentMap, Seattle, WA, 2013).

- 『감성 지능 키우기Building Emotional Intelligence』 Linda Lantieri(Sounds True, Boulder, Colorado, 2008).

- 『아이의 손을 놓지 마라Hold On to Your Kids』 Gordon Neufeld and Gabor Mate(Ballantine Books, New York, 2006 / 북라인, 2018년 1월)

- 『마음으로 훈육하라Mindful Discipline: A Loving Approach to Setting Limits and Raising an Emotionally Intelligent Child』 Shauna Shapiro and Chris White(New Harbinger, Oakland, CA, 2014 / 길벗, 2015년 4월)

- 『십대의 두뇌는 희망이다Brainstorm: The Power and Purpose of the Teenage Brain』 Daniel J. Siegel(Jeremy P. Tarcher/Penguin, New York, 2013 / 처음북스, 2014년 4월)

- 『아직도 내 아이를 모른다The Whole-Brain Child』 Daniel J. Siegel and Tina Payne Bryson(Bantam, New York, 2012 / 알에이치코리아(RHK), 2020년 4월)

- 『내면으로부터의 양육Parenting from the Inside Out』 Daniel J. Siegel and Mary Hartzell(Jeremy P. Tarcher/Penguin, New York, 2004).

- 『우리아이 마음집중Sitting Still Like a Frog』, Eline Snel(Shambhala, Boston, 2013, 마일라 카밧진의 명상 안내음성 CD / 동아일보사, 2013년 12월)

- 『힘겨루기 없는 양육Parenting Without Power Struggles』 Susan Stiffelman(Atria/Simon and Schuster, New York, 2010 / 정은문고, 2011년 6월)

존 카밧진과 함께하는 마음챙김 명상

- 영어로 된 존 카밧진의 명상 안내(유료)
  mindfulnesscds.com(음성)
  masterclass.com/classes/jon-kabat-zinn-teaches-mindfulness-and-meditation/(동영상)

- 한국어로 된 존 카밧진의 명상 안내음성(QR코드)
  『마음챙김으로 우울을 지나는 법』(마음친구, 2020)

- 국내에 출간된 존 카밧진의 책들
  『마음챙김으로 우울을 지나는 법』(공저, 마음친구, 2020)
  『존 카밧진의 왜 마음챙김 명상인가』(불광출판사, 2019)
  『온정신의 회복』(학지사, 2017)
  『마음챙김 명상과 자기치유』(학지사, 2017)
  『존 카밧진의 처음 만나는 마음챙김 명상』(불광출판사, 2012)

추천사

현재 순간에 자녀와 부모 자신을 더 큰 알아차림으로 알아보는 양육법을 발견하도록 돕는 책이다. 두 저자는 부모와 자녀 사이의 깊은 연결과 공감, 사랑으로 이끄는 현명한 길을 보여준다. 특히 오늘처럼 변화의 속도가 빠른 시대에 우리의 삶과 관계에 균형과 전체성이 필요하다는 점에서 보석 같은 책이다.

— 낸시 칼슨 페이지, 『아동기를 되찾다』 저자

부모의 감성지능을 키워주는 책! 마일라와 존은 이 책에서 가족의 삶을 살리는 알아차림이라는 강력하고 지혜로운 방법을 보여준다.

— 대니얼 골먼, 『감성지능』 저자

꼭 필요한 책이다. 당신이 부모라면 이 책을 읽는 경험은 매우 멋질 것이다. 그리고 삶을 살아가면서 이 책을 자주 들춰보게 될 것이다. 부모가 아니라 해도 마찬가지다. 이 책은 소중한 양육 가이드인 동시에 아름답고 지혜로운 삶의 안내서이다. 이 책을 읽는 것은 삶을 변화시키는 경험이 될 것이다. 강력하게 추천한다.

— 매리언 라이트 에덜먼, 아동보호기금 회장

마음챙김 양육이라는 내면 수업은 심오한 영적수련이다. 자녀를 키우는 모든 부모에게 영감을 주는 책이다.

— 틱낫한, 『마음챙김의 기적』 저자

옮긴이

조인숙 심신통합치유학 박사이며 한국심신치유학회 회장을 역임했다. 현재 서울불교대학원대학교 초빙교수, D&J 마음건강연구소장, 청주교육지원청 초등순회교사이다. 대학원에서 마음챙김과 MBSR을 가르치고 있으며, 초등학교 현장에서 마음챙김을 활용한 인성교육에 힘쓰고 있다.

강형석 마음챙김 대중화를 통한 치유에 관심이 있으며 서울불교대학원 심신치유학과 박사를 수료하고 MBSR, 아동상담, 부모코칭 등을 하고 있다.

이재석 보리수선원, 서울불교대학원 심신치유학과에서 공부했으며 옮긴 책으로 『불교는 왜 진실인가』 『조셉 골드스타인의 통찰 명상』 등이 있다.

카밧진 박사의 부모 마음공부

초판 2쇄 2024년 6월 24일
초판 1쇄 2021년 7월 9일

지은이 존 카밧진, 마일라 카밧진
옮긴이 조인숙, 강형석, 이재석

펴낸곳 마음친구
펴낸이 이재석
주소 경기도 안양시 동안구 시민대로 230 평촌아크로타워 지니센터 D동 5364호
전화 031-478-9776
팩스 0303-3444-9776
이메일 friendsbook@naver.com
블로그 blog.naver.com/friendsbook
출판신고 제385-251002010000319호

ISBN 979-11-967971-3-3 (03190)

한국어판 출판권 ⓒ 마음친구, 2021
마음 맞는 책 친구 **마음친구**입니다.

• 이 책 내용의 일부를 재사용하려면 반드시 출판사의 동의를 얻어야 합니다.
• 잘못 만들어진 책은 구입하신 서점에서 교환해 드립니다.